方寸之间　别有天地

漱石の思ひ出

我的先生
夏目漱石

〔日〕
夏目镜子 口述
〔日〕
松冈让 整理

唐辛子 译

附漱石年谱

社会科学文献出版社
SOCIAL SCIENCES ACADEMIC PRESS(CHINA)

SOSEKI NO OMOIDE

told by Kyoko Natsume, transcribed by Yuzuru Matsuoka

© 1928, 2016 by Mariko Hando

Originally published in 2016 by Iwanami Shoten, Publishers, Tokyo.

This simplified Chinese edition published 2019

by Social Sciences Academic Press, Beijing

by arrangement with Iwanami Shoten, Publishers, Tokyo

目　录

// 一 松山行

　　就按顺序从结婚前说起吧。我们结婚前有关夏目的事我自然不知道，所以只能将结婚后从夏目本人嘴里听到的，还有从其他人那儿听来的对照起来，扼要地讲一讲还留在记忆里的一些事。

　　当时夏目的家在牛込的喜久井町，因为家里吵，便在小石川的传通院附近一个叫法藏院的寺院里租了间房。这大概是他大学毕业那年的事。当时夏目因为患了沙眼，每天都要从寺院去骏河台的井上眼科，因此总在眼科候诊室里见到一位美丽的年轻女子。一位身材苗条、细长脸的美人——他经常挂在嘴边说最喜欢那一类女人——那个女子看起来性情温柔，而且从骨子里透着亲切，比如说有素不相识的老婆婆进了候诊室，她会牵着对方的手去诊室，将人照顾得很是周到。因此夏目后来说哪怕只是在旁边看着都感觉特别舒服。他那时候刚出校门，又是当时还非常稀罕的学士，时不时有人来提亲。当时他自己就在心里左思右想：既然如此，若是那位女子的话，娶了也不错啊。

　　但又说那个女子的母亲是艺伎出身，根性不良、爱慕虚荣——为什么他会知道这些呢？我也不清楚，但据说是女子的母亲让寺院里的尼姑做眼线，自始至终打听他的一举一动，又放话说："女儿许给你可以，若真那么想娶她，就放下架子来求婚。"而夏目想："我是个男人，你这么想要我低头，我也有个脾气，自然更不会低下头去求婚了。"为此甚至也厌恶起东京来，狠下心决定要去松山。在当时来看，他这么响当当的一位学士，在大学里评价也非常好，没有任何理由非得逃离东京，那么辛苦地跑到松山那种偏僻的地方做中学教师。可想而知一定是有什么缘由，而他想必也经过了一番深思熟虑。总之，他相信即使自己去了松山，那位母亲仍会打发难缠的眼线尾随自己、盯着不放。

发生这件事的时候，大概也正是他的精神状况开始出现问题的时候。有一天夏目突然回到日喜久井町的父母家里，问他哥哥：

"有人来给我提亲吗？"

他哥哥完全不明就里，但一看他的眼神，感觉很不对劲，便简单地应对了一句：

"没这回事啊。"

结果夏目顿时发起火来，说：

"瞒着我回绝人家，算什么父母！算什么兄长！"

他哥哥也有些烦了，但还是按捺住情绪问他：

"到底是哪儿的人来提亲呢？"

可是夏目对此一句也不答，突然就怒气冲冲地出了家门。让他哥哥莫名地担心："他为什么那样气冲冲的，为什么那么一反常态？"便赶紧去了法藏院，想要慢慢地问他，看能不能问出缘由来。可是，夏目气势汹汹得根本没法子靠近，还翻来覆去地说：

"如此不近人情，算什么父母！算什么兄长！"

又顶撞他哥哥说：

"老爷子不讲道理，但他是父亲，做儿子的也奈何不得，可为人兄长的太不像话！"

问他那位来提亲的对象是谁，他依旧一句也不答。他哥哥束手无策，只好回去。临走前问法藏院的尼姑："夏目最近有什么变化吗？"尼姑们回答说，近来只要她们朝夏目房间的方向望一眼被他发现，都会被他可怕的眼神瞪回来。

后来他留洋回来在千驮木的时候——关于这个接下来会仔细说，出现了完全不可理喻的家暴行为，尤其是对我的。我真的相当难过，有一天跟他哥哥说起，他哥哥听了我说的许多事之后，就想起他在法藏院时的事情来，说：

"这么一说我总算是明白了。为什么那时候金之助会那么一副怒气冲冲的样子，一直以来我都不得要领。现在才知道原来那时候这种精神病就潜伏在他身体里了。这得潜伏好多年才会爆发出来。"

听他哥哥这么说，我才知道原来以前还发生过这样的事，也才第一次意识到那是一种病。后来我们请了精神病学的吴先生诊断，说那是一种叫"追踪妄想症"的精神病。

关于尼姑还有一件挺有趣的事，这是后来从他本人口里听到的。那座寺院里有好几位尼姑，其中有一位尼姑跟在眼科遇到的女子长得非常像，不管是身高还是相貌，虽然不至于一模一样，但总的来说相近。那尼姑的名字叫祐本（大概是这样写的吧，我是按发音猜测的）。

有一天祐本感冒发烧，想是尼姑们之间照顾得不够周全，夏目看在眼里觉得好可怜，便自己拿了一服解热剂过去，于是其他的尼姑们就朝着夏目的方向指指点点，评头论足说：

"还在想着那个人呢！"

尼姑们的意思是：因为祐本和那女子长得相似所以只对她特别亲切。可这话被夏目听到，愈加认定尼姑们是受了那女子母亲的委托，在扮演着侦探的角色。如此一来，更是觉得家里也讨厌，法藏院也讨厌，最后连整个东京都变得讨厌起来。

大概在他去世前四五年的时候，高滨虚子邀他去九段看能剧，好像那位女子也来了，真是时隔二十年的偶然相遇。他回到家之后便告诉我说：

"今天遇到她了。"

"怎么样呢？"我问。

回答说：

"几乎没有什么变化。"

随后又说：

"我这么说，她的先生听到了，恐怕要不高兴了吧。"

说完心平气和地笑了笑。对我而言，这些话听起来既像是真的也像是假的，完全不得要领，只让人心里觉得怪怪的。他哥哥知道那女子的名字，我也问起过，但忘记了。

想必是由于这些原因，他才突然决定离开东京去松山的。当时夏目冷不丁说出这个决定时，嘉纳治五郎曾挽留过他，费尽力气劝他说：在东京又不是没有工作。实际上那时他在高等师范学校拿着 40 元的月薪，一边教书一边在大学院学习，何必多事跑到松山那么偏僻的地方去呢。可夏目就像个不讲道理的任性孩子一样，人们根本拿他没辙。

但即使去了松山，就像前面说过的那样，也总是觉得被旅馆的老板娘或是什么探子盯着，过得似乎并不愉快。

这种病症在几年之后变得特别严重。但总的来说，即使在病症最严重的时候，他对关系疏远的人，也是特别和气，而关系越亲近就越是态度恶劣，难以对付。所以即便我说起自己的困窘为难，但对不了解夏目的人而言，还会认为是我对那么严谨的夏目不够真心。关于这些，回头再细说。

还有一个说法，据说有人跟他说：

"那个女子，可是不得了的大美人，跟你是月亮与王八的区别，你不觉得极不般配吗？"

"既然这样，那就绝对不娶。"

据说是从那以后，提亲一事便付诸流水了。不过，在寄给子规［即正冈子规 (1867～1902)，日本明治时代的著名歌人、俳人。——译者注］的信里（明治二十八年 12 月 18 日），夏目对这些都矢口否认，写道："什么我失恋了，又什么我因此自暴自弃云云，虽然我家里人都相信，但这些你都不要信。"不过，这不是我亲眼所见，所以也不能肯定地说事实就是如此。但从后来所发生的各种事情去推测，不得不认为前面说过的事虽说不一定全部都是真的，但某些应该是事实。再说从那封信来看，事实上当时他家里人是讨论过类似话题的。总之，他是在想象之上叠加想象，用他那个病态的脑袋，最终制造出一个只有他自己清楚、而别人毫不知情的"事实"来。这种情况我后来也屡次亲眼看到，因此关于这些事，总是抱有疑问。

在松山好像也有不少人来提亲。其中有位县里的参事官，大概是很想将夏目留在当地吧，相当起劲地为夏目寻找相亲的人选，种种斡旋撮合。后来夏目就开口说："那就见面看看吧。"后来就去了那位参事官的府上，正等着见面，就听到玄关传来咯噔咯噔的木屐声，之后听到一声"打扰了"，有年轻女子进了屋。不一会儿就有女子笑嘻嘻地端了茶进到房间来，满不在乎地跟他聊天，动不动就毫无顾忌地咯咯笑。夏目后来说起这事，道："这还是当着相亲对象的面呢，如此言行不谨慎，真是让人吃不消。"

夏目刚去松山时，曾暂住在当地一家叫作城户屋的一流旅馆。之后不久就寄宿到位于城山中部的一家古董屋的二楼。这处古董屋的家，最近被久松家买下来并拆掉了，而城户屋，今年春天去时，居然看到被公然命名为"少爷之间"的宴会厅，相当吃惊。大概因为那是《少爷》里出现过的山城屋吧，所以取了那么个名字。在松山，除此以外和夏目以及《少爷》里的主人公关联在一起的，好像还有许多无中生有的名产或是名所之类。

在城山的古董屋大约寄宿了两三个月后，夏目住到了二番町的当时一户叫上野的老夫妇的宅子里。最开始住在靠近道路的大约八叠[1]左右的房间里，后来因为夏天时子规要来，所以又搬到了靠里边的二层楼上。夏目自己住二楼，子规因为是病人所以住在楼下。虽说在这儿只住了两个月不到，但这期间子规一个人吃着鳗鱼饭，跟来聚会的俳人们大声讨论着俳句，还动不动就开个俳句会什么的，就算妨碍了真正的房主——夏目的学习，他也满不在乎。而且其他住宿的人听说子规患了肺病，露出讨厌的神情时，他也一样满不在乎。夏目领了工资回来，因为子规时不时问他要零花钱，所以夏目也给过他钱。而子规拿了钱就去胡吃海喝全部乱花掉。等到要回东京的时候，就又跟夏目说："没车旅费了，给点钱吧！"于是夏目又给了他。而子规拿了钱之后，在回东京前去奈良观光时就将钱全都花光了。

夏目去了熊本之后，子规也时不时写信来借钱。

夏目在松山的时候，拿着当时在乡下地方很稀罕的薪水（比中学校长还高的 80 元），又因为是乡下少见的英文专业出身的文学学士，所以给人留下这样的印象：除了很有才华，还总在默默学习。即使子规的房间里每天都举办俳句会，夏目也从不会莽撞地下楼，偶尔被拉下楼参加俳句会，也几乎没有和大家一起作过句子。通常是和子规简单交谈几句之后又回到二楼。连当时经常聚集在子规身边的俳人们，也只记得一句

---

1 "叠"是和室榻榻米专用量词，一叠就是一张榻榻米。一叠约为 1.65 平方米。——译者注

夏目在子规的送别会上赠给子规的送别句子（作于中之川的莲福寺）：

おたちゃるか おたちゃれ新酒 菊の花

要启程了吗　启程吧　伴着新酒　还有菊花

　　但是，当地人一般都对子规印象深刻。久保由利江（现福冈大学教授久保猪之吉氏的夫人、"杜鹃"派女流俳人。著有《盗嫁》等）那个时候正是十二三岁的少女，因为和那位上野家是亲戚所以常去玩。她曾说自己对子规的印象非常深，但对夏目几乎没什么印象。基本上，除了一两个敬佩他的学生以及极少数的同事之外，夏目给谁都是这样的印象。

　　总之，夏目和松山的关系，可以说以前是和子规相关，以后（一直到现在）是跟《少爷》相关。在松山的一年，对于夏目而言似乎是极为不愉快的一年。

　　那对老夫妇的宅子，现在只剩下两处房子还保留着。

接下来谈谈我们结婚的事。不过在这之前先简单说说我家的情况。

我家是中根家，祖祖辈辈都是福山藩的武士，爷爷被同藩的筑田家（现中外商业新报社长筑田钦次郎的家）招为上门女婿。爷爷原本就是贫寒武士，又因为维新的缘故，俸禄更加微薄，我现在还模糊地记得大约在我五六岁的时候，爷爷还在家里做过织袜子、磨伞骨等副业。生活在这样艰苦的环境里，父亲当然不可能凭自家的经济能力接受大学教育。但父亲运气好，作为藩里的秀才，被选拔送去上了大学。对于当时大学的情况，我完全不了解，好像是父亲非常想学经济学，因此就必须先学好德语，而要学习德语的话，就必须先学好医学，所以就这样选了医科。在我还是孩子的时候，因为父亲前往新潟的医院就职，所以我也被带了过去。正好那时新潟的医院聘用了一位德国人做院长，父亲最开始是被聘去做翻译，后来就成了副院长。我是在父亲赴新潟上任前后出生的，母亲带我去新潟时，父亲已经在新潟就职一段时间了。我记得在那儿一直住到五岁。后来父亲回到东京做了官。开始提这门亲事的时候，父亲已经是贵族院的书记官长。父亲的名字叫中根重一。我是家中的长女。

那个时候中根家在牛込矢来，正好是现在的新潮社所在地，那儿是我们回忆最多的一片土地。因为那个时候父亲干得相当不错，所以爷爷也停了副业（奶奶在我15岁的时候去世了），开始了所谓的"隐居乐"生活。爷爷在早上的时候戴上一副大眼镜逐字逐句地读报，一到下午就出门去附近的围棋会所下围棋，然后每天晚餐时要喝光两瓶酒才心情舒畅地就寝。爷爷是位隐居者一般的悠闲老人。若是我们时不时跟他说说话，给他斟斟酒，他更是乐上加乐。

爷爷的棋敌是位叫小宫山的人，有时候能在爷爷用石头围起的住处见到这位先生。小宫山先生在邮局工作，他的同事中有一位是夏目的哥哥。而且小宫山先生的太太，是家住附近的筑田伯母的朋友。小宫山先生到爷爷的房间去时，隔着一个院子望过去，正好看到院子正对面我们几个孩子的房间里有年龄相当的女孩子。小宫山先生也听说过同事夏目家有个弟弟，还曾好奇是个什么样的人。就这样，首先是小宫山太太先去跟筑田伯母说，筑田伯母又作为中间人来跟父母提亲，我们和对方都很快知道了彼此。父亲也因此开始从各方面打听夏目的情况，发现人们对他的评价都相当好。

有一天，父亲带我去镰仓时，刚上火车，就遇到了高田源二郎。高田源二郎是位年轻的法学学士，很早前就和父亲认识。以前父亲也曾考虑过他，甚至还有人说过媒，但因为对方嗜酒，最后不了了之。父亲跟高田打听夏目时，我只是默默地在旁边听着。

"我说，有一个文科出身的叫夏目金之助的男人，你认识吗？人怎么样啊？"

"不是很清楚，但不管是在学校还是在哪儿，对他评价都非常高。"

"是这么回事，有人来说媒呢。"

"呀，那我得帮您好好调查调查，这很容易做到。"

请人多方调查的结果，是评价都极好。父亲因此兴致高涨起来，于是决定先交换一下照片。我这边在新桥的丸木利阳拍了照片送过去，对方不久也送了照片过来。

那时候我 19 岁了，已经到了婚嫁的年龄，所以有不少人前来提亲。虽然不至于多得满天飞，但也看了不少照片。不用说，在那个时候，特别是在旧式教育中长大的女孩，不管父母是对还是错，只要说声嫁，即使心里一点儿都不喜欢，也是要嫁的。只是送来的照片中，让我看过之后心生"这个人可以托付终身"念头的人，还没有出现过，再说父亲那边也一直不积极。但是这次送来的照片，一看就感觉文雅稳重，容貌也温和端正。看过那么多的照片，这次意外的很有好感。

已经交换了照片，而且双方似乎也没什么异议了。唯一难办的就是当时夏目人在松山。于是商定，他年底休假时出来一趟，和和气气地见个面，那边若感觉不好，无需顾虑尽管回绝，这边若感觉不好，也一样毫无顾虑地回绝就是了。而且即使事情不成，这边也会尽力招待，希望那边也尽力配合。这些坦白直率的话，好像都是由父亲说出来的。因此当听说对方决定回东京，今明两天之内就将登门拜访时，我听到父亲对母亲道：

"注意说话时不要像已经拿定了主意似的。"

眼看那一天很快要到了，家门外突然有人来访，还记得是穿着长大衣。那天是明治二十八年（1895）12 月 28 日。

那时候我们搬到了虎之门的官舍居住，矢来的房子是爷爷住着。家里人有父母和我、时子、伦、梅子、丰子、壮任等六个兄弟姐妹，雇用了三名做勤杂的学生、三名女佣、一名私人车夫，因为人数相当多，所以官舍分为西洋馆和日本馆两处，而且都安装有电灯，以及在当时还很少见的电话。电话是那种现在看来属于古董的电话：听筒贴着双耳、正中间有电话铃按钮。相亲的房间是父亲作为书斋使用的洋馆二楼一间铺有二十叠榻榻米的房间，房间里还安装了一个暖炉。

我的父亲是书生型的人，省去了一切繁文缛节的开场白，而我只是安静地端坐着聆听。现在想起来，当时到底说了些什么，一点印象也没有了。总之对夏目印象不错，这是肯定的。现在留在记忆里的，只有两件关于相亲的趣事了。

一个是关于夏目鼻头上的麻子。提起这个是有缘故的，夏目的哥哥将相亲的照片拿到介绍人那儿去时曾说：

"这张照片拍得太好看了点，连麻子都没有了。"

这句特意的事先说明，也被介绍人原话转达过来。因此我和妹妹时子，都被这句莫名其妙的话弄得格外在意起来，脑子里总在想：到底是介绍人听错了，只说是稍微有点麻子呢？还是介绍人只是想打趣一下所以刻意模仿对方说话的腔调呢？因此相亲时，我假装若无其事地朝着对方的脸微微瞄了一眼，哎哟，鼻头上可不是真的有麻子嘛！又马上想到初次见面这么害羞的相亲场合，可不能老是盯着对方的鼻头看。但脑子里还是悄悄在想：看来介绍人说的没错，自己的眼睛应该不会看错吧。在贵族女学校上学的疯丫头时子，那时候在帮忙招待，对这事好像也特别在意，将夏目送到玄关，人才刚刚出门离开，转身就来跟我说：

"喂，姐姐，夏目的鼻头横看竖看都是坑坑洼洼的呢，那可的的确确是有麻子呀！"

"噢，我也这么想呢。"

这样一说，连母亲一起，三个人都带着一种很解脱的心情快活地笑了起来。

"怎么可以那样说话呢！"

我们被父亲不由分说地训斥了一通。不过，比我活泼得多的妹妹，在帮忙招呼用餐的时候，好像还真的仔细打量过。

还有一件事。在作为答谢品的一条盐烤大鲷鱼端上来之后，夏目居然冷不防地朝着鲷鱼的侧腹伸出筷子戳出了一个洞。吃过一筷子后，也不知道他怎么想的，就再也不伸筷子了。这是什么意思呢？因为印象十分深刻，所以结婚后我问起夏目这事。夏目回答说：

"那条鲷鱼装在食盒里带回家之后，哥哥一打开盒盖就问：'这是怎么回事？'我回答说吃了一口，太大了吃不下，就没有再吃了。哥哥就训斥说：'居然还有朝回赠品伸出筷子的家伙，这会被媳妇嫌弃的。'"

他自己对这件事也记得很清楚，想起来时就觉得很滑稽，因此忍不住笑了起来。这些倒也罢了，好奇心十足的哥哥们更在意的是相亲这件事，都围拢过来问：

"那家小姐怎么样呀，中意吗？"

夏目就答：

"牙齿很不整齐而且还脏兮兮的，但居然并不刻意隐藏，还一副若无其事的样子，这一点特别让人满意。"

哥哥们听了便取笑道：居然看中这些莫名其妙的地方，所以说他真是个怪人。

接下来是元旦那天的事。我和两个妹妹由三台人力车拉着，去给在矢来的爷爷拜年。车到神乐坂的曲艺场门前，看到迎面过来的人力车上坐着一位正在吸烟的绅士。两辆马车越靠越近时，才看清楚正是两三天前相过亲的夏目。我当时在心里想：要不要鞠躬致意一下呢？但只是见过一次面，也没有记清长相，如果弄错了人那可怎么办？一颗女孩子的心，正在左思右想犹豫不定时，车与车之间已经交错而过了，而对面车上的人一本正经地坐着纹丝不动。呀！看来真是长得相像的陌生人呢，我正在心里纠正着自己时，妹妹时子明快的声音已经传了过来：

"喂喂！姐姐，刚才的人的确是夏目呢，看到了吗？"

"噢，好像的确是。真是相当装模作样呀。"

"是啊，相当装模作样呀。"

后来这事也问过他。不用说当时他也注意到了我们，但心想自己这方先向女子行礼问候很不稳重，怎么着也得女方先打招呼吧，于是就摆好架势一直在那等着。

1月3号那天是只有家人参加的新年会，夏目也来玩了。见面之后，夏目绝口不提"我们前天在神乐坂遇到过呀"之类的话。但是非常愉快地和大家一起玩纸牌、抽彩签，玩得兴致勃勃。夏目不擅长歌留多牌[1]，这令大家很高兴，父亲更是格外满意。在夏目回去之后，父亲赞不绝口：

"现在的年轻人，玩起来样样都行，所以毫无用处，倒是像这类笨拙的人，做学者的话，是非常值得期待的。"

那次大家都抽了彩签。夏目抽中了挺难看的绢质的细纽带，而我则中了一打男人用的手帕。那些手帕，大概是用来做什么广告用的，用靛青染出"国之光"几个大字，母亲看到了，就说：

"将绢质的细纽带送给夏目不太好，用你的手帕跟他交换一下吧？"

于是我走到正在另一间屋子里独自休息的夏目跟前，说：

"母亲说那样的纽带给你抽到挺过意不去的，要我拿这个和你交换。"

说完将手帕递过去。

"是吗。"

夏目就说了这么一句话，然后若无其事地彼此交换了抽签物品。后来他说，其实那个时候他觉得纽带要好得多，但没办法还是交换了手帕。所以他后来态度很恶劣地说："那些手帕全都给哥哥的孩子做了尿布。"但我觉得他的文运却因此打开了，现在成了一名"国之光"，这样的命运，

1　又名歌牌，是日本的一种纸牌游戏。——译者注

说句冒昧的话，总感觉当时通过我的手做出了某种暗示。

这个是后来听说的事。在新年会结束夏目准备回家的时候，家里做勤杂的学生大声叫夏目的跟班过来，于是一位上了年纪的摇摇晃晃的老车夫，拉着一辆脏兮兮的马车出现了。我也送到了门外，但压根没有留意到那些。因为周围特别干净，而车子实在是太脏，夏目来的时候大概是没有考虑到这些吧，所以后来心里担心得不行，回到家后跟哥哥们说起，说当时尴尬得连冷汗都冒出来了。

因为 7 号夏目要回松山，所以我和母亲一起去了新桥给他送行。同去送行的，还有夏目的哥哥、高田那位姐姐的丈夫，以及三位朋友。天气罕见的好。因为是早上 8 点左右的火车，睡懒觉的子规没有来，后来看到寄来的一张致歉的明信片上，写着这样的句子：

寒けれど　富士見る旅は　うらやまし

冷归冷　遥望富士山之旅　怎不羡煞人

不久前我去松山时，在夏目任教过的中学里，看到了当时的教务日志。发现从不缺勤的夏目，在 1 月 10 日那天是缺勤的。估计是因为相亲回东京，返回松山晚了的缘故。

在出发回松山前，父亲曾期待夏目能尽可能在东京找到工作，然后到东京来结婚。夏目回答说，虽然不知道能否做到父亲期待的那样，但希望能比现在条件稍好一点再结婚。因此虽然定下了婚约，但没有定下婚期。

总之，父亲在见到夏目本人之后，更加抱有好感。父亲满怀期待地说，夏目将来必定会成为了不起的人物。又说他既不喝酒，生活也比在衙门当差安稳，最主要是为人正派、不浮夸，对于年轻的女儿来说再合适不过。而后来在谈到关于结婚一事时，夏目先寄信给他哥哥，然后委派他哥哥将信转交给父亲。这种做法，令父亲赞叹有加。在这个官吏格外吃香的世道，父亲进出的又是官吏圈子，这种情况下父亲要将女儿嫁给一个不起眼的中学教师，可见他对夏目是相当赏识的。

后来父亲也开始留意在东京是否有合适的工作，但一直没有找到。接下来在菅虎雄的介绍下，夏目去了熊本的高等学校。因此写信来说："去熊本的话至少得待上一年。到了那么陌生遥远的地方，若是你们那边不再有心的话，不得已就请取消婚约吧。"

而父亲回信说："这样的事可做不出来，如果这一两年没希望回东京，也不是说非东京不可，再说也不会一辈子在熊本生活。东京这边的工作，等结婚后再慢慢找也不迟，总之先将女儿嫁去熊本吧。"

4月，夏目转任去了熊本。在松山中学的教务日志上，写着4月9日于礼堂举办夏目教官的告别式。

// 三 婚礼

　　结婚的事终于定了。因为我不久就要嫁到熊本去，所以家里拜托了父亲的朋友、时任内阁恩给局长的风雅之士井上廉做名义上的媒人。可是这位先生极为精通古时的典章礼法，遵照传统礼数，目录仪式等写得特别长。例如首先是宴席的装饰布置，其次是就座的顺序以及式三献[1]，这之后又是更换服饰、又是婚后三日之祝，最后还有岩田带[2]如何，足利将军又如何如何，称谓也全都使用"婿殿""御缘女"之类的用语，还详细注明习俗出典、故事由来，等等，然后才送上门来。父亲将这些照原样转寄给了夏目。夏目很快就回信了，说他吓了一跳，又说只是女佣和两个人生活的家庭，如此大张旗鼓的仪式，无论如何都办不到。请务必原谅，拜托使用最不费事的简约式婚礼为好。父亲原本也没打算遵照目录操办婚礼，对夏目的回信也就一笑了之。

　　后来夏目来信说，在光琳寺町租了一处租金 8 元钱的房子。父亲说那么脏乱的房子，恐怕年轻女孩会嫌弃。夏目又回信道：

1　日式宴会开场时的酒礼，依照宴席顺序在宾客之间巡酒三次，称为"式三献"。——译者注
2　婚后妊娠使用的祈愿安产的白色腹带。祈愿孩子像岩石一般健康结实之意。——译者注

"连一家之主的我都要忍耐，妻君倘若不能忍的话，会很难办呐。"

母亲因此有些担心，对父亲说：

"你说话也太任性了，镜子若是因此受气可就麻烦了。"

父亲倒是若无其事：

"什么呀，这些话都先说出来才最好。"

一副很有经验的样子。

当时的彩礼目录是由我负责置办的，现在还一直保存着。根据井上先生的婚礼仪式顺序做了很大幅度的修改。最终确定的目录如下：

一　和服费　25 元

一　生鲜　五种

一　柳樽　五荷

以上

就是这些简单的东西。记得夏目那边送来的彩礼金是 35 元。

在即将动身去熊本之前，我去拜访了喜久井町的夏目的父母家。夏目家位于马场下的现在的岗亭对面的街角地，正好是现在的当铺和出租屋那一带。他家是相当宽敞的大宅子。说起夏目家，从前就是一直居住在那儿的名主。喜久井町就是菊井町，其由来是夏目家的家纹是井字形中间的菊菱。那个时候虽说家道已经很衰落了，但大宅子里的庭园还是特别气派，倒是房子给人感觉像被庭园镇住了一般，建在极低矮的地方。一问才知道，原来是遭遇过火灾后，刨去了三尺焦土再在上面重建的房子。

那一次我被正式介绍给了夏目的父亲，以及现在仍健在的哥嫂，还有如今已经去世了的高田的姐姐夫妇。

记得是 6 月 4 日那天。母亲和妹妹们，还有夏目家的各位都来送行。我和父亲一起，领着一位上了年纪的女佣离开了东京。在前往熊本的途中，住在福冈的叔父到门司去接了我们。但我们换船后才留意到有东西忘在刚才的联运船上了，叔父只好又乘上舢板去帮我们取。那天恰好海浪非常大，小舟就像马上要被掀翻一样摇晃得特别厉害，后来好歹到达了下关的岸边，遗忘的物品也给取回来了。当时叔父说过几句特别怪异的话，所以我至今都还记得。叔父说：

"舢板摇晃得好厉害，觉得马上要翻倒的样子。不过我买了人身保险，所以特别放心。"

叔父这么一说，父亲就道："你若是死了，那保险会归谁呢？"听得大家都笑了起来。

就这样，8 日晚上我们终于平安到达熊本。可是在停车场的站台上，只有旅馆研屋的掌柜一个人来接我们，连检票口也看不到夏目的身影。说是肯定来了的呢，我们四下里张望着正找他时，就见他一只手里抓着份报纸，满不在乎地从二等候车室里出来了。一看身上还是穿着那件长大衣，见到我们当即便脱帽致意道：

"我以为火车才刚刚到。"

一副毫不在意的样子。随后又道：

"这就往家里去吧？"

就是这样一副腔调。

父亲回答说：

"不，还有各种各样的事情，再说今天也很是疲惫了，还是改日吧……"

然后我们先到研屋安顿了下来。第二天在休整旅途劳顿的同时，顺便外出购物。因为要从东京远道搬运过来太过麻烦，所以一开始就决定日常用品一类全部都等到了熊本之后再统一采购。此外，在东京时还以为结婚时会比较冷，所以正装之类的也全都按冬装准备的。可到了熊本，发现就像夏天一样，而带来的衣服里，只有一件夏季的振袖和服。因为没有为夏天做任何准备，即使说要简单质朴点，但毕竟是一个女人出嫁，所以花费了不少时间，购买了相当多的东西。就这样总算是购齐了应急用品，转眼间便到 10 号了。这真是一个相当神奇的婚礼。

说起光琳寺町的家，是过去藩里的家臣之首还是谁的小妾住过的，因此有些与众不同。不久前去熊本时找过去看了一下，入口处面向着反方向的下通街，变成了"熊本简易保险健康相谈所"，还增加了新的房间，但大体上和原来一样。原来的布局是进玄关的第一间房子大小有十叠，相连的第二间房有六叠、餐室有四叠，还有浴室、壁橱，以及隔开的六叠和二叠。结婚仪式在隔开的六叠和室里举行。

新郎穿着长大衣，我穿的是从东京带来的仅有的一件夏季振袖。就这些总算还凑合吧。再看看父亲，还是一身日常的西装，婚礼既没有雄蝶也没有雌蝶[1]，所有的一切包括媒人和斟酒，都由从东京带来的年长女佣一个人担任。此外就是老婆婆和车夫，既要在厨房间干活，又要充当来宾。总之这个婚礼对我而言，既无出嫁时忐忑不安的心境，亦无盛大结婚仪式的情绪渲染。

如此这般便到了女佣在新郎新娘之间行酒的时候，本应是三三九度之杯，但很奇怪的是三组酒杯中不知道是大杯还是小杯居然缺了一组。可是新郎完全不放在心上，一本正经地领受了酒杯。

三三九度之后，不懂情趣的父亲也唱不来谣曲，于是这套简单至极的结婚仪式，便就此草草收场了。大概是等不及了吧，仪式刚一结束，

1　雄蝶、雌蝶，指日式婚礼中，新郎新娘行三三九度之杯时，手捧张贴有纸折雄雌蝴蝶酒壶、负责斟酒的一对稚男稚女。——译者注

父亲就站起身来道：

"好热好热！热得受不了了。"

说着自己动手将所有的拉门全部都卸了下来。还脱掉了上衣，但还是热，又跟夏目借了他的碎白点花纹浴衣穿上，这才总算是彻底放松了。而新郎也穿着冬天的长大衣一直端坐着，想必是加倍地热吧。既然父亲都赤身露体地换了衣服，那么新郎也名正言顺地无须客套了。于是也去换上便服，披着一件看起来像是新做的和服外褂走了出来。总而言之，那次熊本的炎热天气，让我和父亲都彻底震惊了。

两个男人都不会喝酒，只是天南海北地闲聊。父亲又搪塞着将旅馆的房子退了。后来账单送过来一看，包括招待车夫和女佣在内的总费用一共才 7 元 50 钱。这些就是我们的婚礼费用。

这是相当以后的事情了。有一次在我们夫妇的撮合下，有位友人的妹妹出嫁了。当时我想起了我们结婚的时候，正说起种种往事时，在一旁听着的夏目就问：

"那个三组酒杯只有两组的，说的是谁呀？"

看他佯装糊涂的样子，我不由得有点凶巴巴地答：

"说的就是我们。"

"是吗！我听了还正想这可太不像话了！居然是我们的事啊。难怪天天吵架，终于知道为什么夫妻关系种种不圆满了。"夏目打趣道。

结婚贺信记得是狩野亨吉、松本文三郎、米山天然居士、山川信次郎这四个人联名写来的。拿在手上一看真是特别冠冕堂皇，贺词也写得洋洋洒洒。贺礼品名写着见另页目录。果然另一页的目录从鲷鱼昆布开始，各种讨口彩的品目应有尽有。居然要送这么多礼品来啊！"朋友"的这种物品真是特别难能可贵啊，正看信看得心里感慨，就见结尾处有一行小字："各色贺礼因路途遥远无法随后送到。"刚刚新婚，就上了个大当。

　　子规写了诗笺送过来。从熊本搬到东京的时候，大部分信件之类都撕毁扔掉了，现在想起来觉得好可惜，但已经找不到了。记得写的是这样几句：

　　　　榛々たる桃の若葉や君娶る

　　　　萋萋桃之娇叶呀　　执手与君归

　　　　赤と白との団扇参らせんとぞ思ふ

　　　　红团扇和白团扇　　想送你一对儿呢

　　后面一句可能有些记错了。

　　刚刚结婚，夏目就宣告：

　　"我是学者，必须学习，可没时间顾及你，这点希望你能明白。"

　　我父亲虽然是官员，可也是读了很多书的人，对于学者要学习之类的事，也是司空见惯的吧。反正不管怎么说，跟东京的娘家相比，这儿迥然不同的环境还真让人吃不消。首先是在东京时住在官舍，进进出出的人多，生活自然显得很热闹，而突然来到乡下人少的地方，情况跟预想的完全不一样。我在娘家的时候，家务活是做过一些的，可是突然变成主妇，一切究竟要从哪里开始动手，心里完全没有数。加上之前我在娘家的时候，家里是父亲料理这些，买东西等事大都由父亲负责，母亲从早到晚闭门不出，只需吩咐好一日三餐、照看好孩子就够了。因此我连东西究竟要怎么买都完全不知道，来到这片不同的土地上更是越发弄不明白了。可如果去跟向来对家务事不闻不问的丈夫求助，被他指手画脚说一通，心里也会生气，因此只能鼓起勇气，自己领着老婆婆一起出门，边看边学。只是左转右转，满目生疏，整个人也呆头呆脑地跟傻子一样，我那时还真的是干过不少蠢事呢。

婚礼结束后，父亲住了两三天便要回去了。夏目吩咐说去买些带回东京的土特产，我在那时候也是一样，根本不知道该怎么办才好，走出家门之后内心一片茫然。

另外，还有一件很尴尬的事。说起来，我一直是早上起不来的人，属于那种晚上不管睡多晚都行，但如果早起就会特别头痛，一整天都会晕乎乎的人。但是因为新婚，丈夫又每天早起按时去学校，我当然也想努力早起尽到妻子的责任。可是，不知道是小时候的习惯问题还是体质问题，突然必须有违常态地早起，整个人都感觉相当痛苦。年长的女佣在的时候，她一有动静就会马上起床，倒还没问题，可是女佣回家了之后，让夏目没吃早餐就去了学校的情况，还真是不少。

于是我想着这样下去可不行啊，就拿了一个八角闹钟挂在枕头边的柱子上，"丁零零"的闹铃每隔半小时响一次，每次都惊得跳起来，显得特别滑稽。结果因为睡眠不足总是无精打采。有一段时间是真的特别糊涂，干什么都老是出错。

"你可真是御短珍的帕里奥洛格斯啊。[1]"

夏目这样嘲笑我道。"御短珍的帕里奥洛格斯"感觉好像是很难的英语呢。我猜测大概是"反正你就是个痴呆啊"这类意思，不过完全不明就里。而骂人的那位似乎很是津津乐道的样子，一遇到机会，就将"御短珍的帕里奥洛格斯"这句话劈头盖脸地浇过来。我想一定是非常难懂的横写体文字吧，来访的朋友当中有几位关系亲密的，我就逮住他们问，

---

1 "你可真是御短珍的帕里奥洛格斯啊"：原文为「お前はオタンチンノパレオラガスだよ。」"オタンチン"日文汉字推测可能是"御短珍"，是江户吉原的妓女骂嫖客的话，指嫖客的私处"又短又小"。而帕里奥洛格斯则是拜占庭帝国的流亡皇帝。"御短珍的帕里奥洛格斯"是漱石自创的词语，大意如同文中夏目的夫人镜子猜测的那样。——译者注

但不管是谁听完之后都只是哈哈大笑，却无一人肯告诉我原委。"御短珍的帕里奥洛格斯"这句话，虽然后来很久都没人再说起了，但却奇妙地留在了我的脑子里，成为回忆中印象最深的一句话。

那时候开始，夏目就说若是我们两个人一起出门，让学生看到怪尴尬的。所以，我们从来都没有一起出门散步购物过。

就这样开始了我们的生活。那年夏目 30 岁，我 20 岁。

// 四 新家庭

　　夏目在松山时月薪是 80 元，到熊本后是 100 元。但当时必须负担制舰费还是什么费的军事费用，所以月薪的十分之一由政府扣除。此外，他在大学的时候是贷款生，因此还规规矩矩地按每个月 7 元 50 钱偿还贷款。后来我问过小山温，说当时的大学，并不是全都按规则办事。只要在申请书上注明"家庭困难"一次性提交的话，别说贷款，连学费好像都是可以免除的。小山温说很多人包括他自己都是这样做的，而且毕业之后也无须还任何款项。为此小山温还曾经取笑说："夏目真是太过老实本分了啊。"但夏目依旧一丝不苟地坚持还完了贷款。

　　去掉前面所说的两笔费用之后，还要每月分别给父亲 10 元、给姐姐 3 元。记忆中，夏目给父亲的钱，和还学校贷款差不多是一个意思。

　　上面这些费用是每月必须支付的，所以真正到手的月薪应该是 70 元。这其中每月再花 20 元左右买书，一家人的生活费就只有 50 元。但是因为没有孩子，所以还能过得去。只是话虽这么说，原本我就是娇生惯养的大小姐，匆匆结婚来到这儿，一点都不懂要如何妥善安排家用，所以每个月都没有一分钱剩余。这样过了两三个月，我心里有些发慌起来，想这样下去可不行，意识到必须尽量压缩开支存点钱。于是每个月在手文库里偷偷藏 5 元。"手文库"，是我装习字用的字帖或纸张的一个小文卷匣。

有一天，我因为外出，近晚饭时分才回家，因此急急忙忙地脱了外出的和服迅速换上居家服，飞快地冲进厨房专心煮菜，过了一会儿返回客厅一看，不知道怎么回事，从刚刚脱下来的和服位置看，第一张拉门拉开的方向不对。直觉上感到很怪异，喊了夏目一起各处查看了一圈，就看到了走廊上的泥脚印，而刚刚还在桌子旁边的手文库不翼而飞。看来只是一会儿的工夫，我的手文库就被小偷轻而易举地偷走了。夏目问手文库里都放了些什么，我说放了一套习字用品。夏目就笑："那么难看的字，小偷看了都会腻烦呢！"可我脑子里想到的是我藏的那些私房钱，心里懊恼得不得了。本想着不要说了吧，结果还是说了出来。夏目听过后付之一笑："果然不出所料瞒着丈夫偷偷存钱啊。"这是我们家频繁遭窃的开端。当时因为新婚，一共只有四个碗，两个用来做饭碗，另两个用来代替汤碗，所以被偷 20 元可是个不小的数目。

新婚时的盛夏过去，刚一进入 9 月，我们就按计划去九州旅行了一星期。拜访了在福冈的叔父，参拜了筥崎八幡、香椎宫、太宰府的天神，然后去了日奈久温泉。现在没有这样的事情了，但当时九州的温泉旅馆非常脏，被子头部的地方全是污垢，浴槽黏黏的特别滑，总之是恶心得不得了，令人极不愉快。吃了这么大苦头，自那以后即使有人来邀请去九州旅行，我也再提不起兴致了。

回家后夏目抄写了大量旅行中作的俳句送给子规。那个时候他常写俳句，写好后又精心地抄录在成卷的信笺上或是白纸上，然后送给子规看。到现在还留有大量那时候写下的俳句稿。子规在那些俳句稿上用红笔或是点个点，或是画个圈，再或是写上几句评语做一些修改。他自己也是兴致盎然。写俳句就不消说了，还经常送钱去，从子规那儿买回来叫作《七步集》的活字本俳书，连吃饭时也卷不离手地细读玩味。

有一天他打开俳书之后边读边连声赞叹，突然回过头来对我说：

"'足弱之渡浊春之水'的'足弱'指什么，知道吗？"

"是指女人吧。"我张口答道。

夏目便说：

"不知天高地厚的家伙，竟然连这都知道！"

后来就对我说试着写写俳句吧，我就学着排列 17 个字，可是怎么排也排列不出一个像样的句子，因此老是被夏目嘲笑，特别可恨。有一次，也是他在读俳书的时候，读着读着就一副笑得要打滚的样子，我问他什么地方这么好笑，他就指给我看说这句很好笑呀。

両方にひげのあるなり猫の恋[1]

　双方都有胡子的猫之恋

我也很想朝他泼点冷水，便说："反正对方也是猫啊，双方都有胡子不是很理所当然吗？这一点都不可笑嘛。"于是就被夏目嫌弃了："所以说你不懂俳句啊。"

不过，那时候还有一位和我一样无能的俳句学生，是同在五高[2]的教授、一直有来往的朋友菅虎雄。大概菅先生也被俳句的大好趋势吸引了，所以也入了门，反正就是模仿着写了一大堆句子拿给人看，其中有一句是：

1　両方にひげのあるなり猫の恋：与芭蕉同时代的俳人小西来山所作。直译过来的意思就是"双方都有胡子的猫之恋"。猫不分雌雄都是有胡子的。日本的七福神中，惠比寿和大黑天也都有胡子，而有一个尼姑深信惠比寿和大黑天是夫妻。因此小西来山以猫做比喻，将这件趣事用俳句写下来。——译者注

2　熊本的旧制第五高等学校，略称五高。1950 年废校后校址所在地归属熊本大学。1896 年至 1900 年漱石在五高任英文老师。——译者注

桐の葉のドブンと川に落ちにけり

梧桐的叶子　扑通一声掉进水里

　　夏目就笑道："又不是青蛙，有扑通一声掉进水里的落叶吗？"这位菅先生也终究是不成器，最后俳句也是写得不了了之。

　　就这样，夏目对俳句相当热爱，从松山到熊本的五年时间里，是他俳句写得最多的一段时期。他一生中所写的俳句，几乎有三分之二是在这五年中完成的。这是因为离开京都来到熊本这样的乡下，自然没有能够聊聊文学的朋友，只有子规还能给他一些影响，所以才花精力拼命作俳句吧。夏目后来虽然也写汉诗，但已完全看不到他写俳句时的热心劲了。

　　关于俳句的话题，还想起一点，应该是结婚之后的事情了：他对熊本的新俳坛似乎也十分尽力，特别是对叫作"紫暝吟社"的俳句团体给了相当多的支持。

　　提到俳句，自然就要提到子规。子规这家伙又懒又脏。记得夏目说子规还在作寄宿生的时候，一到严冬老是两手抱着火盆反着身子进厕所，边烤火边如厕。后来还用那个如厕的火盆跟大家一起做寿喜烧吃。而夏目自己呢，每天都必须要清洗木屐齿，因为他看到过有洁癖的姐姐，在气温只有三四摄氏度的走廊里用抹布擦地板的情形，因此也相当爱干净。

　　9月中旬，我们旅行回来后不久就从光琳寺町搬家去了合羽町。光琳寺町的那个家，原本是小妾的住宅，所以建得很是雅致，但是住宅前面就是一片墓地，而且又说是小妾因为私通被斩首了什么的，住在里面总感觉有些毛骨悚然，因此我们决定一找到合适的地方就搬家。而接下来搬去的合羽町的家，虽说是刚刚建好不久，而且建得粗糙，但再粗糙也还是这个家好，所以便搬了。我们虽然只有两个人外加一个女佣，可这个新家里却有许多房间，因此同在五高的历史老师长谷川贞一郎也过来跟我们同住。后来山川信次郎也跟我们一起住过一段时间。这个住处的租金是13元。

今年春天见到了久违的长谷川先生，问起他时，长谷川先生说当时他每个月支付给我们住宿费五元，而山川先生则是七元。说不仅很便宜还经常受款待。都过去30年了，还在受表扬，但我一点也不知道到底款待过他什么，想是自己应该尽了最大努力去做了吧。再说那个住宿费，当时大家说没理由免费吃喝，一定要支付些钱，但夏目说哪有问朋友拿住宿费的家伙，双方争执不下，眼看他们这样会没完没了，于是我插到中间说，好吧那就收五元做住宿费，如此这件事才算是消停下来。山川先生的七块倒是挺遗憾的，好像是后来上涨了两元吧，总之这一类事我特别记不住。

我对这一类事忘得一干二净，因此接下来说的也是听长谷川先生说的。说是每天晚餐的时候，我会用小酒盅给每人准备一小杯酒。也不知道是什么意思，反正每人只有一小杯，长谷川酒量好，总是一口气就喝光了，因此他心里极不痛快地想："既然让喝，就要让人喝个痛快啊！"不过表面上依旧装得若无其事。而夏目，就喝那一小杯，也喝得跟小鸟饮水似的，一小口一小口半天也不见喝完。而且就那么一点也喝得面红耳赤。夏目还总认为自己是一家之主，所以一看到有鱼之类带尾巴的菜上来，就会说"尾巴给长谷川"，而头必须朝向自己。长谷川先生这样一说，关于这个鱼尾巴的事，我倒是模模糊糊地记得。

晚饭结束后就该去洗澡了。可是夏目一跟山川聊起来，不管提示多少遍该去洗澡了，都会半天不挪窝。我等不及，便说："那么，我可先进去了。"

而夏目就总是回答："哎呀，再等一分钟，马上就去。"

可这一分钟，又是一小时甚至一小时以上。

长谷川先生和我们不一样，是位相当了得的社交家。因此总有客人来。搬到新家的第二年，第一次迎来新年时，我完全不明就里，特别努力地想好好准备各色佳肴，可是没想到客人来了四五位，学生也有五六人，这么多人蜂拥而来的结果是，金团[1]首先被飞快吃光，来得晚的人则连饭菜也没有了。而且当时还只来了一位女佣帮忙，平时常来常往的商贩，也不知道怎么回事，说自己也要过年不给送外卖。总之最后闹得很不愉快，夏目都发起了脾气。长谷川觉得过意不去，给我们充当和事佬，但我心里又懊悔又委屈，盛装的和服上一直罩着围兜，从除夕夜里一直忙到元旦中午12点，总算是做好了金团。可是将金团刚一送到人数最多的房间去，学生们一转眼就又都吃光了，怎么做也做不过来，我当时真的好想哭。而夏目则将此视作教训，认为过年时最好不要在家。因此从第二年开始，一到快过年的时候，夏目就开始出门旅行了。

不过他心情不好也仅限于那个时候。第二天或是接下来的几天，他就穿上我的新年家纹礼服嘻嘻哈哈起来。他自己本来就是极爱干净整齐的人，而且又很喜欢穿女性的漂亮和服，总是将我脱下来的和服披在身上，提着下摆在家中走来走去。

我喜欢吃安倍川饼[2]，经常做好了就招呼长谷川。长谷川也总是吃得津津有味。但大概是觉得自己吃总归不太好，便大声招呼夏目：

"喂！夏目，不吃安倍川饼吗？很好吃哦！"

"我才不会吃那么幼稚的东西呢。"夏目满脸蔑视地回答。

只要是自己不喜欢的东西，他都是这副满脸不屑的样子。比如说他很讨厌吃青鱼，看到别人在吃，就会打击别人说：

"以前，青鱼这种东西，可是仆役之类的下等人才吃的呐！"

---

1 一种用栗子泥或番薯泥做馅的日式甜食，日式年菜必备食品。——译者注
2 在用糯米做成的麻糬上撒上黄豆粉的一种日式甜点，静冈县的名产。——译者注

说起食物倒是想起来了：夏目后来一直患有胃病，最后甚至被胃病夺去了生命，但那个时候还相当贪吃（虽然那时候一到夏天，肠胃就变得有点弱）。总的来说，他喜欢重口味的油腻肉食，鱼的话说是太腥不大喜欢。他那时年龄也是刚刚 30 岁出头，既懂得食物的味道，又正是对可口的美食相当有食欲的时候。而我，当时还不到年龄，像个禅宗和尚一样顽固地主张：人只要肚子饿了吃什么都香，好吃不好吃根本不重要。现在想起来觉得自己当时太粗野，心里特别遗憾。那年夏天回到东京的时候，母亲听到我总是这样跟夏目说话，还责备我说："怎么可以跟丈夫这样说话呢？"

除了这些之外，夏目原本的趣味，就是江户式的，总带有一些庶民作风。与夏目相反，我是接受所谓山手式教育长大的，我们在兴趣上也经常会有一些小冲突。因此在婚后第一年，对夏目的性情我根本摸不透。而且我的父亲就是一位家庭暴君，性格相当急躁，总是令母亲感到为难。相比之下夏目相当有度量，凡事公平对待，不像父亲那样随心所欲地动不动就发火。因此我只有感叹：原来，"先生"这个身份，是修养的结果。

不过，女佣外出的时候，夏目会怀疑她去会男人了。而我又是非常直爽的性格，不明白他说这种话的心态，因此时不时会想：真是个说话奇怪的人呐。

也许是住在一起的人太多了，总觉得当时那个家，从刚搬进去开始就像个宿舍。后来时隔 30 年再去熊本一看，那个屋子还真的变成了寄宿公寓，太神奇了。

记得也是那时候，虽然我对文学并不是特别感兴趣，但我的朋友——头本元贞（当时担任伊藤总理大臣的秘书）的夫人，在佐佐木信纲的门下修习和歌。自然我也被感染，就看起了文艺杂志之类的书籍。

有一天，夏目走到我身边来，拿起一本《文艺俱乐部》仔细读起卷头的诗句。那是一本旧的《文艺俱乐部》临时增刊，也可以说是闺秀小说号。上面排列着三宅花圃、大塚楠绪子、藤岛雪子（佐佐木信纲氏夫人）三位的石版印刷诗笺。

三宅的诗歌是：

朧々かすめる夜半の月かげに　匂ひそひたる山桜かな

朦胧夜半藏月影　依稀暗香掩山樱

大塚的诗歌是：

君まさずなりにし頃とながむれば　若葉がくれに桜ちるなり

望望不见君　叶影映落樱

藤岛的诗歌是：

雲雀なく声もたのしく聞ゆなり　さかきが岡の春の夕暮

欣闻云雀啼　春色又黄昏

这些诗歌全都用优美的假名写成，尤其是三宅的诗歌十分出色，连夏目也频频点头称赞。然后又点评大塚夫人的诗歌说：

"很不一般的诗。多半是因为大塚不在家，所以才写出这样的诗吧。大塚是个幸福的男人啊。"

后来才慢慢知道，楠绪子的丈夫大塚保治是夏目的朋友，当时正在德国留学。我偶尔会从头本夫人那儿听到一些关于大塚楠绪子的消息，以及结婚时有过的美丽罗曼史，当时和我一样的年轻人都不可能不知道这些，但大塚夫人的丈夫是夏目的好友却是头回听说。夏目告诉我他去兴津的松涛园避暑时，第一次遇到当时正在绘画的楠绪子。又说起当时大塚保治如何拜托大学里被称作媒妁名人的清水舍监，又意外地很快获得了应允，以及被邀请出席在星之冈茶寮举行的结婚仪式时，漱石是借穿了哥哥的仙台平[1]和服去参加的婚礼，等等。之后还追加了一句："那才是我理想中的美人呐！"

正好那个时候，夏目大学时代的好友米山天然居士去世了。关于米山，以前就时常听说。说他是个自从有了文科大学以来的怪物，非常自我、任性，就找不出一个没跟他吵过架的朋友。大学历史考试的时候，听说好像是箕作先生教的课，交卷时间到了他还在若无其事地盘腿坐着答卷，而且答个没完没了，不知道究竟什么时候才能交卷，箕作先生实在等得不耐烦了，便留下米山一个人自己先走了。第二天早上勤杂工到教室打扫卫生，看到米山天然居士点着油灯，一个人泰然自若地还在答卷。他在当时的确是个豪杰。

从预科转本科的时候，这位天然居士问夏目：

"将来你想靠什么在社会上立足呢？"

夏目就答：

"想进工科读建筑，大把赚钱。"

"傻瓜！"天然居士听后忠告道，"这么个贫乏的国家，你以为能建出多么杰出的建筑？这点应该清楚吧。还不如去学文学，让杰作流传于世。"

当然夏目不可能仅仅因为这一句话就决定改修文学，但据他本人说，

---

1 日本宫城县仙台市的绢织物，从江户时代到明治时代因制作最高级和服（袴）而广为人知。——译者注

最开始的确是打算去学建筑的。

　　大学时代两个人还身穿制服拍了照片。后来夏目将照片上米山的上半身放大成四开大小，并题写上追悼的句子：

　　　题　空间研究天然居士肖像
　　　宝铎含风彻天外　空余春之塔
　　　漱石

　　那年暑假本来是想去耶马溪探访名胜的，但是 6 月 29 日，夏目 84 岁的父亲去世了，他草草结束了考试之后，7 月份匆匆回东京，在虎之门的官舍里安顿了下来。

　　夏目对自己出生的家可以说并没有什么感情，有的多是轻蔑与反感。但他又是个重情分的人，所以从没做过欠缺情分的事。不过，他父亲越是"小金，小金"地喊着想讨好他、奉承他，就越是会引起他的反感。我夹在中间也相当为难，而且觉得哥哥们也挺为难的。夏目是个黑白十分分明的人，讨厌就是讨厌，喜欢就是喜欢。能完全接受别人的意见那是例外，脾气相当犟，根本拿他没办法。他最大的哥哥大助（最开始叫"大一"，后来改叫"大助"）虽然早就去世了，但就只有这个哥哥和母亲（母亲也已经去世了）两个人，一直到后来夏目都会说起他们的好，对他们心存怀念。

　　关于母亲，他在《玻璃门内》也写过自己的眷恋。据说夏目的母亲曾是明石公府邸的侍女[1]，27 岁时作为后妻嫁到夏目家。当时前妻留下两

---

[1]　关于夏目的母亲，后来有人考证夏目的母亲出生于游女屋，但夏目对此似乎一直并不知情。因此镜子夫人转述从夏目那儿听来的这段描述也许与事实有出入。——译者注

个女儿。母亲为人特别好，因此明石公的夫人不到她结婚的年龄都不肯放手。说是由于这个原因，所以才结婚晚了。又说母亲带来了许多从前的衣裳、发饰等极考究的华美嫁妆。每次说起这些，夏目就要说"居然跟着那样的父亲"，这句话他总是挂在嘴边。跟对母亲的眷恋相反，夏目对父亲似乎怎么也没有好感。虽然传说他父亲是相当了不起的人物，但夏目眼里的父亲，可完全不是那么回事。

"你说要做学问，是什么学问呢？"

"学文学。"

"什么？给我去学军学。"

夏目说父亲在五十三四岁时晚年得子，那么冲他吼所谓"去学军学"的时候，已经年近 80 了，是糊涂到分不清文学和军学的年纪，不过说起话来却毫不留情：

"这么不懂事的东西，真是惹人厌。"

他笑话父亲是个吝啬鬼，却奇怪地老是存不住钱。这也是那时候听来的，不知道真假，说是父亲一日三餐，餐餐都要有菜谱，所以一到时间女佣就要前往请示：

"请问老爷，今晚准备些什么呢？"

父亲总是老套路：

"嗯，煮个茄子吧。"

果然今晚又是茄子！厨房间的女佣每次去请示时都会暗暗讥笑。那个时候，一文钱就能买到 50 个茄子。还有就是父亲常常一个人在两叠大的和室里背靠茶柜而坐，然后从茶柜里拿出糕点当零食，一个人吃得咯吱咯吱的。

就是这位令夏目极为不满的父亲，年轻的时候却是相当了不起的人物。爷爷酗酒喝光了的家产，全靠父亲一手重建，因此在当地可算得上是响当当的名主。有个夸张的传说——说是只要父亲走进牛込，只要说马场下的名主大人到了，连小孩子都吓得不敢哭。这是真是假且不管它，但起码说明那时候父亲是相当有威望的。名主之间应酬，去游廓（指妓院——译者注）里消遣时，其他名主按当时的价钱出钱 300 元积夜具（游廓的熟客赠送给游女的新铺盖，堆叠在店门前作为装饰——译者注），摆阔炫耀，父亲会找时机悄悄溜走。他觉得与其消遣，不如把钱花在收集书画上。父亲将自家宅子前的一条坡取名为"夏目坂"，又购买了家纹，将该町取名为"喜久井町"。

《玻璃门内》里写过在维新之前，有一伙提着刀的夜盗闯进夏目家的事。那是我从哥哥那儿听来后跟夏目说起时他记下来的。哥哥那时候还跟母亲在一个屋子里睡，因此看到了相当恐怖的一幕，说是到现在还清楚地记得姐姐的惊叫和哀求。据说是浪人（流浪武士）为了筹集军资而闯进家里，父亲领着一众浪人去仓房看，倒是有许多千两箱，但里面全是空的。虽说这次以后夜盗没有再来，但是父亲在屋内柱子中间挖了洞，将钱藏在了里面，那以后父亲每天从壁橱里架上楼梯爬进天棚，在棚顶吊上蚊帐睡觉。

就这样辛辛苦苦才守住的钱，后来……用现在的话来说，父亲大概是遇上了诈骗团伙，说他们在筹办一个给陆军缴纳粮草的类似公司的机构。听了对方花言巧语的怂恿，说是特别赚钱，父亲就来了劲头，不仅出了资，还摁了印。但骗子们原本就打算钱一到手就逃的，因此出资的钱不仅连本带息一去无回，而且还因为摁了印，陷入不得不付钱的困境，到最后连青山、新宿一带的土地也不得不脱手转让给别人，好不容易聚集的家财就这样散没了。夏目开始记事的时候，家里就始终时运不佳，名主的全盛时代只是听说，夏目实际上几乎没有享受过家里的任何恩惠。

那位叫大助的哥哥，上过大学，也有学问，是位仪表堂堂的优秀青年，可惜的是肺不好，是个病身子，所以大学中途退了学。那个时候父亲从府厅转到了警视厅工作，在他手下工作的部下，是樋口一叶女士的父亲。父亲当时也上了年纪，虽然有名主的名声和能耐，但却没什么学问，有点讨人厌，工作也懒散。而樋口先生不仅有学问，而且工作十分认真勤恳，因此极受父亲的器重。据说父亲还时不时借钱给他。一叶女士的贫穷是出了名的，从她父亲在世时起，好像生活就不是很宽裕。但是不管怎么样，樋口先生勤勤恳恳工作，可以说是父亲的得力助手，因此每次只要开口，父亲就会借钱给他，但总是有借无还。

樋口先生那时候住在山下町的官舍，而大助兄因为父亲的引荐，也在那儿担任翻译，住在山下町的同一官舍里。好像只有父亲是每天从牛込去上班的。大助兄已经能工作了，那时候身体也还健康，又到了相应的年龄，长得也一表人才，还是名主家的长子，总而言之无可挑剔。而樋口先生的女儿呢，字写得好，诗也作得好，是极出色的才女，因此自然会谈及要不要将她娶回家做媳妇的事。但最后拿主意的是父亲。"还只是个下属，就借走了这么多钱，要是再娶了女儿的话，还不知道会怎么样呢。"——父亲心里的算盘打得清清楚楚，因此这话也便就此打住了。很可惜一叶女士没有嫁到夏目家去。

不久后大助兄去世了。接下来二哥荣之助也去世了。这个二哥是个相当不听话的浪子，说是有段时间闹到家里都跟他断绝关系的程度，想必也是个性格倔强的人。这两个哥哥都是年纪轻轻还没结婚就去世了。在他们下面好像有一个姐姐，但父亲的前妻留下了两个女儿，如果夏目的母亲对生下的女儿太过疼爱，会对不起前妻。因此依照夏目母亲的意思，那个姐姐一生下来就送给人做了养女。夏目的母亲就是一个用心到了这种程度的人。

第三个哥哥叫直矩，现在住在矢来，不过以前的名字是和三郎。母亲刚刚怀上三哥的时候，就觉得孩子生得太多了，按当时的人工节育法，说是吃黑鲷鱼、鱿鱼干可以堕胎，于是这样那样不加分辨地各种乱吃，盼着能流掉这个孩子。结果最后流产不成生下的这个孩子——想必是在娘胎里跟各种敌人搏斗得太过疲劳，生下来那叫一个黑乎乎，而且又瘦又小。母亲就觉得这是自己的罪过，因此对这个儿子倍加宠爱。父亲也觉得这个儿子非常老实，跟金之助这种粗暴小子不一样，因此也是疼爱得不行。也因为上面的哥哥都相继去世了，所以对这个哥哥自然也更加珍视。三哥现在也很喜欢看戏，小时候父母带他去猿若三座[1]看戏，他可以安安静静一动不动地从头看到尾，因此深得父母喜爱。

大约是三哥结婚以后的事。父亲一到天黑就钻进被窝，到了 12 点左右必定会醒过来，然后大声问：

"和三回来了吗？"

好像是哥哥经常夜里外出游乐，嫂子支支吾吾地搪塞说"是啊"敷衍过去之后，接下来父亲又问：

"现在几点了？"

嫂子也心领神会地答：

"9 点了。"

这么简单应付一下，父亲似乎也就安了心，再接下来便一觉睡到天亮。

前妻的两个女儿，一个嫁到了新宿的女郎屋伊豆桥，一个就是有名的高田的姐姐。这个姐姐后面还有详细介绍的机会。

这就是我听说的或是夏目告诉我的关于父亲和哥哥们的大致情况，父亲去世的时候，夏目的家已经相当衰落了。父亲的名字叫直克。

---

1 中村座、市村座、森田座这三处江户公认的歌舞伎剧场。也称"江户三座"。——译者注

　　时隔一年，夏目和我回到了东京。每年一到夏天，我们全家人会一起去镰仓材木座的大木伯租住别墅，因此这个夏天妹妹们都出门了，正巧家里没人。我们两人很幸运地留在家里看家。可是就我们两个人也挺寂寞的，又没有其他的娱乐活动，于是夏目说让我教他唱歌。我教他唱当时士兵们常唱的那首挺野蛮的歌曲"总有敌军几万，不过乌合之众"，可是不管怎么教也教不会，他唱起来老跑调，一开口就觉得特别可笑，结果老是捧腹大笑个不停。

　　就在这个时候，我有了身孕，大概是不应该长途劳顿，最后流产了。因此，虽然我很想一直守在家里，想整个夏天都在东京度过，但因为我的身体状况不佳，所以还是去了镰仓休养，跟妹妹们待在一起。夏目也因此在东京和镰仓之间往返过好几次。

　　有一次，他去圆觉寺拜访宗演禅师时，拜借回来相当深奥的汉文书籍，阅读得极为认真。第二年夏天时，还经常一个人在和室正中央盘腿打坐。好像是大学时代还是刚刚大学毕业那会儿的事，菅虎雄曾领着他去过宗演禅师身边参禅。据说那儿的僧人还曾劝说他做一名禅僧。

　　正好是夏目从镰仓回到虎之门官舍时发生的事。因为天皇陛下将要路过，因此家里人关闭好二楼的门窗（这是当时那一带官舍的规矩），大家都站到门外排队恭候迎送，夏目本来也和大家排在一起，但不知道什么时候突然就不见了。妹妹注意到了，就问：

"呀，夏目哥哥呢？"

母亲就答：

"大概是觉得这种场合太喧哗，所以躲起来了吧。"

正说着时，就见他在浴衣和服外穿着褪色发白的仙台平的袴子出来了，一副郑重其事的样子。

"哎呀，哥哥，怎么了？连袴子都穿出来了。"

妹妹瞪圆了眼睛问。夏目一脸正经地答：

"在熊本那样的乡下地方，可是完全没有拜见陛下的机会呢。"

随后迎送陛下时果然一丝不苟。后来妹妹跟我说起这些时道：

"哥哥真是个相当有趣的人呐。"

在东京的时候，他时不时会去探访正在生病的子规。很快就到了9月，学校要开课，必须返回熊本了。可能的话，我也希望能两个人一起回去，但看过医生后，说是还需要静养一段时间，于是夏目只好一个人先走。那时候红叶山人的《金色夜叉》正在《读卖新闻》连载，夏目回到东京后就一直在看，因此临行前对我说：熊本那样的乡下看不到《读卖新闻》，你每天从东京给我寄过来。可是，真要每天都寄的话太过麻烦，反而容易懈怠，于是我三天一次或是四天一次，汇总后一起寄过去。夏目对此非常生气，在来信中大发脾气。当时红叶山人的人气正旺，但夏目对《金色夜叉》倒是不曾发表过什么感慨。

令他赞叹的倒是一叶女士的作品。甚至还买了一叶女士的全集，在官舍的二楼躺着阅读，尤其对《青梅竹马》特别欣赏，说就是男人也很难写得这么好，一口气读完了全集。这话我是从弟弟那儿听来的。而我自己有印象的是，他相当喜欢广津柳浪的《今户心中》。

我还没有回到熊本之前，9 月份夏目就已经早早搬进了大江村（现在是市内的大江町）的落合东郭先生（汉诗诗人，现为侍从）的家。落合先生因为前往东京就职，熊本的家就空了出来，所以租给了我们。10 月，我也恢复了健康，正准备回熊本的时候，恰巧落合先生的令堂，以及落合夫人娘家的元田永孚先生（明治天皇的侍讲）的令郎夫妇也要回熊本，而且元田先生的家，就在刚刚租住的落合先生家旁边，于是我便跟着大家一起，在 10 月 25 日左右到达熊本。

到了新搬的家里一看，才发现这地方的风景相当优美。家前面是一大片耕地，耕地前方是看不到边的连绵桑田。被称为森林之都的熊本郊外的秋天，景色别具一格。只是一到冬天就特别寒冷，从未见过的巨大冰柱，会一直蜿蜒到水车附近再垂向地面。

耕地里总能望见老大爷干农活的身影。夏目和大爷的交往很是亲密，彼此或是互相问候，或是安静地交谈。有一天午餐时，夏目吃着吃着，突然说：

"那位大爷比我还要有钱呢，都已经存了 60 日元了。"

夏目说话时的表情非常严肃，一旁的女佣因此大笑起来，说：

"先生，您的话好生奇怪呀！"

那位女佣名叫阿照，浅黑色的皮肤，约莫二十七八岁，非常忠实，做事勤恳，这些都很不错，但在爱睡懒觉这件事上却是一点也不输给我。因此我不在家的时候，时不时会发生没人准备早餐、让夏目空腹去学校的事。阿照因此感觉很对不起夏目，为此夏目回家后，在他用餐未结束之前，阿照绝对不会动一下筷子。

院子里有一个很小的庙，阿照给小庙里的神仙点上线香、摆上蜡烛，看到阿照一心一意地祈祷的样子，夏目就开玩笑地问道："是祈求许个好丈夫吗？"——但她其实是在一本正经地祈愿早上能够早起。

夏目一直都洗冷水浴，天气寒冷时朝身上浇冷水，总是闹得动静特别大，嘴里"呼呼"地喊着，冻得又蹦又跳，水花四下乱溅。阿照在一旁看到，就边笑边说：

"先生活蹦乱跳的，像一条小鲷鱼！"

夏目似乎也很中意这样的朴直，有时候也会说些玩笑话惹得我们大笑。有一次，大概是想吃甜食，他突然跑进厨房来，自己切了一片羊羹，边吃边冲着阿照说：

"你也来一片？"

听夏目戏谑的口气，阿照也一本正经地答：

"已经早就尝过是否有毒了。"夏目也不得不服气，笑道：

"料理人手快嘴也快，果真如此啊！"

我从东京搬到这处新居时，家里已经来了一位至今不曾见过的寄宿学生。就是有传闻说《我是猫》中那位爱娇者多多罗三平[1]的原型股野义郎。不久后又增加了另一位寄宿学生土屋忠治，凑成两个人。两个人都是五高的学生，大概是三年级。土屋为人严谨，而股野虽说老惹人生气，但也播撒下不少欢笑的种子。

说起这位三平君，那是非常能吃。不但饭吃得多，喝汤也跟吃饭同等分量，而且还要全部见底，我除了大感惊讶外已经别无他法。而且他还像小孩子一样，边吃边扑簌扑簌地掉饭粒，让人不服不行。

有时我们准备了便当让他带到学校去，便当盒就从来没有再带回来过。不管女佣怎么唠叨他，过一天他还是空着手回来。实在是没有办法，我们只好做一个小孩子的脑袋那么大的饭团，饭团中间再塞进梅干，然后让他带去学校。这才终于免除了丢便当盒的灾难。而且他又常喝酒，

---

1 本书日文原文写为"多々羅三平"，《我是猫》中译本一般翻译为"多多良三平"。——译者注

喝到 12 点左右才回来。冬天天冷的时候，我或是女佣必须得有一个人一直等到他回来才好关大门。这是相当痛苦的一件事，但他对此毫不在意，一回到家也不知道什么时候就将铁壶里的开水全部喝个精光，然后将空空如也的铁壶继续搁在火盆上——就是这么一位三平先生。

和母屋有一小段距离的另一栋房子，是学生们的房间。因为有老鼠出没，没办法只好对三平先生说借猫来用用。三平先生便领着猫来了。进了房间后将拉门"啪嚓"一关，不久就听到"咪咪咪"的唤猫声。而那个时候确实被抱进了房间里、应该已经被关在里面的猫，不知什么时候跑到厨房里去了，喵喵地叫着在阿照的足背上蹭来蹭去。三平先生真是一个彻头彻尾的糊涂虫。

这里的房租是 7 元 50 钱。父亲去世后那 10 元不必再寄了，大学的借款也已经全部还清。经济上开始慢慢变得宽裕起来，负担轻一点后，夏目就开始买些额外的书，或是帮助有困难的学生们。

大概是那年过年时候的事。夏目小学时代一位关系好像特别亲密、叫作安藤真人的朋友，因为家庭的原因，中途被学校退学，那时候住在熊本的郡部一个叫岛崎的地方，在济济黉高校做老师，夏目好不容易打听到他的地址去拜访他，还为此写了一篇访问记。具体写了几张纸已经记不住了，但记得那篇文章读给长谷川贞一郎听过。这篇文章没有在任何一家杂志上刊登过，家里也没有草稿，他的全集里也没有收录。不知道是怎么回事，也许是他自己扔掉了也说不定。除了俳句之外，说起那个时候的文章，我的记忆里有的就是这一篇。这位安藤先生是特别要好的朋友，所以经常邮寄《日本新闻》来。父亲去世回东京的时候，夏目还给安藤写过信，教他暂时不必再邮寄报纸来了。这话是从安藤的侄子、五高的教授野野口胜太郎先生那儿听来的。《日本新闻》还刊登并介绍过这位野野口先生的汉诗。

// 七 做养子

　　大概也是那个时候，盐原的阿安写来了一封长信。和盐原之间的瓜葛，夏目在自传小说《道草》中写过，所以这儿就不再详细说明了。只将那封信里问起的许多事，大致按先后顺序讲一下吧。在《道草》中盐原叫作岛田。

　　夏目是庆应三年（1867）正月初五出生的，正巧赶上申日申时，过去说申日申时出生的孩子，长大会变成大盗贼。要防备这事，得取个有金字边的名字为好，因此取了"金之助"这个名字。说是取了这个名字若能时来运转，会相当出人头地。

　　可是夏目出生的时候，父亲大概54岁了，如此晚年得子，面子上有些挂不住，更重要的是母亲还没有奶。这时候来家里作帮佣的一位阿姐，在四谷开了家旧货铺，因为阿姐那儿有奶，便将金之助寄养了过去。可是那家旧货铺也不是什么体面的店铺，是那种只要天气好，就会每天晚上在大路边摆摊的地摊。

　　有天晚上，高田的姐姐路过四谷的时候，看到大路边旧货铺旁的草筐里躺着个婴儿，昏暗的油灯照着小脸，一副睡得正香的样子。走近一看果然没错，就是刚刚寄养过来的弟弟"小金"。这样装在草筐里，还放在大路边的露天让孩子睡觉，怎么说也太过分了。姐姐看着心里觉得好可怜，一口气就抱回了家。虽说因为一时的同情抱回了家，但家里没有奶，夏目想喝奶想得哭了一整晚，一直哭到天亮。最后，将他抱回家的姐姐被父亲一顿狠骂，没办法只好又送回旧货铺。就这样一直到断奶的时候，夏目都被寄养在旧货铺里。

按父亲的打算，原本就不想将夏目留在家里，只想遇着合适的机会，就送人去当养子。正好这时候有人找上门来。想要养子的人是盐原夫妇，夫妻俩没有孩子。

这个叫盐原昌之助的，是以前寄宿在夏目家的学生。这男人颇有些过人之处，自己买了个名主的身份，一点点干得风生水起，那时候他已经当上浅草的户长了。他太太叫阿安，曾经在夏目家里帮工，因此俩人被撮合在一起。夫妻俩没有孩子，正在物色养子的时候，夏目家的小儿子便成了第一人选。既是恩人的孩子，又正是所期待的男孩，而夏目家这边也觉得送他们做养子的话，彼此摸得准脾气。于是就这样，夏目成了盐原家的养子。那是夏目3岁时候的事。

最开始的时候，夫妻俩疼孩子疼得不行，特别是太太阿安，孩子想要什么就给买什么，那可真是当成自己的亲生儿子一样溺爱。可是不久夫妻俩就开始不分白天黑夜地吵架，孩子被扔到了一边。阿安这个人呢，本性就是嫉妒心强，吵架的原因也是因为嫉妒。之所以会这样讲，是因为盐原做了户长，也不知道是浅草的哪条街，有一位寡妇，孤零零一个人生活，手里有些土地还有些资产。最开始是盐原对这位寡妇各种照顾，慢慢地女方变得特别依赖他，来找他相帮，结果两人纠缠上了。这种事女人越是嫉妒，男人就越会意气用事，而那寡妇也相当跋扈，居然追到了家里来，将阿安撵出了家门。家里总是吵个不停，对孩子来说没有比这更遭殃的事了。看到这种状况，哥哥大助心里极为同情，他自己是个病身子，说到底也是无法结婚生子，就想将"小金"当成养子，也算是有个后，如此便将夏目领回了家。那是夏目 7 岁时候的事。

虽然夏目 7 岁的时候就回到了自己的家，但名字还一直是"盐原金之助"，户籍也一直不给迁过来。盐原那边的考虑，好像是准备再等他长大些，去做当时挺流行的在官署当工友的活儿。再说就这样放手的话，怎么说盐原也跟养子有几分感情，到底不太情愿吧。因此后来夏目成年了，也还在使用"盐原"这个姓氏。一直到明治二十一年（1888），大助兄去世的时候，才终于找到机会谈起准养子[1]这件事，总算是恢复了夏目的户籍。又好不容易谈妥了养育费、感谢费，合计支付盐原 240 元。夏目家按协议先预交了 170 元，余下的按每月 3 元支付。到明治二十三年（1890）全部付清后，收到一张"约定金请取证"，到现在还保留着。虽说那时候就断绝了关系，夏目这边后来还是立了一张字据交给盐原，申明从今往后，不存在任何薄情寡义之事。这是夏目出名之后的事。这张字据的抄写本尚在，内容如下：

盐原昌之助　殿：

此番鄙人与府上离缘，由家父支付养育费计 240 块，恭请受领且复原鄙人本姓。自此之后，彼此再无纠葛，再无薄情寡义之说。

明治二十一年一月　金之助

顺便在这儿说一句，过了四五年之后，夏目的户籍转到了北海道后志国岩内郡岩内村浅冈仁三郎家，做了一段时间的北海道平民。这样做是为了免服兵役。

1　也写作"顺养子"，指弟弟当哥哥的养子。——译者注

就这样，由于种种原因，都是在养父母家做养子，没有得到过亲生父母的爱，而且回到自己家，父亲也总觉得这家伙是做过养子的，将他当成一个累赘。就家庭生活来说，夏目像孤儿一般，受了千辛万苦。

而这个时候大哥死了，家里要决定继承人。现在住在矢来的三哥想起准养子这事，就问夏目："这个家以后由你来挑担子吧？这种家的担子我才不想挑呢。"夏目一口拒绝了。

再说回阿安，她后来没多久就被前面说的那个寡妇给撵出了家门。

就是这位阿安，千里迢迢地给熊本写信，从离开盐原写起，一直写到夏目小时候，满满当当写了很多。

从盐原出来后，阿安做了一家酒铺老板的后妻。但没多久丈夫就去世了，留下前妻的一个女儿，正当龄的时候，便招了个上门女婿，生意做得相当红火。女儿女婿对她也好，幸福的阳光照耀在阿安的头上。可是好景不长，不久后，战争爆发，女婿出征战死，家里失去了最重要的男劳动力，生意也做不成了。阿安不得已将店铺转让给了别人，拿着发放给战死者家属的抚恤金，搬进一所小房子维持着生活。那个前妻的女儿，虽然阿安从未辛苦养育过她，但在困苦之中，却一直很孝敬阿安。阿安因此在信里这样写："可为什么自己费心费力养大的夏目，尽管现在都已经大学毕业，月薪上百，成了有出息的男人，却从不将我放在心上呢？小时候患天花时，知不知道我是怎样彻夜不眠地守着你的？你5岁那年，小便时从廊子边摔下去，腰骨头都摔得脱臼的时候，知不知道我是怎么照顾你的？"那时候如何如何，这时候又如何如何，阿安将从前养育的辛劳一一罗列出来，唠唠叨叨写了一封特别长的信。说到底，也就是暗示她现在有困难，希望多少能给点钱。而夏目这边则想：若是非常困难的话，也不是不能给钱，但以前断绝养子关系时，是一文不少如数支付后才终于分开的，现在再来说这种话，岂不是没有道理，于是回信婉言拒绝了。

那后来又过了几年，夏目在修善寺患了大病的时候，阿安前来探望过。那之后便大约是每年都会来一次，每次来的时候夏目都会给她一些零花钱，因此后来虽说每次都给她钱，反倒是让她不好意思再来了，此后便没有再出现了。阿安暮年的时候，因为风湿病，手脚变得相当不听使唤。

阿安后来成了秋田雨雀的养母，六七年前去世了。生前最后一次看到她，是在去杂司谷扫完墓返回的路上，刚走出鬼子母神堂，就遇到了扶着拐杖的阿安。

盐原这边，后来也心生贪念。夏目留洋回来后，大概他当时正好特别困难，完全无视以前的协议，倚仗着那张"再无薄情寡义之说"的字据，说："你以前的养父这么困难，而你作为养子，做了大学老师赚了大钱，别说什么不近人情，你总得对我有点表示。"还请了讼棍找上门来，丑态百出地强行勒索。结果，虽说根本没有付钱的理由，但最后夏目的家里人还是站出来给了 100 元，说从此以后希望不要再说三道四，此事才算了结。在《道草》里也写过这件事的详细内容，是完全属实的。小时候的夏目命运多舛，那时候的养育费 240 元，是一笔相当大的数目，对已经日渐衰败的夏目家来说，根本没有多余的积蓄支付这样一笔钱，当时还是从别处借了钱，才终于付了这笔费用。总之，夏目家是世家，不管怎样也得装点门面，虽然手头吃紧，但这样那样的开销很大，再加上大哥去世，二哥也去世，一个接一个地去世，又是一笔大的开销，一个家如此祸不单行，只出不入，因此变得相当窘迫。

我们就这样过完了明治三十一年（1898）。

// 八 《草枕》的素材

　　因为前年正月里吃了个大苦头、得了个教训，这年正月刚到除夕，夏目就去了小天。这次是和山川信次郎一起去的，我没有同去。多多罗三平也就是股野义郎，领了几位学校的朋友过来玩，我也加入他们中间，大家一起玩玩纸牌之类打发时间，还不用担心挨骂，过了一个相当自在悠闲的年。

　　那个叫作"小天"的地方，自《草枕》出版之后开始变得有名起来，漱石住过的房间也都被保留着。听说五高的学生们现在也常去探访，大概那儿很适合小旅行吧，五高的老师和学生们以前就常去。那地方从熊本往西北只有三里半[1]。路程，有山有海，土地非常温暖，据说盛产蜜橘。若是登高望远，可以看到有明岳温泉，偶尔还能看到神秘的"不知火"[2]。夏目他们投宿的住处，是一位叫前田的当地名士的别墅，俗称"汤之浦"的地方。也就是《草枕》里所写的古井温泉。因为女主人公的形象是受到前田他姐姐的启发（我跟前田最小的同父异母的弟弟、现在东京高等

1　明治时代的 1 里等于 3.927 公里。——译者注
2　指在九州的有明海或八代海一带，夜晚出现的无数火光忽明忽灭的现象。因渔火异常折射引起，农历八月初一左右的无月之夜比较多见。——译者注

工业学校做老师的前田利镰很熟悉，所以也跟着这样叫惯了）而塑造的，所以我从前田姐姐那里，打听到当时的许多事情。我出嫁的那个夏天，第一次九州旅行就吃了不少苦头，所以那次没有跟着夏目一起去，对当时的情形一点也不清楚。就转述一下前田他姐姐的话作为参考吧。前田现在住在府下的池袋，好像已经 60 或者 61 岁了。据说夏目第一次还是第二次去小天的时候，正好看到前田最小的弟弟利镰刚刚出生，当时夏目还特别惊讶：婴儿的脸怎么那么红！现在，这位利镰都已经年过 30 了。

　　前田先生的父亲叫案山子，从明治时期开始就热衷于政治运动，后来进了帝国议会，因为留着一把极漂亮的胡须，所以跟河野广中、铃木充美等几位一起，被赞誉为"议会三美髯"。案山子是一位为家乡鞠躬尽瘁的人，是手握长矛人称九州第一的剑士。关于案山子还有一段相当有趣的逸闻。明治十年熊本笼城的时候，案山子正好是玉名乡的区长，负责保管乡里的备用金，守护小天的主宅。因为当时不仅官军盯上了那笔可观的备用金，就连西乡军一方也盯上了，情况十分危急。因此，西乡军一方的池边吉十郎（池边三山居士的父亲）——这位吉十郎以前就跟案山子关系亲密，熊本笼城的时候，案山子将池边一家老小（三山居士那时候好像已经从军了）全部领到了安全地方避难。但吉十郎对此毫不知情，派了使者到案山子处，威胁他马上投降，否则的话就派兵剿杀。不用说目的当然就是乡里的那笔备用金了。但乡里的备用金，是不可能说交就能交出来的，但不交出来就会性命难保。前田抱着大不了一死的决心，一个人去了西乡军的阵营。果然不出所料，西乡军看中的就是那笔备用金。但案山子是抱定了一死的决心前往西乡阵营的，当即便一口回绝，于是吉十郎说给他一个晚上再好好想想，便将案山子关进了牢屋里。

　　被案山子保护起来的池边一家老小，当时很快就听说恩人被带去了西乡阵营。这可是恩将仇报啊，绝不能坐视不管，一家人连夜赶到西乡阵营里，向吉十郎详细说至今为止前田对自己家的恩情，再后来三山居士的父亲握住前田先生父亲的手，再三地赔不是。

前田家跟中江兆民等人也有交集，因此政界的名士总是接连不断前来投宿。明治十一年前后，前田家在村子里共有的温泉附近，拥有了大约一町步[1]大小的土地。砍伐竹林之后在那儿建起了别墅，用来接待各路名士。因为别墅建好之后，如果平时总是闲置着，一则太浪费，再则也因为不断有人来访，自然需要一个住宿的地方。这也是机会难得，因此后来一幢接一幢地不断加建，最后便形成了有规模的温泉旅馆。据说最开始的时候，温泉旅馆的人拿到客人留下的茶水费，都不知道该如何处置，甚至跟在客人后面追出几里地将钱还回去。

五高的人开始去汤之浦的温泉旅馆，是在明治三十年的 11 月左右，最开始是我和山川两个人先去住了一晚，接下来没多久，也就是那年除夕的时候，在山川的邀请下，夏目也同去了。那时候正好前田姐姐离了婚，在一年前回到了温泉这边。这个时候夏目大概是 31 岁。

山川因为以前去过一次，跟前田家里的人非常熟悉了，经常像个俏皮的幽默家一样，模仿着说上几句落语，惹得前田家里的人捧腹大笑。而夏目则跟山川不同，总是保持着一贯的沉默，几乎很少说话。基本上都是在听山川说，偶尔夏目在中间插一两句话而已。大家怎么瞅着，都觉得山川扮演的是"老婆"角色，再说他性情也很温厚。至于夏目，前

1　町（ちょう）是日本的尺贯法有关长度（距离）与及面积的单位，为了区分长度和面积单位，分别记作丁（长度）和町步（ちょうぶ，面积）。作为面积单位，下列为町与其他单位的换算：

1 町 =0.009 917km²

1 町 =9 917m²。

——译者注

田姐姐评价说他凹凸有致（意在指他鼻头上的麻子），非常有男人味，也就是所谓的"丈夫"资格。前田姐姐领着他们去了被称为"三号房"的最上等房间，因为两人待人接物都是这副做派，因此前田家称他们为"三号的夫妇俩"。

这个三号房，是为了政界名士们住宿而特意从主宅移过来建造的，房间里的装饰相当了得，就像《草枕》里所写的那样，壁龛里装饰着若冲的松鹤图，房间正中间放着紫檀茶几，摆着帆形的竹茶具架。夏目对那个茶具架相当中意，赞不绝口。山川看到了，就说：你若这么喜欢，我去帮你谈判问问价呀。而前田家则回话说：要是喜欢的话，免费赠送也完全没问题。当然，话说到此也就打住了。但因了这个机缘，当夏目说：

"这儿的房间相当与众不同啊。"

前田姐姐便趁机问他：

"如此说来，您是喜欢古董的了？"

因为夏目回答说很喜欢，前田姐姐便心生了个主意。后来在前田父亲的一间客室里，一天一次地邀夏目他们去品茶，每天更换不同的字画大家一起欣赏。

那时候正好女佣的人手不足，前田姐姐因此常去三号房，每次都会送茶过去。就像《草枕》里所写的那样，在青瓷钵里装上羊羹端过去。

有一天，夜里很晚了，前田姐姐终于忙完当天的活，准备泡个澡就去休息。到女浴池一看，浴池里的水已经不热了，没法洗澡，于是去男浴池瞅了一眼，发现男浴池的水正热气腾腾呢，而且看样子里面也没有人，便放心大胆地脱了衣服，踩着浴槽边缘的石阶就下水了。刚下到浴池里就听到一声水响，咦？应该没人的呀！前田姐姐吃惊地站住了，十分奇怪地朝着浴池中央一直望过去，果然听到有人扑哧一声窃笑。前田姐姐大吃一惊，屏息凝神再一细看，就吃惊地看到夏目和山川，正拼命忍住笑，像两个淘气包一样，泡在灯光照不到的浴槽一角只露出一个头来。前田姐姐顿时满脸通红，飞快地逃出了男浴室，女佣看到她赤身裸体，一副惊慌失措的样子跑出来，也大吃一惊，问"怎么了"。前田姐姐羞愧难当，什么也没说，披上衣服便匆匆逃走了。这便是《草枕》里女子跑进男浴池那一段的原型。

那儿的房子是建在山上的，令夏目觉得非常有趣：

"以为是三楼，但实际上是一楼。"

还有就是夏目他们第二天就要回熊本时，前田姐姐想给他们准备些土特产，在认准了周围没人后，爬上了玄关前的一棵涩柿子树。刚爬上去，就被不知道什么时候散步回来的两人发现了。夏目因此笑着打趣说，可真像猴子的亲戚呀。

有一次好像是有什么事，夏目对前田姐姐说你来一下，前田姐姐便去了三号房听夏目说话，具体说些什么不记得了，只记得当时正好剥了一只橘子在吃，心想只是去一下就回，便一只手捏着橘子皮就过去了。结果夏目说起来没完没了，总算等夏目说完，前田姐姐如获大释地走出门时，才发现手中的橘子皮都已经干得硬邦邦的了。

那次回家前，两个人支付了茶水费 5 日元、转交给女佣的 1 日元，以及包给前田姐姐的零花钱 3 日元，前田姐姐还没有从客人手里拿过钱之类的东西，当时就红着脸一定要还回去，结果夏目盛气凌人地道：好不容易送出去的钱哪有还回来的道理？

当时是用马驮着行李送的他们，后来前田姐姐也时常送蜜橘来。

4 月份左右只有山川一个人去了温泉，跟前田姐姐说："夏目的太太很啰唆，夏目来不成了哦。"接下来很快到了养蚕的季节，狩野亨吉、山川、奥太一郎、木村，还有夏目五个人一起，一大早就到了小天，在汤之浦的别墅吃的午饭。因为大家说想看看主宅，便由前田姐姐负责给大家带路。主宅在离汤之浦有点儿距离的山腰上，外墙涂成白色，远远望去像座城堡一样，两三里地之外就能看见，建得相当有气势。但很可惜的是我们搬到东京不久就被烧毁了。当时在主宅下方的农地里有酸橙树，前田姐姐给每人都折了一枝，狩野是教头[1]，大家便都转送给了他。后来前田姐姐将狩野的那一份担着，走了差不多一里半的路，将大家一直送到了河内。

那一次，大家还去了据说是宫本武藏闭关写出兵法《五轮书》的岩户观音，还有鼓之泷等地，总之是将那一带的名胜都游览了个遍之后，才在当天回到了熊本。

前田姐姐在当时属于十分新潮的女性，但听说后来命运很是坎坷。想来也是有缘吧，在熊本的时候，据说还去山川的住处玩过。

而小天的话，我今年春天才第一次去。虽说因为去年的潮灾，有些地方都荒废了，但真的是个非常不错的地方。以前的温泉之家依旧照原样保留着，确实如夏目说过的那样，从玄关看以为是三楼，但绕到后面的庭园一看，以为是三楼的地方其实是平房，的确是相当有情趣有意思的建筑。现在那儿已经换了主人，有段时间好像用"漱石馆"这个名称经营过温泉旅馆，但后来又放弃了。那地方不管是庭园还是住宅都相当有格调，让人禁不住想：如果离都市再近一点就好了。

那次我去小天时，在以前被称为三号房的房间，还有曾经每天邀请夏目去喝茶的前田父亲的房间里，听地方上的老人们讲了不少当年的往事。比如说山顶茶室的位置现在已经变了，还有说那时候给新娘牵马的马倌现在还活着，等等。和松山的《少爷》一样，到了当地才惊讶地发现这片土地的"《草枕》热"非同小可。

1　指副校长或教务主任。——译者注

前田案山子的碑，在前田家后面的一个小山丘上。前往参拜的时候，漫山的蜜柑花正在盛开，散发着说不出的清香。

回到东京之后，又听说已经决定要永久保存小天的遗址。不管怎么说，这都是件好事。

只是这个社会，总有人会一成不变地对如此浅显的事实都无法理解，老要将事实与小说混杂在一起。就这样还不满足，还要添油加醋地、夸张地再编故事。今年春天前后，一本叫作《妇人俱乐部》的杂志，也加入了这种行列，以漱石的初恋之类的题目，刊登了一篇花里胡哨的报道，说是前田家的前田姐姐被夏目玩弄过。对前田姐姐来说，这样的报道，是极度的骚扰，太令人难过了。而对于夏目来说，尽管他已经去世了，但一样是令他困扰的谣言。这事若是稍微有点根源、哪怕心里动过一点念头的话，倒也罢了。擅自捏造这种不负责任的无稽之谈，首先是欺骗读者，此外，这种各方面都肆无忌惮给人添麻烦的做法，怎么说都太过分。前田姐姐为此大为恼火，那也是理所当然了。

夏目和山川后来也经常一起去旅行。回来后山川就说："夏目这家伙，每次出门旅行就是一副愁眉苦脸的样子，有个家就那么好呀？"

山川老说些诸如此类的话。也不知道是什么原因，山川也不成家，就寄宿在租来的房子里，只给自己雇了一个女佣。之所以来跟我们待在一起，据他自己说是因为寄宿屋的酱菜没法吃。因此他不厌其烦地来指导我们腌酱菜，跟我们讲解说，"酱菜这东西，原本就应该这样这样腌……""这样腌的酱菜才好吃……"然后，就将腌好的酱菜带走了。有一天他津津有味地吃完酱菜后，还剩下一片，被女佣给吃掉了，山川居然还为此发了一通脾气，真是特别滑稽。

山川刚到熊本上任时住在我家里，他一直到要去进行入职报道的当天早晨为止，还从未穿过西装，只是从东京准备了一整套带过来。这倒是没问题，但他居然不会系领带，甚至都没钉好衬衣扣子，总之什么准备也没做——而且还是个无法早起的家伙——我们都匆匆忙忙收拾好了准备出门的时候，他作为主要客人居然什么都没弄好。正好那时候长谷川贞一郎也在，加上夏目和我，我们三个人，又是帮他钉扣子，又是帮他递裤子的——这是衬衫！这是领带！手忙脚乱得不亦乐乎。夏目因此火冒三丈，极不高兴，说：

"这种事你昨晚就应该准备好！"

山川就答：

"哎呀不得了！今天麻烦了！要被头儿骂一整天。"

山川嘴上这么说，其实那天什么麻烦也没有，很顺利地回来了。第二天早上三个人一起出门，傍晚回家的时候则各走各的。夏目和长谷川都已经到家了，早退的山川却半天也不见人影。原来那天山川认为一个人回家应该没问题，想独自熟悉一下回家的路线，结果却迷了路，绕了大半个城区才好不容易到了家。

大江村的房子里常有老鼠出没，不知道怎么办才好。正说起这事时，家里女佣的姐姐来了，就说既然这样，我家有一只三色猫，特别会抓老鼠，送给你们吧。又说："不过呢，这可是只特别烦人的猫，你们什么时候若是不想要了，记得再还给我。"很快猫就被带来了，果然如其所言，是只特别能抓老鼠的猫。问题是不只是抓老鼠，连餐桌上的东西也要抓一把，这就很让人头疼了，不得不随时盯着它——因为就连准备端给客人的小鲷鱼，它也会抢了就跑。这种让人措手不及的事，发生了不止两三次。大家都很窝火，终于忍无可忍，一致决议扔了它。负责扔猫的重任落到了学生土屋的头上。土屋满口答应，在去学校的路上顺便扔了那只猫，但刚扔完它就自己回来了。又来跟人抢食吃。后来问了土屋，原来是没有蒙上猫的眼睛，就这么随手扔的。我就跟土屋说，你那样扔当然不行了。后来有一天，恰好猫的旧主人过来，正在厨房间门口说着话，四下里找猫的土屋，嘴里喊着"猫呢？猫在哪儿"，转来转去就转进厨房来了，一眼看见正蜷缩在前主人膝盖上的猫。"哎哟，在这儿呐！"土屋话音未落，就一把捉住了猫，不由分说地从怀里掏出旧袜套罩住了猫的头，还边罩边说："哈哈哈！棒棒棒！"得意万分地抓着猫就走了。我们在旁边看着都捏了把冷汗，不敢开口说扔猫这事。后来想起这事都觉得特别尴尬。不久前无意中拿出那时候的旧照片来看，夏目和我坐在走廊的火盆边，夏目的左边是土屋，我的右边是坐在走廊边缘的女佣阿照。夏目的坐垫上还坐着一只小狗崽，而前面所说的猫，则在女佣的膝盖上，竖着三角耳，满脸的精明样儿。一想到这居然就是土屋用旧袜套罩住的猫，不由得更是觉得滑稽。

　　3月的时候，屋主落合东郭从东京回到熊本工作，房子必须物归原主。因此我们在一个叫作井川渊的地方，找到了一处小房子，准备搬过去暂且过渡一下。那地方就在河边，离住处不远就是明午桥。这处小房子的房间很少，不过因为只是暂且凑合住一下，倒也没什么不方便。因为房间不够，所以晚上的时候只能让土屋和股野两个学生睡在和室客厅里。土屋是个规规矩矩的人，倒是还好。只是股野不仅爱赖床，人还特别懒，连自己的被子都要土屋帮他叠。老是耽误我们打扫卫生，真是可恶至极。而且他还特别自由放任，从头到尾只顾着自己，我们说的话一句也听不进去。

　　有天早晨，我们认定股野又在跟平时一样睡懒觉，他终于非常倒霉地被夏目给逮了个正着。

　　"股野，给我起来！打算睡到什么时候！"

　　夏目也知道我们平时对此很是不满，因此张口就是一声大喝。脸皮一向很厚的股野，似乎也被这一声大喝给镇住了，"嗨侬！"的一声，像上了发条似的一下子就跳了起来。可是这个三平君，平时不分冬夏一直都有赤条条钻被窝的裸睡习惯，这一受惊吓甩开被子跳起来了，结果却让人不敢直视。连夏目都不得不忍住笑意，加大嗓门吼道：

　　"赶快将自己的被子叠起来！"

　　于是，三平君马上可怜巴巴地高喊道：

"喂！土屋——"

那副满脸哀怨向土屋求助的样子，又是特别可笑，结果大家都忍不住失声大笑起来。后来，是土屋帮股野拿了和服过来，又帮着他将铺盖给折叠好，才总算是收了场。怎么说好呢，这个股野本就是个懒汉，也不懂体察别人的心情，我年轻的时候常生他的气，但到底是拗不过他，还老被他惹得想要不笑都不行。这两个人后来都在 7 月的时候毕业了，并很快去了东京。土屋经我们的介绍，住在东京我的娘家、中根家里做寄宿生。土屋是名副其实的穷学生，但学习十分刻苦。这两个人都考上了法科，大学毕业后，土屋做了法官，股野则远渡大连成了一名实业家。

那年春天狩野亨吉来五高做了教头。狩野、菅、山川等过去的老朋友们都聚齐了。秋天的时候，狩野住过的房子空出来了，于是我们紧赶慢赶很快搬到了内坪井町的家。这个家，是我们在熊本住过的房子当中最好的，即使现在看上去也相当气派。那是一处占地约莫有五六百坪[1] 的大宅子，不仅有桑叶地，连庭园也相当开阔。本来这儿的住房并不算大，但因为将隔开的另一幢房子做了杂物房，所以住的地方就显得宽敞起来。据说早先这房子的主人是位军人，所以大概是将以前的马厩和马倌住的地方改成杂物房了。那幢房子真的是非常坚固，特别气派。

那时候，五高的学生寺田寅彦也找来了，说是希望能来我家寄宿。夏目回复说，没办法，家里已经有寄宿学生了，再说房间也不够。但对方非常执着，说房间不够住杂物房也行。因此我们就带他去看了那个杂物房，当时还心想这个世界上还真有这样与众不同的人啊。不过寺田看过杂物房之后，便再也没有下文了。

---

1 坪，源于日本传统计量系统尺贯法的面积单位，主要用于计算房屋、建筑用地之面积，在明治时期的度量衡法中，1 坪被定义为 400/121 平方米。1 坪为边长为 6 日尺（1 间）的正方形的面积，约为 3.305 785 124 平方米。——译者注

那时候寺田常常来家里，但我几乎很少遇到他。要说那时候的印象，也就只记得有次去东唐人町的劝工场¹时，看到过戴着五高制服帽的寺田。当时觉得他像位公子哥儿，让人感觉一副心不在焉的样子。还有现在做了东大工学部部长的内丸最一郎，我记得也是那时候的学生。

　　前不久跟寺田见面时，说起那间杂物房的事，问他："还记得我家房间的样子和杂物房的位置吗？"回答说："应该大概还记得吧。"

1　明治、大正时代，在同一建筑内入驻许多小店铺进行批发零售的地方。后因百货店的兴起而衰退。——译者注

//　十　长女诞生

那年秋天我怀孕了，从 9 月开始到 11 月，都一直被猛烈的妊娠反应折磨着。最严重的时候，别说是食物和药，喉咙里连水都咽不下去。身体因此日渐虚弱，而且都到那个时候了，也无法动手术，只能听天由命。后来终于用了营养灌肠疗法，才总算保住了性命。

病妻の閨に灯ともし暮る々秋
病妻卧闺中 黄昏又点灯 秋暮夜长已近冬

那时候夏目看到我生病，还少有地写过几首俳句。

总之，那年我基本上是在病中迎来了岁末，好在不久后妊娠反应过去了。夏目和往年一样，从元旦那天开始，就跟同校的奥太一郎一起，去了多年前就想去的耶马溪旅行。他们旅行的具体情形我不清楚，但好像是回家的前一天还是大前天，据说是在丰后的日田附近的山岭上，夏目被马给踢了，摔倒在雪地中，因此一副愁眉苦脸的样子回了家。而且好像是因为走路太多，脚上都长出了大水泡。旅行中还有人将兔子肉说成鸟肉拿出来让他们吃，所以这次山野旅行相当不开心。回家后，夏目照例又写了很多俳句送去给子规看。

夏目跟奥太一郎也一直有往来。大概那时候夏目开始学习能乐的谣曲，奥先生也一样在学，所以谣曲学习会上两个人常碰面。夏目的谣曲老师，是同在五高做工学部长的樱井房记，他生于金泽，因此特别擅长加贺宝生[1]，教夏目要如何掌握节拍、如何发声，好像教他唱的是《红叶狩》，还夸他"唱得相当不错"！夏目因此很是得意，经常反复练习，唱起来还特别大声。可是我一点都不觉得他唱得好，因此常常故意讲他的坏话，浇他冷水，说：

"虽然樱井老夸你，但那也就是给你戴戴高帽子，唱得根本就不行！"

夏目听了，就道：

"虽说我自己也没觉得唱得有多好，但你听听奥先生唱的，那声音就像在洗澡水里放屁一样颤悠悠的，看看他那副唱腔，我可是一点没输给他。"

他这么一讲，我就更加惹他不快地打击他：

"奥先生是奥先生，你是你，不管人家如何，你唱成这样，可一点也不值得骄傲啊！"

后来有一天，奥先生来了，他开始唱谣曲的时候，我正好在泡澡，唉……从第一句开始，就听得人挺难为情的。那声音实在是太奇特了，让我瞬间想起夏目不久前刚说过的那句粗鲁的批评，顿时忍俊不禁，只好拿毛巾捂住嘴，尽量不让别人听到我的笑声。又看到厨房里的女佣们也都是一副强忍笑意的样子，更加笑得停不住。这种感觉可真是痛苦极了。

我们的长女出生的时候，已经是 5 月底了。我的字写得不好，因此很希望这孩子将来字好看点，便遵照夏目的意见，给长女取名为"笔"。但讽刺的是，笔子的字，后来居然比我的还差，取名这事变成了一个笑

1　日本石川县的传统表演艺术宝生流能乐，是金泽市指定的无形文化遗产。——译者注

柄。所以，现在我再也不会取这种贪心的名字了。就是因为取了这个名字，所以字写得这么差！笔子本人每次说起这事就对我们无比痛恨。也不知道是儿女不知父母心呢，还是父母不知儿女心。总之，这事变成了一个大笑柄，这是肯定的。

因为笔子是我们的第一个孩子，而且是结婚三年后才出生的，所以我们对她疼爱得不行，夏目自己也常常把女儿抱在手上。因为女佣阿照的肤色比较黑，夏目听说孩子会跟老抱着自己的人越长越像，便说，阿照那么黑，要是传染给孩子麻烦可就大了，因此对女佣抱孩子这事极为排斥。我在家的时候这事倒还好解决，我若是出门去买东西，留下孩子在家的话，本来老老实实睡觉的孩子，睁开眼看我不在就会出声大哭，这种时候不管夏目如何又哄又逗，都只会火上浇油，让孩子哭得更厉害。无可奈何的夏目，这时候只好大呼"阿照，阿照"，求阿照过来帮忙。而女佣阿照这个时候可神气了："不管我脸有多黑，没有我的话还是不行吧！"不动声色便赢了一局。而孩子一被阿照抱起来马上就不哭了，这下阿照又越发对孩子喜爱得不得了。还有就是常来我家玩的山川，也经常这样跟夏目开玩笑：

"你的女儿呢，长大了会要找美男子的吧，到那时候俺也得算其中一个呀。"

后来没多久山川回东京去了，我们后来也回到了东京，因此他经常领着笔子一起玩。

夏目那时候经常让孩子坐在自己的膝盖上，细细打量着孩子的脸，说："再过 17 年，你就 18 岁了，我也 50 了。"

也许只是巧合吧，夏目真的在笔子 18 岁、他 50 岁的那年去世了。这种事每次一想起来，总是感觉有点怪异。

第二年，笔子第一次过女儿节时，子规送来了三人官女的女儿节人偶。虽然也不是什么上等的人偶，不过长女作为纪念，至今都好好收藏着这些人偶。

记得也是那年夏天的事情。暑假的时候，每天都有来学英文的五高学生。夏目在榻榻米和室里给他们进行英文培训。差不多两个钟头的时间里，都听到他在不分青红皂白地从头训到尾。又正是夏天的时候，门窗全都开着，不管在哪个房间都能听得到。如果是我的话，要是被人那样恶狠狠地训斥，下一次恐怕就不会再来了，可那些学生却特别有毅力，每天都坚持来讨骂。我和女佣因此都对学生们无比同情。有一天，我忍不住问夏目：

"你在学校也那样冲人吼个没完没了吗？"

"怎么会！在学校的话，才不会那么大声地骂人呢，但是到家里来跟我免费学习的话，这样教挺好的呀。"

夏目满脸的若无其事，跟往常一样慢条斯理地回答道。我不由得跟夏目说：

"学生真是好可怜呀！"

过了一天，学生又来了，便听到夏目问学生道：

"我那样子训你，内子对你很同情啊。"

"是吗？我没觉得有什么呀。"

学生对挨训这事似乎丝毫也不觉得痛苦，倒是显得我们这些充满同情的人有些犯傻了。后来又增加了一个学生，这位学生倒是很少挨骂。接下来那位挨训的学生也一天天被训得少了，我还想：看来我的同情奏效了，这样去问夏目时，夏目便笑道：

"最近那学生的英文进步很大，已经不必那么严加训斥了。"

两位学生中，记得其中一位自我介绍说叫长曾我部，另一位的名字忘记了。

　　8月底到 9 月初，夏目和山川信次郎去爬了阿苏山，正好是二百十日[1]前后。《二百十日》这个短篇的素材大概也是出自那个时候。那个时候因为高田的姐姐的缘故，兄弟之间有点闹矛盾。

　　说起高田的姐姐，她是夏目同父异母的姐姐，嫁到新宿妓院的大姐的妹妹。那时候听了他哥哥说过的一些话之后，开始有点明白最上面的大姐的情况了，这里也顺便谈一谈吧。

　　最上面的大姐名字叫阿泽，据说长得特别美，曾经做过尾张藩府邸的侍女，领着中间侍从[2]回家的时候，左邻右舍说她像阿轻[3]，又说她回头率特别高，并且人又特别聪明伶俐。有位在下町[4]的大名主，来了喜久井町的夏目家看到大姐，一再恳求父亲将大姐嫁给他儿子。父亲最后实在难

1　除二十四节气之外的杂节。指从立春开始算起的第 210 天，一般在 9 月 1 日左右。——译者注

2　最下级武士。地位在武士之下，杂役之上，日文称为"中间"，为方便读者理解，书中翻译写为"中间侍从"。——译者注

3　净琉璃《仮名手本忠臣蔵》中的女性。盐冶判官的侍女，早野勘平的妻子。为了丈夫卖身成为祇园的游女。"净琉璃"是一种日本说唱叙事表演，通常使用三味线伴奏。——译者注

4　商业手工业者居住区、平民居住区。——译者注

以拒绝，便回信答应了。大姐知道后，就跟父亲说，自己在外面已经有了喜欢的人，无论如何都是不会嫁的。而做父亲的也有父亲的考虑，说事到如今你若不嫁，我面子上立不住。一番吵闹之后的结果，是父亲做了让步，说你嫁过去三天都行，总而言之先嫁过去再说，如果你嫁过去后，还是无法心甘情愿，那你就回来好了。这话说得也够蛮横了，大姐因此心不甘情不愿地上了花轿。而对方那位女婿，家里确实是相当有钱有势，但无奈那位女婿从出生就一直是大户人家里养着的少爷，呆头呆脑反应迟钝，当然没有让大姐看得上的道理。大姐嫁是嫁了，可态度越发决绝起来，女婿根本没法靠近她，跟着一起过去的女佣也一样，都特别难对付。据说是嫁过去第三天还是第四天，大姐果然按父亲所说的那样：回来了！的确是个人物。维新之后那个名主家也衰败了，听说在人形町一带开了家卖盐味仙贝之类的粗点心小店。这位大姐是丙午年生的，后来去了自己喜欢的男人那里，就是新宿伊豆桥开妓院的那家。

新宿伊豆桥那家，其实是大姐母亲家一方的亲戚，母亲家那一方刚刚准备提亲的时候，父亲这一方也说起了亲事。最开始因为父亲还心存顾虑，有些犹疑不决，但后来事情演变成这样子，反倒无所顾忌了，于是大姐便嫁去了伊豆桥。说起伊豆桥的这位女婿，是个了不起的好男人，依照父母们的意见，起初说最好去做个正经买卖，所以就去了本町的药店里当学徒，但最后还是接了父母的班，在伊豆桥落了脚。还有就是，这个女婿也是丙午年出生的，两个人属相相同而且都是丙午年生人，性格也合。想是这些个原因，所以能走到一起。

现在提起妓院两个字，听起来确实会让人感觉不舒服，但当时居住在里面的人，生活得可是跟大名没有两样。店里的事都交给负责的把头，每天的生活都过得穷奢极欲。今天义太夫[1]，明天插花，后天又是茶道，成天沉醉在这些艺术中就已经耗尽全力了，因此这种可以不受任何日常琐事烦扰的生活，对于大姐的性格来说最合适不过。而那位女婿的话，据说经常骑着马四处兜风。不过，后来因为维新开放，所有的妓院都被关了，娼妓们也自由了，在时势完全不同的社会里，不可能一成不变地还继续做那种生意。另外加上两个人也没有孩子，为了照顾父亲，便买下了喜久井町的大杂院一角并搬了过去。就这样，大姐大约是在 33 岁的时候，享尽一生奢华之后去世了。

这个大姐，从小是由叫作阿代的、也就是给父亲的小妾做裁缝的阿姨领着，经常进出曲艺场、剧院之类的后台，看多了各种极尽繁华的大场面。而第二个姐姐，叫作阿房的，又将大姐的这些做派全都看在眼里，自然也跟着花钱大手大脚。据说那时候订做木屐，非 3 元钱以上的不穿，反正生活过得挺阔绰。

这第二个姐姐虽说并不傻，但不管让她学什么，就没见她学成样子过。连练习写字，都是在严加督促之下，才终于能好歹写几个假名。针线活的话，家里有阿代阿姨可以教她，但她却连一件像样的浴衣也缝不好。当时常盘津[2]特别流行，可就算跟着住在根来的一位叫小浦的名师学习，也还是一点都不会弹三味线。不过，这位姐姐对于帮人梳头或是打扫卫生这一类事倒是喜欢得很，又特别会奉承人。说起打扫，我的确是有点懒散，因此这位高田的姐姐就经常被夏目搬出来作为训斥我的榜样。说起高田的姐姐在雨停之后的大清扫，那可真是跟发了狂似的，劲头大得拦都拦不住。

1　江户时代前期，大阪的竹本义太夫创始的净琉璃之一种，现为日本重要的无形文化遗产。——译者注
2　净琉璃的一派，三味线音乐的一种。——译者注

上面的姐姐太会来事儿，这位姐姐倒是老实，母亲也因此总是阿房阿房地疼爱有加。遗憾的是她却一无所长，所以父亲也格外担心，总想着这样子的女儿怕是找不着婆家，左思右想了半天，终于想到筑土的名主、自己的弟弟高田。心想如果是弟弟的长子庄吉的话，自己于他是有恩的，这是绝对的交情，错不了。于是，表兄妹结婚成了一家人。因为擅长应酬，有人曾说这位姐姐适合做负责接待的女管家，但实际上，这位姐姐也就是看起来一副无所不能的聪明模样，其实是什么也不会。真的是很不可思议的一个人。

再说这位姐姐嫁过去之后，擅长应酬的长处愈加发扬光大，可身为主妇该尽到的主要职责，却做得一点也不到位。有些来吃白食的，根本不必请进屋，她也当成客人邀人家进屋，一会儿荞麦面，一会儿寿司，吃完了才让人走。若是有人领着附近的孩子或小婴儿来了，又是点心招待，又是帮着梳头，如果遇到谁有困难，甚至还会像个慈善家一样将自己的和服当掉，想着法子帮人筹钱，如此一来，自然不可能有什么积蓄。而且说来也巧，她那个丈夫庄吉，又是个特别吝啬的人，妻子想要的东西，即使自己有也不会给她，更别说不想要的东西，当然更不可能给她了。因此，她若想手头有点宽裕，很自然地就只能从父亲身上打主意了。

父亲也明白，每次去女儿都会向他要钱。但是高田的姐姐实在是嘴巴太乖巧，一句恭维话就可以让人晕乎乎的，最后父亲总归是高兴得乐不可支。因此，虽然父亲也常常抱怨，每天说"今天又被要走了一块钱……""今天又被要走了两块钱……"，但还是每天都往高田的姐姐那儿去。

既然姐姐性情如此，弟弟们若去了自然也会受到各种优待，因此弟弟们也会常去行愿寺内的高田家玩。正好高田家的对面，有一处叫作"东家"的艺伎屋，有名唤小妻、咲松、鹤吉的几位艺伎，也经常到高田的家里来玩。住在矢来的三哥上面还有位二哥，也就是叫荣之助的，是兄弟中间的放浪子，曾经从家里悄悄偷出书画古董卖掉，得到的钱就拿去挥霍，因此受到过父亲的惩罚。这位二哥以前佯称去芝浦的电信学校，但实际上是溜到姐姐这儿来跟艺伎们寻欢作乐。

　　说起缘分这东西，也真是不可思议。这个东家有位名叫峰吉的艺伎姐姐，是东家的当家花旦，而那位曾经娶了最上面的大姐阿泽的大女婿，在阿泽去世后，就做了这个峰吉的丈夫，到东家入赘了。这倒也没什么，但这样一来，神乐坂的行愿寺内一角，一时之间似乎成了夏目家专用的聚会场所。那个叫峰吉的老艺伎，在不久前的大震灾中死于非命。关于这个东家的事，夏目在《玻璃门内》写过。

　　那个时候，应该是夏目在上大学预科的时候，因为喜欢义太夫，所以和哥哥一起，经常去曲艺场听相生太夫、朝太夫，还有落语[1]讲解等等。一有机会大家就聚集在高田的家附近，或是模仿落语，或是讲讲笑话什么的。

　　后来姐姐手头慢慢拮据起来，有时会暂时有一点点好转，但终归是潦倒不济。因此在父亲去世之后，就跑来向夏目要药费、要零花钱。后来又说是生了病，回到夏目的哥哥家，去向哥哥要零花钱。而庄吉则一副与己无关的样子，不但不给钱，甚至对妻子娘家人的关照，连一句感谢话也没有。唉！真正是自私自利到了极点，连夏目都忍不住生气，说如果是离了婚回来，倒还说得过去，丈夫照顾自己的妻子，难道不是理所当然的吗？只不过，对姐姐那些既烦人又只顾她自己的来信，还有庄吉的利己主义，夏目也无言以对。

　　再说姐姐这个人，从来都是自顾自地滔滔不绝，根本不理解别人的感受。夏目对此也是一筹莫展，尽管他那张晦涩的脸，变得更加晦涩，

1　日本的传统说话艺术。类似中国的单口相声。——译者注

更加愁眉苦脸，但他那姐姐总是满不在乎地盘腿而坐，只管指手画脚喋喋不休——这是后来的事情了，是夏目在修善寺患了场大病，痊愈之后回到东京，住到内幸町长与先生的胃肠医院的时候。尽管夏目谢绝会面，但姐姐还是来探病了。护士因为认识她，就让她进了病房。可是姐姐刚一进病房，就照例开始喋喋不休。夏目心里那个烦："又开始了！好吵啊！"眉头越锁越紧，脸色也变得阴森可怕，最后不置可否地扭过头去，再也不予理睬。

正好那时候，现在做了松本高校校长的森卷吉跟在夏目身边，不知道来的是夏目的姐姐，大概心里觉得不管怎么说，夏目这种态度也太不近情理了，所以心生同情，看着眼前的情景，怎么也无法视而不见了，因此赶紧出面打圆场，跟姐姐说：

"虽说先生的病情已经大为好转，但好像先生还不太想开口说话……"

一边解释还一边不断道歉。尽管如此，姐姐依旧不管不顾地只管说个没完没了，说到最后，一个转身若无其事地回去了。姐姐刚走我就到了，夏目便笑着对我说：

"刚刚高田的姐姐来了，又跟平时一样絮絮叨叨地烦人，我皱着眉头懒得吭声，结果森卷吉这家伙不断跟姐姐赔不是，笑死人了！"

听到夏目这话，森卷吉直搔头："老师太坏了，害我闹了个笑话啊。"

高田的姐姐就是这么个人。也是这个姐姐年轻时候的事情。过去在宫殿女侍之间，流行一种叫"丑待"的心灵术，说是在正月的丑日丑时，在空无一物、甚至连壁龛也不能有的八叠大小的正方形房间的四个角上点上百目蜡烛[1]，然后将台镜放在自己眼前，头一天就清洗干净身子，然后披着洗干净的头发，一个人纹丝不动地面向镜子待着。待到丑时来临，

---

1 指一根 100 钱、重量大约为 375 克的大蜡烛。——译者注

就可以从镜子里照见自己未来的命运。估计这是从最上面的大姐姐那儿听来的吧，高田的姐姐还真的在家中八叠大的房子里"丑待"过一次，镜子里照出来的，是后街大杂院的脏房子。当时她就大喊"好讨厌呀！不要呀"，非常不幸的是还真的灵验了。这位姐姐是在神乐坂的入口、现在叫作川铁的鸡肉店的后街上一个脏兮兮的大杂院里停止呼吸的。

关于过去的旧事和神乐坂，我还想起来一件事。现在神乐坂的毗沙门前有家很大的理发店，据说那家理发店的上一辈、还是上上辈的女老板，是曾经给夏目喂过奶的，因此那家店现在的老板，说起来相当于是夏目的奶兄弟。

// 十二 关于狗

明治三十三年，我们在这一年的 7 月离开了住惯了的熊本。而且早在这年 4 月的时候，我搬了第六次家，这也是我们结婚以来在熊本最后一次搬家。这次是搬到一个叫北千反畑的地方。

我们住在内坪井町的时候，从别人那儿得来了一条大狗。那条狗总是喜欢冲人乱叫，一看到人影就开始大叫不止，真的很让人伤脑筋。虽说家里人认为这是警惕性高的表现，但是这样一来，太给过往行人添麻烦了。家对面那家杂货店的人也指责说因为这条狗叫得太凶，害得他们连客人都少了。可是夏目特别喜欢这条狗，女佣阿照对这条狗也是爱得不行，就连在家里寄宿的学生行德二郎，每天推着婴儿车里的笔子去附近的藤崎八幡玩时，也要牵上狗。家里人都跟这条狗特别亲近，但在家门之外，这条狗可招人恨了。

有一次，不知道什么原因，这狗居然咬了过路的行人。那人大怒，去报了警。家里人虽然出去道了歉，但到晚上时，巡查还是来了。夏目便走出玄关去应付巡查。两个人之间的一问一答，简直好笑得不行。只听夏目一个劲地在反复强调：

"我一开始就说过，即使是警觉性高，但老那样子冲着人叫，过路的人也太可怜了！如果是自己正在心情愉快地散步的时候，路边突然冲出来一条不认识的狗，冲你吼叫个不停，心情一定是极不愉快的了。"

唉，我当时想，既然都已经发生了这种事，起码这次就什么也不要说，除了闭嘴、放低姿态之外，也别无他法了吧。但十分意外的是，夏目居然一点也没有输给巡查。按夏目的说法，狗这东西是相当机灵的，只有看到可疑的人时才会叫，如果是家里人，或者是相貌端正的人，自然是不会叫的。而被狗咬的，大致上都是相貌丑恶的，尤其是对狗怀有敌意的，所以不能老是责怪狗。夏目的这番话，意思是说：主要还是人太坏。这个时候女佣阿照也因为对狗的偏袒跑过去助威，这一番争论眼见没完没了，巡查最后只好说：

"不管怎么找借口，重要的是，作为一只狗，居然敢咬人，这算什么事？人比狗重要，这是肯定的。若是有狂犬病那是不得了的大事。"

接下来，巡查要求阿照将狗牵过去交给他。当天晚上狗就被巡查给带走了。那天晚上我们感觉格外寂寞。好在第二天那狗就早早地回来了，检查结果是没有狂犬病。但是我们被警告说：如果下次还咬人的话，非捕杀掉不可。总之，在保证过一定随时系好绳子之后，巡查才终于把狗交给我们带回家。

从内坪井町搬到北千反畑的时候，这条闹事的狗也一起被带过去了。主人喜欢，女佣也喜欢，对于狗来说，没有比这更放心大胆的了。因此一如既往地大吼大叫让人为难。

有天早晨发生了一件事情。因为晚上的时候狗要负责看家，我们会将狗绳解开，大概是阿照早上忘记系上就打开了大门，那狗神气十足地叫唤着，一溜烟儿就飞奔了出去。我心想：这可糟了！于是赶紧吹口哨，又大声喊狗的名字，可是已经迟了。在家门前的一块空地上，狗已经咬了别人家的女主人。而且当我知道那还不是一般的过路人，而是就住在附近的巡查的妻子时，就马上明白这次不会草草了事。唉，夏目也好女佣也好，都是满脸的尴尬。只有我在幸灾乐祸："你看看，我不是没提醒过吧！"

果然不出所料，那巡查怒吼着过来了。夏目还和上次一样找各种歪理推诿，无论如何也不肯向巡查低头。之所以会这样，是因为夏目有自己的算盘。实际上，女佣阿照清早打开大门时，知道了狗咬的那女人，就是平时老跑到我家门前来扔垃圾的巡查的妻子，就告诉了夏目，夏目当然很气不过，说趁人不注意的时候悄悄将垃圾扔到别人家大门前，这就是所谓连畜生都不如的勾当，活该受到惩罚。因为连狗都觉得她可疑，便怒目而咬。嗯，情况就是这么个情况。不过这一次的巡查，和上次那位公事公办的可大不一样——这次可是自己的妻子被狗咬了，不可能因为扔了个垃圾之类的事，就眼睁睁地退缩。因此，最后那条狗还是被警察给牵走了。但因为并没有狂犬病，所以又什么事也没有地回来了。看到狗又回来了的时候，女佣阿照那个高兴劲啊……

后来又有一天晚上，夏目去参加谣曲会，晚上很晚才回家。我刚听到大门口有动静，狗就开始大叫不止。等我迅速跑到玄关打开门，跑出去一看时，就见夏目脸色惨白，和服的袖子和袴子都被撕扯得很厉害，不由大吃一惊，问他怎么了？可夏目只是不吭声。后来一点点问他，才知道是被家里的狗给咬了。我当时就笑了，说这就叫做"养狗为患"啊！夏目无言以对，只好苦笑。

那条狗，后来在我们离开熊本的时候，被一位认为会叫的狗才是好狗的人给牵走了。这世上还真是有不少好事之人。

// 十三　留洋

　　正好那个时候校长中川元调任去仙台，工学部长樱井房记接手了校长的位置，夏目也因此成了教头代理。那时候开始，不时地谈起留洋一事。这次留洋的人选，是从高等学校的老师中挑选的。当时和夏目一起的还有藤代祯辅、芳贺矢一等。

　　后来终于确定下来夏目将和他们几位同去。大约是刚入夏时，大冢保治从德国归来，沿途必须经过熊本回东京，那是7月，正好一场大洪水刚退，所到之处火车皆不通。还记得他是走路过来的，我那时候又有了身孕。那次回东京的时候，因为考虑到若是把家具也搬去东京，难免舟车劳顿，因此将家里的家具什物等，都当作告别礼物，送给了有往来的朋友们。其中有一张从松山时代起就用过的桌子，送给了在熊本的一位叫浅井的先生，这位先生现在细川家里做管家。那张桌子的边和腿是用竹子做的，也不知道现在怎么样了。

　　那年4月我爷爷去世了。父亲也在不久之后辞去官职，躲在矢来的家里闭门不出。爷爷居住过的房子空出来了，于是决定夏目留洋不在家的时候，我就借住到那儿去。夏季里大家又去了大矶的海水浴场，只有我们俩负责看家。

很快到了 8 月中旬，我在大矶的妹妹因为痢疾去世。接下来母亲也感染了痢疾，一时间家里显得特别混乱。不过在夏目起程的那天，母亲身体正进入恢复期，虽然身体还是极为勉强，但好歹已经能将夏目送到玄关。

我们则将夏目送到了横滨，乘上一艘叫"普鲁士号"的外国船。日本客人的话，只有芳贺、藤代以及夏目三人。那天是 9 月 8 日。起程前夏目在诗笺上写：

　　秋風の一人を吹くや海の上
　　　海上秋风吹学子　形单影只独一人

夏目留下这一句诗就出发了。他留洋回来之后，一进我的房间，就取下挂在壁龛一侧的这条诗笺，不知道是出于什么心情，哧哧地撕得粉碎扔掉了。

在起程之前，子规和虚子两位也在诗笺上写下送别的俳句。

　　　赠漱石
　　萩す々き来年あはむさりながら
　　　胡枝子芒草　明年也想见到啊　可是　可是

　　　送别
　　秋の雨荷物ぬらすな風引くな
　　　秋雨中　别湿了行李　别感冒啊

　　二つある花野の道のわかれかな

两条花野道　如今要分别了呀

前面两句是子规写的。现在再看，夏目回国时子规已经去世，再也无法相见。真是令人百感交集。

这次留洋成为一个转折点。我们共同的家，从此蒙上了阴影。

// 十四　笔子日记

　　夏目乘上普鲁士号出发了。这之后的事情，除了从偶尔收到的来信中得知一些，便再无人提及，音讯全无。所以我也就无法得知他在航海途中以及海外生活的情形。也是在那时候，我下面第一个妹妹时子，嫁给了建筑家铃木祯次，在大阪有了自己的新家庭。因此船到神户时，他们夫妻俩去港口迎接，饯别时赠给夏目一支钢笔。如今钢笔并不稀罕，连酒店的小伙计都会有一支，但在当时却相当罕见。夏目将那支笔放在口袋里，好像是在印度洋附近的时候，因为做器械操给折断了。为此还曾写信来，要我跟时子转达歉意。一路上，停靠码头时他会常寄信过来，到了伦敦之后，还在信里跟我提到过时子。说时子要他在伦敦买 20 元的明信片寄过去。夏目因此在信里感叹说："时子不管什么时候，都是不变的阔绰派头啊。"

　　说起写信，我原本就是不好动笔之人，又有一个虽说不大但也得节省开支的家庭，家里有孩子，而且翌年正月分娩，又生下二女儿恒子，变得更加忙碌。虽然总在心里想"写吧写吧"，但是一大早要照看孩子，到了下午要做针线活，然后不知不觉就到晚上了。到了晚上人也累了想睡觉了，所以真的很难找到写信的时间。而夏目似乎特别期待家里的来信，总是写信来催："你也不写封信来吗？怎么回事呢？不管怎么忙，也不可能连偶尔写一封信的时间都没有吧？"他这样一说，我就回信反驳："你要这么说，但我的确是这样那样种种忙碌，的确是怎么也没时间写信呀，再说前段时间你不是也没怎么写信来吗？"这一来，夏目也顿时积极起来，回信说："我是来学习的，所以很忙。再说一开始，不就事先说过的吗！说过不可能总是写信，而你则是不打招呼就不写信来。事先说了不写，跟不打招呼不写，这是截然不同的。另外，你说的'这样那样'到底是哪样？你给我将'这样那样'一一列举出来看看。"于是我想，虽然是写信，但不可能总有那么多话要写。因此想到了"笔子日记"。

笔子是我们的长女，"笔子日记"就是我在每天睡觉前，将其作为当天的日课，把笔子当天从早上起床到晚上睡觉之前的活动全部记下来。不用说都是些相当无趣又无聊的记录，比方说早上起床之后，阿姨领着去了什么地方、如何淘气地玩耍、哭了还是笑了、牙齿如何了、感冒了，等等。这些在别人看来特别无聊的事，我都非常有耐心地一字不漏全记录了下来。就这样一个月过去，积累了相当的分量，便一起都寄到伦敦去。夏目果然高兴得不得了，说"笔子日记"非常有趣，那之后每次邮寄过去时，都会收到他的感谢。

"笔子日记"大约持续了一年有余，我也记不住为什么没有继续写。这样不知不觉地中断了。回国的时候夏目将这些日记全部整理在一起，记得还看到他从行李箱里拿出来过，但不知道为什么现在已不知去向了。

那之后的来信里，看得出夏目留洋后，开始在意起在日本时习以为常的、并不当回事的一些事情。他还特别在意我的脱发和不整齐的牙齿，最初他每次写信都要说起这些，说不能再继续脱发了，所以不要梳发髻，又说有一种叫 Ou de Kinin 的香油涂了很好，等等。后来甚至连《我是猫》里面都写到了我的脱发，看似相当在意。

后来，我的牙齿不整齐也彻头彻尾成了他不满的根源。夏目写信说到了西洋一看，很少见到有牙不整齐的。因此对我说："你去跟父亲借钱都行，趁我不在的时候先去矫正牙齿为好。"但前面说过，照我们当时的财务状况，根本不能随随便便去看牙医。即使可以偶尔去看一两次，但看完牙医恐怕马上就得借钱度日。再后来，他来信里的各种责备，就是前面我提及的我睡懒觉的问题。说睡到 10 点才起床的女人，不是小妾就是娼妇。虽说被他在信里这样严厉地训斥，可是无论怎样，只要一早起我的头就不舒服。因此我们每次都重复着这样的对话：

"你知不知道，你睡懒觉真是很不经济？最重要的是没有比这更不成体统的事。"

"可是如果让我多睡两个小时的话，我这一天就能心情愉快，就能多做很多事情。所以相比让我勉强早起情绪不佳，晚起不是要经济得多吗？"

夏目就反驳我：

"你又找借口在说各种废话了。你这样的妻君，因为就只跟丈夫一个人住，所以还能过得去，但如果跟婆婆住一起，你会怎么样？岂不是完全胜任不了？"

"这种事，到时候再说不迟。我会在其他方面好好弥补，会让人看到没有我就活不下去。"

我才不是服输呢！但夏目又来信道：

"对你而言，到时候再说或许不错。但重要的是：你完全不明白你的懒觉，给我造成了多大的时间损失。我比你要早醒一个小时，但是丈夫比妻子先起床，这是非常少见的事，所以在你起床之前，我也无法离开被窝，从长远来看，这就是巨大的损失。"

可是，即使每天都遭受这样的责备，但我仍然改不掉睡懒觉的毛病。

// 十五 留守中的生活

　　我在夏目留洋期间居住的家，是与主屋分开的一幢独立小楼。进玄关有二叠，接下来有四叠半，和室客厅八叠，女佣房三叠共有二间。带着孩子一个人住自然足够。而且和父母家只隔了一个院子，出入口使用里侧的门，实在是相当方便。最值得庆幸的，是父亲的一份心意——不要我们交房租，而且必要的厨具也都大体齐全，令我得以维持起自己的小家。房子在现在新潮社的背面，如今还在，稍微动手增建了一部分，至今还有人住着。

　　我们几乎身无分文，离开熊本时，因为交通费不够，还跟父亲借了60元还是100元才到的东京。夏目虽说是去留洋，但除了从文部省拿到留学费和交通费之外，没有一文多余的钱是属于自己的。我当时手头连半文钱的积蓄也没有。

　　说起那时候我的生活费，夏目停职月薪的25元，就已经是全部了。就是在这笔钱里也还照例要扣除制舰费2元50钱。因此，不管当时的物价有多低，我们也不可能安心——只要稍微有一点点临时开销，就会马上超出这22元50钱的范围。尽管不用付房租这一点帮了大忙，但带着两个孩子，再外加一个女佣，4个人一起生活，的确是好不容易才熬过来的，感觉相当辛苦。

虽说有上面说的这些理由，但拿了的钱就是拿了，因此我向税务署老老实实提交了年收 300 元的申报单。结果还闹了一个笑话，被税务署的人呵斥说为什么突然月收减少了这么多。尽管收入本来就少，还照样被征收每年 3 元的所得税。

最开始决定去留洋的时候，因为一个月生活费只有 25 元，总觉得心里没底，因此夏目还去咨询过他留洋期间，是不是能拿到些补助？说等他将来回国后再努力偿还。后来又想，就这么点事情，父亲会负起责任的，但显然我们都想得太乐观了。所谓时运不济，父亲那时候辞去了书记长官一职，变得空闲起来。因此也不知道父亲听信了些什么，估计是想大赚一笔，竟然拿了生活费去做投机生意。结果反而令自己的经济状况变得极为紧张。这些事，我们当然不知情，所以去求助父亲的时候，得到的回复自然也不可喜。但这也没办法，夏目只能靠自己的留学费生活，除此之外别无他法。因此我也只依赖夏目的那一点停职金暂且忍耐着，想办法熬过去。

就这样，我像个湮没于世的人一样，非常小心翼翼地过日子。首先别说做件像样的和服了，就连家居服都不知道什么时候穿破了。到后来都没有衣服可穿，只好找出夏目仅有的一件大岛绸来翻新，这样总比连一件居家服都得花钱去买新的要好。翻新之后乍一看其实还挺不错，不过真的是花了很大功夫，才总算能穿上身。穿上之后，又因为没有可以替换的，虽然心里可惜，但还是眼看着它被穿破了。被窝铺盖也是一样，没有可翻改的也没有可替换的，又舍不得弹棉花的钱，就这样一直用到破出大口子。两年半之后夏目回国的时候，那叫一个惨不忍睹！家里所有的和服几乎全都穿破了，没一件是拿得出手的。而且若是只我一个人的话倒还罢了，怎样都能对付过去，但还有两个孩子，每逢换季就必须给她们买换季的衣物，经济状况异常窘迫。

我不知道父亲是什么缘故不得不辞去官职。以前好像是大隈内阁的时候，父亲相当尽心尽力。父亲也一贯主张即使换了内阁，贵族院的书记长官一职也不应该每次政变都跟着一起换人，所以父亲依旧留在那个位置上。但是因为父亲对前内阁尽过忠，如果不被驱逐，也会被贬到乡下地方去做知事等，会遭受种种迫害。所以当时的议长近卫先生建议他暂时避开为好，于是便辞了职务，暂且在家闲居。

父亲做投机生意，大概也正是在那个时候。其实后来没多久，父亲就被任命为行政裁判所评定官。这是个终身职位，对于退休人士来说最合适不过，他自己也很满意。可是接下来末松谦澄做内务大臣的时候，邀父亲去担任地方局长。父亲在很早以前，就蒙受过末松的关照，所以虽说原本打算就在自己喜欢的这个行政裁判所度过余生，但却因为难以割舍的义理人情，终是接受了地方局长这个并不安稳的职务。在这个职位上大约干了一年或是一年半，果然不出所料，后来末松辞职的时候，父亲也辞职了，又恢复了以前的无业状态。那时候，父亲想必也饱尝了浮云般的官吏生涯所带来的各种教训吧。

接下来的事就有些时运不济了。官场无职，投机有洞，有洞就必须埋补；但越埋洞就越大，这样一来人也越发焦虑。那个时候父亲的手头状况，虽然最初我并不知道，但后来也大体上明白了。父亲已经到了连一点零散小钱也拿不出手的窘迫地步。不过后来父亲总算是想方设法将洞填补上了。

我的生活如此贫寒，父亲又变得如此困窘。而说起那个时候的夏目，他过着什么样的生活呢？当时的留学费用是一年1800元，平均每月是150元，在英国的留学费用就是如此。我记得德国的留学费用就低许多。因此夏目来信说找到了一个像贫民窟一样的便宜住处，又说去学校的话要花钱，也浪费时间，因此买了书闭门不出，只偶尔去老师那儿一次。又在信里惋惜从日本去的一些人，去买春之类，说那些钱若是给了自己的话……总之，夏目削减一切开支，全部用来买书学习，还写信说：如果自己不买书的话，现在应该可以住上稍微好一点的房子。他确实是万分节省，又说若回到了日本，总会有各种事情打扰，必定无法安心学习，所以得利用这个机会拼命读书。他自己后来也说：一生当中最用功的时期就是那段日子，也因此满怀虔诚地买了很多书。据说因为他买了太多的书，提回住处时，宿舍里的人都惊讶得不得了。

不知道是什么时候跟谁问起过，对方说在国外生活，若是语言不通，又或是不近女人，就这两样都可能引起神经衰弱。夏目的外语水平，在前往英国的船上，就得到过西洋人夸奖，自然是没问题的，而大家也都认为他的确是品行相当端正的人。所以他是因为生活过于节俭，再加上学习过度用功，所以造成神经衰弱。关于这些稍后再讲。

我的妹妹梅子想给夏目一个大大的鼓励，因此有一次当我给在伦敦的夏目写信时她加了一句说：哥哥，请一定要读到博士，成为大人物回来。然后好像还写了期待着那一天等之类的话。不久之后夏目回信了，信中写道："梅子说请拿到博士学位回来，并跟我说期待那一天，但我是决不会去当博士的。因为是博士，所以认为很了不起，这是大错特错。所谓博士之类，自己从事的事情略知一二，但除此以外便一无所知，是名声差得不能再差的头衔。所以不管人家怎么说，你是我老婆，绝对不允许做这种无聊的博士梦，也不可误认为有个那样的头衔就很了不起。我这一辈子不管遇到什么，也绝不会想要这么个称号的。"妹妹原本是一番好意，却收到夏目的如此回应，当然大为恼火，很不高兴地说：

"我只是说读了博士回来，可从没说过哥哥读了博士就了不起。"

人手不够的时候，其实像我还好，只要没危险就让孩子们自由活动，我去忙自己的事，但这时候孩子就会哭。于是不管白天黑夜，就住在对面另一间屋子的弟弟，会觉得孩子好可怜，每次都飞奔过来又是哄又是抱，帮着我照看孩子。那个时候弟弟已经有家室了，夫妻俩总是帮着我照看孩子。

他们两人帮我照看孩子，对我和孩子而言都是莫大的幸运。当然偶尔也会发生让人特别遗憾的意外。有一次我将孩子像拴小猴子似的，用绳子的一头将她拴在衣柜环上，然后利用这段时间做宴请的各种准备。一边忙碌着一边就奇怪孩子怎么一点儿也不闹呢，过去一看，只见孩子将绳子揉搓成一团，正在又吃又舔，样子狼狈不堪。虽然丈夫不在家，好像没什么事要做，但正因有了两个孩子，这两年半里我为各种琐事忙碌着，做梦一样便将时间打发掉了。

// 十六 白纸报告书

　　夏目来信中十分悲观地说，不知道是不是因为伦敦天气不好，很奇怪地总觉得脑子不好使，这样下去的话，这个脑袋会变得一辈子都没法再使用了。这封信我记得应该是在他回国那年的春天写来的。我当时还漫不经心，没太放在心上。他本人这样抱怨，身边的人认为他奇怪，也不是没道理吧。到处都在传夏目疯掉了，甚至都传到日本来了，但我却对此毫不知情。直到后来我才知道事情的起因是怎么回事。

　　据说作为留学生的一项义务，必须每年向文部省提交一次研究报告。夏目老老实实地拼命学习，但关于研究这回事，却是毫无眉目。因此当文部省要求提交报告时，他没什么可提交的。但文部省再三催促，反倒令他意气用事起来，提交了一份空白的报告书。文部省感觉很奇怪，正好有一个同样在做英国文学研究的同学去了夏目那儿，见面后觉得他的状态很不寻常。问宿舍的主妇，得知夏目可以连续几天，每天都将自己关在屋子里，一个人在漆黑的夜晚伤心哭泣。这可不得了！这无疑是发疯了，不排除有随时自杀的可能。那位同学在夏目身边陪了五天左右，可夏目的状态依然是老样子，同学越看越觉得他不对劲。后来这位同学就给文部省发了电报还是写了信，于是大家都知道夏目在伦敦发疯了。一高那边的朋友们，还有不知从哪里得到消息的妹妹时子和妹夫铃木等人，全都知道了。铃木说姑且当它是个谣言，因为不知道到底是真的还是假的，回来后见面就知道了，到时候再随机应变就好，现在若是跟家属说，只会让家属担心，不合适。因此没有任何人来跟我说起这事。

估计这事早就已经传开了，有一次，在跟当时在一高做教授的菅虎雄见面时，我说夏目不久前从伦敦写了信来，信里说他好像是生病了脑子不好使，说不定这一辈子都治不好了。菅先生听了之后问了我几个很奇怪的问题，说：

"是吗？除此之外，还说了别的什么地方不好吗？"

我那时候当然不可能知道菅先生这话问得有多意味深长，答道：

"除此之外没有写别的什么。"

菅先生又问："那封信是他自己动手写的吗？"

这问题问得越发奇怪了。但我仍然没在意，毫无察觉地回答说：

"是啊，是自己动手写的。"

听到我的回答后，就见菅先生像是自言自语般说道：

"还能自己写信的话，应该没问题吧。"

说着他还点了点头。接下来又刨根问底般追问我，问身体其他地方没毛病吧。听了我的回答后说，哦，（没有的话）那就好。他又问来信里有没有什么奇怪的地方。后来想起这些，估计那时候菅先生认为夏目的脑袋无疑已经盖上了"KI 印"[1] 记号吧，因此不断问我各种问题，反复进行确认，暗自惦记着远方朋友是否安好。而我甚至连菅先生那些奇怪的

1　"KI"的日文汉字写作"气"，"气"指人的呼吸、意识状态、对事物的反应等。将"KI"和"印"组合在一起，意指精神异常之人。为日文俗语，后来演变成对精神障碍者或智力障碍者的歧视用语。——译者注

问题，都没感觉有哪儿不对。

　　夏目自己亦如此，一直到后来他都不知道自己的事居然引起过这么大的骚动。不过他倒是说过：看到大家都拿他当精神病对待很感意外，可见他也并非毫不知情。总之，被旁人说得那么严重，想必是他的状态确实不同寻常。

　　他跟我说过，说寄宿处的主妇姐妹对他很亲切，但背地里却总说他坏话，然后就动不动流眼泪，但那都是假眼泪。回忆起当时的事，夏目还说：寄宿处的主妇像侦探一样，总是时刻伺机监视他，令人无比厌恶。但我想作为宿舍的女主人，见他几天都关在屋子里不出门，又动辄嘤嘤哭泣，自然会担心究竟是怎么回事吧。只是这种担心，正好刺激到夏目敏感的神经。换言之就是好心不得好报。因此这种状态发展到最后，就变成谁跟他最接近，谁就最遭他怨恨——那个时候多半也是这样。

　　后来听他自己说，他感到自己的脑子变得有些奇怪之后，开始莫名其妙地特别焦虑。心想，自己可不能这样，绝对不能变成这样！大概他自己也感觉很害怕，因此心怀警戒，渐渐地丧失了自信，变得只想尽量让自己卑微点，小心翼翼地不跟人打交道，闭门不出，努力保护自己。这是病症的第一步。接下来，他开始认为：我都已经这么卑微，这么老实了，可是你们却对此毫无察觉，还是总想欺负我、凌辱我。于是也意气用事起来——如果我都如此小心做人了，你们还要那样对我，好，那我也不怕……接下来种种压抑的愤怒开始爆发，大动肝火。大约就是这样一种过程。后来仔细想想，那个时候他对一些很小的事特别在意，总觉得有谁在一直监视他、跟踪他、说他坏话，甚至觉得所有英国人都在将他当傻瓜。因此认为周围所有人都在欺负他一个人。夏目认为："自己都已经这样老老实实了，这还不够，还要来欺负我吗？既然这样，我也有我的考量，我再也不会继续这样老实下去了！"——大概他就是这样一种心态，相似的情形后来也反复出现。只要他这种病一发作，谁跟他最接近，谁就会最倒霉，而我最初根本不知道这是一种病。关于这些在后面也会讲到。

因此，寄宿处的主妇姐妹遭到他的极度憎恶。但他自己也说过，有一位医生对他极为友好，经常来探望他，又带他乘马车去医院，尽心尽力给了他很多关照。

出现这样的状况，他本人想必也苦不堪言。他想到如果出去透透气也许会好些时，医生和寄宿处的主妇也反复劝说他多去户外运动运动。于是他将学习的事暂且搁在一边，接受了寄宿处主妇的建议，开始学骑自行车。一开始夏目经常从自行车上摔下来，手也擦破了皮，又或者在斜坡地带撞上婴儿车，被人大声怒吼下次小心点……就这样好不容易学会了骑自行车。在行人很少的郊外骑着车悠然环绕，整个人心情格外爽朗，脑袋也感觉好了很多。我完全想象不出夏目骑自行车的画面，回到日本后听他说起这些事时，我说，在这儿不是一样也可以骑吗？但夏目认为东京和伦敦不一样，东京道路不好，路也窄，骑不了，最终是没有骑。关于那时候的事情，他在刊登于杂志《杜鹃》的《自行车日记》一文中有过记述。

那个时候犬冢武夫正好跟随小笠伯爵去了伦敦，临时和夏目居住在同一宿舍。听犬冢说，夏目两年的留学时间即将期满，眼看回国时间快到了。但回国的交通费刚一领到手，他就马上买了一堆各种各样的书。如此不考虑后果，看得犬冢在一旁都替他捏一把汗。心想按他这样的做法，交通费都会被他全部变换成书的。犬冢考虑周到，亲自去了趟邮船公司，帮夏目从交通费中先拿出一部分付了船费，又取回了船票交给他，要他收好。那个时候，估计夏目的脑子又有点问题了。犬冢是小宫丰隆的叔父，后来小宫上大学的时候，因为犬冢的托付，夏目做了小宫的保证人，所以后来小宫常来我家。

// 十七 回国

　　子规去世，是明治三十五年（1902）9 月的事。在他去世之前，我曾带着礼品去探望过他一次。病榻上的子规由母亲和妹妹看护着。

　　我去探病的那次，记得是在子规去世那年的春末。子规的脸色和嘴唇，就像和纸一样白，大口喘着气，看着都备感难受，而且只能一动不动地躺卧着。看到我来了，子规努力地微微抬了抬头跟我说话，这才让我想到那是一个活着的人。从子规那儿回家后，都过去了两三天，病榻上子规的样子，依然常常浮现在眼前，让人连饭都无法下咽。

　　我将这事写信告诉在伦敦的夏目，说真的可怜，我还只是稍微去看了一眼就这副样子；而你每次去看子规，一坐就是大半天，毫不介意地跟他说完话才回家，你真了不起。夏目很高兴地给我回信，说："你帮着我去探病了啊，做得很好。"子规葬礼的那天，土屋忠治说："有孩子的人还是不要去那种地方为好，我来做代理打点一切。"因此吊唁等事宜就全都交由他代劳了。

　　那次我去探病时，子规穿着白色法兰绒的内衣。那副苍白寡淡的模样，现在还浮现在我眼前。前段时间，我时隔很久去了一趟根岸，除了入口处有一些很小的改变外，其余都和当时一样，让人尤为怀念。

不知不觉间留学的期限快到了，有传言说夏目快回来了。但什么时候回来，坐什么船回来，却全无音讯。这时候，不知道是谁看到报纸上说几月几日到神户港的汽船上，回国者名单里有夏目的名字。如果这样的话，应该1月下旬到神户。咨询了邮船公司后，我正在家等消息，记得应该是1月28号，终于收到了夏目的第一封电报，说现在从神户登陆了，准备坐几点的电车等。于是我由父亲领着，到国府津去迎接。坐同一艘船回来的，有青山脑病院的齐藤（齐藤茂吉的养父），此外还有两三位医生。看到他回来的样子，跟留洋前并没有什么改变，只不过夏目穿着高翻领衬衫和一身极为得体的洋装，这有点令人吃惊，因为在当时这样的打扮还非常罕见。那是明治三十六年（1903）1月末。

　　这是后来听说的事：到了新桥时，车站外有亲戚来接我们。据说其中有人是提心吊胆过来的，因为担心或许真的像传言的那样精神失常地回来了可怎么办。大家都想看看他变成什么样子了。

　　很快我们回到了矢来的那幢三年时间里都没有替换过新的榻榻米，也没有做过任何维护，只是在他离开的时间里遮蔽一下风雨的、荒废又破旧的家。最开始的两三天，夏目显得少有的安静。接下来记得应该是第三天还是第四天的事情。长女笔子坐在火盆的对面，也不知道怎么回事，在扁平的火盆边上放着五厘钱。这五厘钱既不是笔子拿来的，她也没有拿在手上玩。但夏目忽然就看到了，大概觉得这家伙在讨厌地模仿别人还是怎么的，冷不防"砰"的一声将那五厘钱给扔了，让人丝毫摸不着头脑。笔子哭了，我也完全不明就里。后来慢慢问他，他才愤慨地说起在伦敦的时候，有一天在街头散步时，看到有乞丐在向人讨钱，样子颇可怜，于是递给乞丐一枚铜币。结果回到住处上厕所时，看到一枚相同的铜币很招摇地被摆放在厕所的窗台上。可恶的模仿！他平时就常常觉得住宿处的主妇像侦探一样，总是跟在自己背后，现在看来果不其然，自己的行动毫无遗漏都被她看在眼里。而且这主妇为了炫耀自己的功绩，还特意卖弄地将铜币放在惹人注目的地方。多么可恶的老太婆，真是岂有此理。而现在同样的铜币，同样卖弄地摆放在火盆边缘上——简直将人当傻瓜，不像话的小孩子。他感觉自己似乎挨了一记，因此便有了这奇怪的举动。我当时心里只觉得他有点怪，但问过他之后，这事也就过去了。后来我才知道，他的病在伦敦学自行车期间好了一阵子，但在回国的船上，又逐渐复发了。

因为他是从熊本的高等学校去留学的，因此回国之后必须回到五高去。但留学是两年时间，义务年限则是四年时间。他自己已经不想再回到熊本去了，况且以前的朋友现在也大部分都集中在东京，内心意向自然是想要留在东京了。幸运的是他留学的时候，正好狩野做了一高的校长，因此多有劳烦他。但是五高的校长樱井希望他务必回去，不肯放手。回国之后，他各种谈判交涉，狩野那边也帮着尽力斡旋，总之不管怎样还是留在东京了。

// 十八 黑板的肖像

　　就像前面说过的，家里的和服也好铺盖也好，全都是破的。眼看夏目要回国，必须做各种准备。但是不能给本就困难的父亲添麻烦，后来只好向妹夫铃木借了 100 元，但也只够勉强做好迎接他回家的准备。而回国的夏目亦是身无分文。接下来想在东京安家的话，真的是困难重重。但尽管如此，也不能总是在这幢独立小楼里给父亲添麻烦。因此夏目每天都出去找房子。本乡小石川牛込四谷赤坂还有山之手，不管什么地方他都去看过，回来就跟我说，他今天又去了哪里找房子。基本上都是跟菅虎雄一起出去的。

　　我们的运气似乎还不错，后来找到了在本乡驹込千驮木五十七番地的齐藤阿具家的房子。齐藤那时候要去仙台的第二高等学校做教授，房子因此便空了出来。试探着问齐藤，回答说可以通过房屋中介租借给我们。齐藤是夏目大学时代就认识的，因此很快就决定搬过去。但是之前离开熊本的时候，一屋子的东西都全部送人后只身回的东京。这次搬家，又必须去买齐，而且还要搬家费。可手头已经几乎没钱了。后来只好从大冢博士的存款里借了 100 元还是 150 元，才总算搬完家安顿了下来。

　　可是我自 1 月开始就感冒了，估计是人手不足、我一个人硬撑着的缘故。后来以为感冒好了，但结果又发烧，到搬家的时候身体也没彻底康复，整个人摇摇晃晃的。都是夏目自己去买家具，做一切准备，搬家的诸多杂事也是他帮着打理。记得那次搬家是 3 月 3 日。

因为狩野和大冢等人的极力斡旋，夏目如愿地不用再回熊本，留在东京的一高执教。但即便如此生活依旧困窘，所以又去兼任了一份文科大学讲师的工作，正好接任刚刚离开的小泉八云先生。为什么会这样，个中缘由我也不清楚，但他本人其实是相当反对的，并对狩野和大冢提出过抗议。依夏目所言，小泉先生是英国文学的泰斗，身为文豪又是在世界上都有影响的大人物，自己这样初出茅庐刚刚毕业的学生，要接任他的工作，无论如何也不可能将这门课程教得有多出色。何况学生们也没理由对自己感到满意。他还特别说到："早知道要做大学的讲师，要讲解英国文学，当初在英国留学时就按这个做打算，努力学习做好准备再回来。可是现在这门课，跟我在英国做过的研究完全是两码事。"夏目对这份工作是相当犹疑的，但结果狩野那边只是说，"哎呀，行了行了！"应付了他几句，这事便定下来了。

因此后来夏目就去跟文科大学的校长见了面。听他回来时说起，校长问他多少钱足够生活，他回答说有 100 元左右就行。迄今为止两年半的时间里，我都是靠每月 25 元活过来的，当然不可能说 100 元会活不下去。因此只能回答他说，不管怎样都会很辛苦啊。那时候的月薪，两边加起来大约 120 元，而且还要一点点地还债，真正到手的钱其实没剩下多少。加之这期间大冢的孩子去世了，跟他借的钱也必须还给他，后来还是找山川帮忙垫钱替我们还的债。

4 月新学期开始时，夏目便去学校了。大学 6 小时、一高 20 小时——夏目花了不少时间准备上课的讲义，相当用功。可是他似乎从骨子里认为学校很无趣，而且他自己也很想能按照在英国时的计划，可以从事著述的写作。但想到当前的种种现实情况，再说除此之外，他也没有另外的谋生手段，因此只好勉强去学校授课。虽然嘴上说不喜欢，但他骨子里是责任感特别强的人，几乎从未缺席或迟到过。此外，他从英国带回来的神经衰弱的毛病也一点不见好，因此越发觉得一切都极为无趣。

前段时间，从帝大医科的真锅嘉一郎那里听来这样一件事。真锅是夏目在松山中学教书时的高年级学生，当时听说从东京来了一位教英文的新老师，就决定要给新老师一个下马威，于是预先查好了两本英文词典备用，心里想着这下可要他好瞧的，悄悄瞄准着时机准备来个突然袭击。很快，合适的机会就来了。是时候了！真锅心想。真锅装出一副博学多识的样子卖弄道：老师，您这个不对呀！某某词典和某某词典，可是这样写的哦！夏目听了，不慌不忙地答道：那两本词典都写错了，你给纠正过来吧！这一下连真锅也只好服输：这个老师不好欺负。一高的学生们也曾经计划着要给他一点厉害瞧瞧，于是找了一些本末倒置却又出其不意的问题去问他。而夏目则用一口流利的英文飞快地给出了回答，听得大家反倒心虚起来。他自己大概在这方面也相当有体会。记得有一次他从学校回来后，笑着对我说：

"今天一进教室，就看到黑板上画着一幅穿高翻领、拼命高昂着脑袋的我的画像呢。"

"那你怎么办呢？"我问。

"没怎么办，只能一声不吭地擦掉。"夏目回答。

那个时候，夏目是所谓的时髦人士，穿着尖嘴皮鞋，脚尖着地在学校的走廊上快步行走。夏目目中无人的另一面，是好打扮爱讲究。后来问起，据说那个在黑板上画肖像的恶作剧，是野上丰一郎那个班做的。

// 十九　分居

　　那段时间夏目的状态马马虎虎，还算不错，但到了 6 月梅雨季节时，突然脑子不好了，进入 7 月越发恶化起来。晚上会无缘无故地生气，动辄大发雷霆，不管是枕头还是别的东西，抓到什么就扔什么。连孩子哭他都要发脾气，有时候根本不知道是什么原因，莫名其妙的就怒气冲冲地对人发火，让人束手无策。

　　正好那时候我又怀孕了，妊娠反应厉害，苦不堪言。加上因为 1 月开始的感冒拖得太久，发烧迟迟不退，但实际上是不知道什么时候胸膜出了点问题，才引起的发烧，因此总是想卧床休息。而且就算我绞尽脑汁，也无法理解夏目的暴躁。以前他不是乱发脾气的人，看来还是因为学习过度用功，因此身体还是脑子什么地方出了毛病。跟以前相比，夏目简直判若两人。我既不明缘由又特别担心，所以，就跟那时候一直来给我看病的尼子四郎谈到了这些，并拜托尼子说：如果直接去跟夏目说让他做检查，依他最近的情绪，估计是不会那么听话地接受检查的。什么时候找个机会，趁着来给我看病时，你找个借口跟夏目说说，就说他最近的脸色不好或是别的理由，跟他好好建议，让他接受检查，可以吗？尼子了解过事情原委后，点头答应了。

四五天后，尼子来了。后来听他说，很顺利地就说服了夏目并给他做了检查。我就问：到底是怎么回事呢？尼子歪着头想了想说，看来可能不只是神经衰弱的问题。那会是什么呢？我又问。回答说有可能是某种精神病。但是尼子又说：仅凭他自己的检查结果，对于这些还是难以断定，建议我再请吴博士来给他检查。事至如此，加上我心里也越发担心，于是决定听从尼子的建议，一切都拜托尼子了。

　　大概是被尼子这么一说，我重新再看夏目时，就越发感觉他的所作所为确实不同寻常。也不知道他为什么发脾气，连女佣都被他赶出去了。我也越来越无法忍受他。女佣不在，我自己又生病，整个人晕乎乎的。真是毫无办法。而且不管我做什么，他都极不满意。终于，我对他这种近乎刁难的态度，再也忍受不住了，加上他的那些一举一动，看一眼都让人难以忍受。他又屡次当面冲着我大吼："回你的娘家去！"这种情形下，我当然也有想法。如果这种状态一直持续下去，让他的情绪变得更加急躁自然是不好，而且万一有什么危害，很可能会殃及孩子。如果我带着孩子暂时离开一下，起码没人在他眼前碍手碍脚，说不定他的情绪反而会安定下来。暂且先离开一下，看看情况再说吧。我心里这样想，又跟父亲商量过，总之，决定先不要逆着他的病，暂且带着孩子回避一下再说。就这样，7月我暂时回到了父母身边。当时尼子也十分好心地跟我说："如果病情恶化的话，我会打电话或者想办法，都交给我好了，请放心。"

　　那段时间尼子按照约定好的，请吴先生帮忙给夏目做了检查。我去了吴先生那儿询问检查结果，吴先生回答说：夏目那样的病，这一辈子也无法根除，看起来觉得病好了，其实只是病症暂时平缓下来了而已，之后肯定又会复发。然后，我又听了吴先生对于这种病的种种详细说明。听了吴先生这番话，我才明白原来如此。于是心里也总算有了主意：如果是病，那就作为病来看待，有了这个意识，也就能安心过下去。这样一想，就惦记着不知道他现在怎么样了，于是时不时溜回家附近偷偷瞧他一眼。但不管什么时候去，都发现他的情绪相当不妙。而且我也想道：虽然跟他说了"再见"，但不可能一直都这样下去。正在想着该怎么办时，夏目的哥哥来找我，跟我说：这要按过去的旧式思维，我这样做，会让旁人以为难不成是想就此离婚吗？要我为夏目想，也为自己想，无论如何也不要说出分手之类的话，希望我什么也别多说，也不要生气，还是回家去吧。我回答说，我并没有生气，也没想过夫妻分手，虽说受了虐待，但那不是别人，而是自己的丈夫，我也不想因为这些事给其他人添麻烦，但他那样的脑袋，孩子们只是有点吵闹，就要挨打受欺负。首先这对孩子不好，其次也只会让他自己的精神状况更加恶化，因此才暂时分开住试试。但现在看来一点效果也没有。怎么办呢，除了回去之外，我也没有其他的办法。不过，还请哥哥你帮我将这话挑个头。就这样，因为我答应认个错回去，哥哥便在中间做调解，去跟夏目说我想回家。夏目听了，便道：

"也就是说双方都有点神经衰弱。既然说想回来，那就回来好了。再说，中根那边的家，总是太溺爱孩子，过于娇生惯养，所以养得都像镜子那样刁蛮任性，什么事都由着自己的性子来。"

他哥哥则说："其他的姐妹怎么样不知道，但镜子可是你的妻子，既然是自己妻子，脾气犟也好任性也好，你按你自己的方式教育她不就行了吗？"

他哥哥是这样说了，我又再劳驾母亲，由母亲帮我去跟夏目说个情，跟他说声"好了，拜托了"，就这样又回到了千驮木的家。夏目也没对母亲说过什么不讲情面的抱怨的话。而我那个时候也下定了决心：以后不管遇到什么，都绝对不会再离开这个家。这是 9 月的事。这件事到此便告一段落。

// 二十　雕虫小技

接下来两个多月时间安然无恙，诸事太平，我也由衷感到高兴。我想，看来回家还是很有意义的。就这样不知不觉到了 10 月末，三女儿荣子出生了。紧接着进入 11 月，先前才舒展开来的愁眉，不料却是一场乐极生悲。形势变得比先前还要恶劣。

我刚生完孩子还只能躺着。虽说当时我已经对夏目的病做好了思想准备，但实际上心里仍提心吊胆。不知道什么原因，夏目把我当成眼中钉，他所有的言行举止，让人看在眼里听在耳里，都能明白他就是想要我难受，想让我痛苦，反正在他眼里我是个不成体统的家伙。他甚至还来到我躺着的产房的屏风背后，冲我说：

"你生孩子躺着也相当久了，回你的娘家去！"

又开始了！我在心里想，只是闭口不理。但当着护士和女佣的面，真的感觉十分难堪。只不过当时孩子们还小，那时候他这样过分还算好，后来过了好几年之后，当他这个病再发作时，女儿都已经长大了，这种难堪就变得屡见不鲜。如果要找原因，不用说是他的脑子里充满了各种空想，就连我没说过的话，他的耳朵也能听得见，而且旧事新事相互纠结，化作幻觉出现在他眼前。对他的这些症状要如何防备，我完全无法事先做任何预设。他只要一变成这副样子，就将一切都当作恶意，我的一举一动，不管是开口说话也好，还是闭嘴不语也好，在他看来都是我想欺负他、想折磨他。因此他特别容易暴躁，比如会冷不防跑到屏风背后，态度恶劣地冲我说：

"虽然你讨厌待在这个家里，可为了让我焦躁不安还真是相当努力呀。"

大概他认为我即使躺着都在拉拢女佣和身边的人，并且在指使他们，在给他们出谋划策，目的就是想让他万分痛苦。因此，有一天从学校回来后，他甚至将女佣叫过去，递给女佣一把生了锈的小刀，说：

"这个你拿去夫人那儿。告诉她：可以用这个大力施展她的雕虫小技。"

女佣也不明白到底怎么回事，只是很害怕，觉得他的神情十分异常，随后战战兢兢地将小刀拿给了我，说：

"夫人，先生看起来情绪很差啊。"

我一言不发地接过小刀，藏到枕头下。说到底，是他觉得我大概在玩什么小伎俩，要令他痛苦，所以送把刀来讥笑我、嘲弄我，意思大概是说：你想耍雕虫小技，好！那就耍呀！后来我仔细思量，就像前面最开始说起过的，以前他在井上眼科一见倾心的那位女子的母亲，他不是也认为人家经常派眼线监视他吗，就连这类毫不相干的事，只要他的病一发作，就会搅和到一起，然后在他那个脑袋里进行种种加工、生产出种种联想并发展壮大。这样一来，离他越亲近的人就越受折磨，真让人无可奈何。

二女儿恒子已经三岁了，刚好又有小宝宝出生，恒子不能再一直黏着我，所以哼哼唧唧地总是哭，自然有点吵。但这似乎极其严重地刺激到了夏目的神经，于是不管什么时候，即使深更半夜我都不得安宁，常常被他指桑骂槐。总之，有时候他就像疯了一样来折磨你。

不过，就像前面说过的，我既然已经下定了决心，再说又正处在产褥期，到处乱动或是过于操心都不利于身体，所以我努力让自己保持安静，反正产褥期的 21 天时间里，即使是遭他辱骂我也绝不动摇，绝不理会。因为当时我对产房之外的事一无所知，所以，当我无意中看到了娘家的父亲写给夏目的信时，真是大吃一惊。信上写着："虽然你反复说要叫她回来，但现在她本人并非其他原因，是因为分娩才躺着……"看内容，应该是夏目写信给父亲，要他将我领回去，父亲因此给他写了回信。这事挺令我伤心的，因此打发人去叫了母亲过来。白天他要去学校，那个时候方便。

"事情发展到什么地步了呢？"

我郑重其事地问母亲。母亲开口说道："其实呢……"然后将整件事的原委一五一十说给我听了。原来，夏目果然在我产褥期时给父亲写了信。再三说要将我还给父亲，让他领我回去。而父亲则每次回信时，都跟夏目说："尽管你这样讲，但她本人现在因为分娩还躺着，等产褥期过后，问过她本人的意见我们再商量吧。"然后母亲又告诉我说，虽然夏目提出这种要求，但家里认为现在告诉我不好，所以至今为止没人跟我说起。而且父亲对我留在夏目家这件事，没有表态，只说最终依照我本人的意愿做决定。总之，就是说等我身体恢复之后再慢慢商量。只不过亲戚中有人议论纷纷，说不能将女儿和孙子们放在这种有精神病的男人身边，因为现在根本不知道他们会遭遇什么，还是快些领回家，越早越好。

听完母亲的话，我对母亲说：

"既然如此，请您回去之后跟大家说：如果认为夏目有精神病，那我就更加不能离开这个家。因为我没有做过不贞之事或是别的什么事，换句话说，我并没有什么过失。的确，现在我若是回了娘家，我自己或许会很安全，但是孩子和丈夫会怎么样呢？既然是一种病，那么，尽管我能力有限，也应该留在他身边照顾他，这不正是做妻子的责任吗？如果我离开，夏目就能好起来的话，那我也会考虑的。可是，他那个病，我要是走了，接下来若是有谁来做他的后妻，还是要被他那样对待，你说谁能忍受得了呢？肯定一个月都忍耐不住就得逃回家。反正已经是这样子了，对我来说也都无所谓了。我留下来的话，遭他厌也好被他打也好，总之万一有什么事，我还可以为大家担当些。我若是只顾自己安全，那么大家会遇到什么样的麻烦，可就很难说了。这样一想，我也就下了决心绝不离开这里一步。不管到什么时候，我都是不会离开这个家的。所以请什么也不要再多说，默默看着就好。他这个病若是一辈子不好，我也就一辈子不幸，但若是治好了，说不定我又重新幸福了呢。我当然知道可能会有危险，我会注意保护好孩子们的。只是不管怎么样，今后相关的种种，就请娘家人不要再对我有任何吩咐和指使了。"

我流着眼泪，一再对母亲表明我的决心，说出了我的恳求，母亲说："你话都说到这个份上了……"也只好干脆点头答应了，而现在回头再看当初，其实自己都不明白为什么要留在那种地方。不止是让人不寒而栗，当时感觉真是处于生死边缘，完全是不顾性命安危了。要说身边相处的人，全都是年幼无知的孩子，除此之外，没有谁对我们说过一句体贴的话，偶尔听到几句，也不过是像我娘家那边的亲戚一样，仅仅只是担心我一个人的处境，根本不会考虑夏目的处境，乍一看以为是一种亲切，实际上并非如此，让人感觉真是太没良心。

那次母亲临走前，非常同情地安慰我说："不要过于担心。"

我振作精神送母亲出门，说："我待在这个家里，早就觉悟到了：如果动不动就哭，动不动就忧心忡忡，除了弄坏自己的身体，对其他都于事无补。"

夏目的哥哥也非常同情我，说虽然还不至于虐待到连饭都不让吃，但总而言之，如果我不留下来这个家会很难办，因此一直安慰我，鼓励我。还记得那时候，我总觉得夏目老待在家里学习的话不行，因此拜托寺田寅彦和高滨虚子，请他们尽量来家里玩或是带他出去散散心。夏目对这两位态度倒是很好，但对于在熊本时代住在我家的土屋这些人，他认为是跟我一伙的，即便偶尔来我家里一次，他都会很不高兴，就更别说一起出去散步了。

// 二十一 一封休书

　　那时候即使早上去学校，我想帮他穿西装，他都会大声斥责："站一边去！"因此，我只能在头一天晚上将衬衣和领带事先准备好，早晨悄悄放到他房间，然后他自己一言不发地穿好出门。等他出门后，我才总算可以拿着扫帚进他的书斋打扫卫生。

　　还有就是夏目连一文钱也不给我。零花钱原本就是不给的。日用品的话先记账，到月底给他过目用了多少钱。他倒是决不会说这些钱不愿意付，但他不在我手边放一点零花钱，这令我很为难。他所有的行为，就是想要为难我，但就我自己来说，该要的钱还是得要，不可能就这样忍气吞声。因此后来我也变得意气用事起来，每天好几次到他房间去找他，说这次要买什么东西请给我多少钱。他这样一次一次被打扰，大概自己也觉得很烦，等我再去问他要钱时，他就冷不防将一块钱纸钞扔在脚边。后来又听到他叫我，便过去看有什么事。刚一拉开房间的纸拉门，突然一个烟草盆就飞了过来，说是香烟没有了。我刚想说"这样啊"，又听到他说表停了，紧接着一只怀表又飞了过来。不给我钱，香烟断货那是理所当然的了。总之从头到尾他都是这样，一直没消停过。

　　尽管如此，不管遭受什么，我都绝不动摇。因此夏目又再三说"回你父亲那儿去""让他们来领你回去"。父亲看夏目这么一而再再而三的，原本想置之不理，但又想如此一来事态反而越发严重，于是过来拜托他说，希望他不要再说这种话，两个人不要分开。可夏目回答说：那家伙（指我）对我耍各种小伎俩，简直可恶至极。又跟父亲说：我这样反复要求，姑且就暂且试行一次，您就答应了吧。而父亲不想再跟他啰唆，说试行也好怎样也好，这些都不管，你就让她好好待着。草草应付几句便回去了。父亲走后，夏目气势汹汹地冲我说：

"你父亲简直不近情理，对我说的话根本就不以为然。大概以为我在发疯，所以都不搭理我。岂有此理！"

接下来又说："既然你父亲也来求情，就暂且试着留下你，但是我无论如何就是看你不惯，到时候你还是得自己回娘家去。你若不老老实实回去，我就只好将你赶出去了。"

他既然用这种口气对我说话，我也不可能唯唯诺诺地服输，于是反驳他：

"我没干过什么坏事，你没理由赶我出去。而且我为什么要留下孩子自己一个人出去？我呢，就像你现在看到的，我有腿有脚。你要赶我出去，我还会自己走回来的。"

说完我就离开了他的书斋。可是没过多久他拿了一封写给父亲的信过来了，说让我带上这个回娘家去。我一看那必定是一封休书无疑，便说：

"信件的话，贴上三钱邮票寄出去不就可以了吗？"

无论如何我才不会上他的当呢。后来他又说让我年底的时候回去。再后来又说：哎呀，你看都年初了，回娘家去看看吧。这次，他装腔作势地不再命令我，而是开始诱导我了。总而言之，就是我很碍他的眼，所以一定要想办法将我赶回娘家去。但我有我的办法，才不会吃他这一套呢。我跟他说：

"年底不回娘家了。"

"年初也不用回去的。"

总之我是绝不会动摇的。

那段时间他大概觉得自己被什么人跟踪，又或是受到什么威胁。大脑陷入一种奇怪的兴奋状态，晚上似乎总是睡不着。深夜的时候会突然起床，拉开门窗跑到冷飕飕的院子里去。也不知道他想做什么，我很想跟在后面出去看看，但是如果这样做的话，结果又不知道自己会遭什么罪。最要紧的是，如果被他大声怒斥，被周围邻居听到了有失体面。因此我只好屏息假装睡觉，竖起耳朵听外面的动静。好在不久他就回房间了，我心里正庆幸没发生什么事呢，大半夜里就听到从书斋传来"咚咚、哐啷""哗啦哗啦"的巨响，对此我毫无办法，只能拼命按捺住想马上冲过去的念头。终于，听他闹了一阵子之后，一切又悄无声息了，总算让人松了口气。第二天早上他前脚刚去学校，我后脚就飞快跑到书斋去看，只见油灯的灯罩被摔得粉碎，火盆里的灰撒满了榻榻米，铁壶的盖子也被取下来扔掉了，在完全意想不到的地方滚来滚去。整个书斋惨不忍睹。趁着他不在家，我赶紧给书斋做了大扫除。他下课回家后，一个人又若无其事地进了书斋。

千驮木的家里有不少老鼠。有一天晚上，老鼠闹出的动静蛮吓人的，从厨房的方向传来什么东西掉落的声音。夏目很快就惊醒过来，朝我怒吼道：

"刚刚弄得咯哒咯哒直响的，是你这家伙吧！"

我也是被响动吵醒的。但如果我也冲他不客气地说"我也是刚醒来才知道的！"，他大概又会觉得我烦，所以干脆装出一副没睡醒的样子，随口答道：

"是老鼠吧。"

结果这不知又哪儿惹火了他，又或者因为确实是老鼠在捣乱，令他无处发火，居然冲我说：

"那你去抓了老鼠来！"

就为了这事，他也能冲我没完没了地厉声呵斥半天。

还有一天晚上，已经是深夜两点左右了，他突然击掌叫我，过去一看，就听到他吩咐："马上给我端饭过来！"居然给我出这么一个难题。那个时候也不可能把女佣叫起来。这么冷的天他也真想得出来，我只好看着办，将现成的东西拼凑了一份给他送过去。可第二天早上过去一看，根本就没有动一下筷子。他这样故意刁难人的事，可是相当多。

他一变成这样子，虽说不是动刀动枪，但却带有极度的残忍性。有一次我出门买东西，他居然将两个女佣都赶走了。我回来一看，家里黑乎乎的，孩子们在黑暗中哭，连个点灯的人也没有。

那时候我们已经有三个孩子了。其中一个还是个婴儿。什么事都是我一个人做，完全忙不过来，心里不免愤愤不平，所以干脆买面包代替早餐，拿出来放到小膳桌上，孩子们沾上砂糖吃。滑稽的是，他也一言不发地加入到孩子中间，干巴巴地吃完面包后去学校。因为他干的好事，女佣被他赶了出去，好在其中一个女佣性格好，对我家的情况非常了解，很同情我和孩子们。经常在他去学校的时候过来帮我——或是帮着洗衣服，或是帮着收拾屋子，对我们各种照顾。到了傍晚夏目快回家时女佣又赶紧回去。就是这些原因，在那之后我也经常让他吃面包，或是长期从便当屋叫外卖，让他吃便当。

他认为我在用这种方法频繁对他进行挑衅，但我保持沉默。他似乎很不满意我不跟他说话，反复斥责我说：

"你这家伙，难道以为不吭声就可以了吗？"

可是，除了沉默之外，我没有其他办法。

有一天吃晚饭的时候，孩子们唱起歌来。当即他就掀翻了膳桌，说"吵死了"，之后就去了书斋。孩子们都吓哭了，我也不知道如何是好。过了一会儿，我偷偷去书斋瞧了一眼，想看看他怎样了，只见他正托腮坐在书桌边出神。他晚饭只吃了一半，而且在他的大脑处于这种状态时，估计也不会感觉饿。

　　隔壁有家拉车的，女主人总是叽叽喳喳爱说话，夏目对此特别介意，在《我是猫》还是其他哪本书里也写到过。不过比这更奇怪的，是他对住在家对面寄宿楼里一个学生的态度。在他的全集里有一节日记，梦呓一般写到这个学生在说夏目的闲话。那个学生的房间在二楼，往下正好可以看到他的书斋，而且因为学生每天晚上都大声朗读，他的房间会一直亮着灯。这大概是那学生的习惯——在面朝窗边的书桌学习的时候，一定会拿起书本大声朗读。而且有时候还有朋友过来玩，当然又会大声说话。而这些一一传到夏目的耳朵后，他就变得再也无法淡定了，总觉得人家在说自己的闲话，在背地里骂他，并认为那学生从高处窥探他的一切，在监视他。这让他极度介意。除此之外，学校开始上课的时间都是差不多的，夏目准备出门的时候，那学生也正好准备出门，因此就经常走在夏目的后面。于是夏目就擅自认为：对方只是表面看起来像个学生，实际上无疑是来跟踪自己的侦探。那学生无故遭受这样的怀疑，真是可怜。

　　因此，他早起洗漱过后、眼看就要开饭的时候，都要先跑到书斋的窗户前探出头去，冲着寄宿学生房间的方向，故意大声喊道：

　　"喂！侦探君，今天什么时候去学校呀？"

　　又或者："侦探君，今天几点出门哪？"

　　大概是想嘲笑那学生吧？那意思是，既然对方如此鬼鬼祟祟地尾随自己，那就堂堂正正教训一下对方，来个先下手为强。而且夏目每天早上都这样做，估计那学生一定会想：真是个神经错乱的变态大叔啊。他每天都要这样一本正经地朝学生喊上几嗓子，之后才会坐到餐桌前。这事儿真是莫名其妙。

有一天下午我刚去钱汤[1]，女佣突然匆匆跑过来说："夫人，糟了糟了！"我大吃一惊："发生什么事了？"一问才知道，原来是家门前的道路边，不知道哪所学校的中学生在玩球，不小心将球扔到了家中院子里。夏目因此大怒，说这家伙真不像话！一把抓住想要逃走的中学生，说是要去中学生家进行上门教育，强行拉着中学生朝根津神社方向去了。他的脾气一上来，不管什么糟糕的事都做得出，万一将别人家的儿子弄伤了可就麻烦大了。我心里担心得不得了，跟女佣说知道了，然后就想追过去，但又想：到时候夫妻俩必然会站在路中间大吵一场，而且那种场合叫医生似乎也不合适。想了想还是先去找尼子医生商量。尼子说：嗯，好像也不是什么不得了的大事，万一有什么的话，我去跟中学生家长说明情况并代为谢罪好了。尼子既然这样说，我也就只好不安地等在家里。可是十分意外地，夏目居然若无其事地回来了。尽管我还是暗暗担心：对方的家长随后会上门抗议吧？但结果却平安无事。后来听说那个中学生是根津神社附近一户有钱人家的少爷。想是因为家后面郁文馆中学的学生们经常玩球，夏目早就嫌烦，导致那学生遇到飞来横祸。

这类事情要一一列举的话还有很多。这段时间，他还在那种情况下写下不少日记，但现在都找不到了。他原本就是个写完日记又经常撕毁并扔掉的人，因此那些日记大概都被他扔掉了。有一次我到他的书斋去，看到桌子上铺开的和纸上，用墨汁黑漆漆地写着这样的句子：

"予之所处悉皆狂人，故予亦不得已而狂之。且待世之狂人皆痊愈，

1　公共澡堂。——译者注

予方弃之佯狂亦不为迟。"

真是让人毛骨悚然！

那段时间，他又闹着让我回娘家去，又给父亲写了信要我走。就像前面说过的一样，这种事发生过多次了，每次父亲都懒得跟他啰唆，只是敷衍他几句了事，可如此一来他倒是没完没了了。我也并非懂得权宜之计的妻子，总是被他这样对待，哪里还有立足之地。这事总这样糊里糊涂搁置着，心里总归不情愿，因此我去拜托父亲说："您得一次性斩钉截铁地回绝了他。"父亲也觉得这事该了结了，就回复他说："镜子说没有正当理由，绝对不同意离婚。我对此亦大为赞同。第一，夫妻的离婚问题，如果并非双方同意，则法律上也是不允许的。但是，如果你实在是讨厌镜子，非得离婚不可，那就正式诉求法律，白字黑字接受判决。所以，如果你一定要一意孤行，那你就去法院递交离婚申请。"父亲写的这封信，内容我当然一清二楚，而且也知道夏目已看过了信。但是他表现得好像从未收到过这封信的样子，而且这次也没有再说"你的父亲岂有此理"之类的话，只是若无其事地当什么也没有发生过。

// 二十二　小愈

　　就这样一直到了第二年，也即明治三十七年（1904）四五月。从这时候开始，夏目的精神状态大为改善，慢慢地也不再做蛮不讲理的事情了。前面也说过，一开始我们的经济压力就很大，这一年更加拮据了，无论怎样应付都相当吃紧。因此，大概是从秋天开始，除了帝大和一高之外，夏目又每周去明大（明治大学）教两个小时的课。虽然只是多了二三十块钱的收入，但对于我们当时的生活来说已经是相当大的补贴了。可就算这样，依旧谈不上比过去宽松。夏目也总是说想停了大学的课，但说归说，他还是每天按时出门去学校。

　　自明治三十六年年底，夏目开始频繁地作起画来。夏目作画，是我觉得最不可思议的一件事。

　　11月左右，夏目精神状况最差的时候，他自己去买了颜料回来，开始不断地画水彩画。在我们看来，那时候的画真的很糟糕，大部分时候根本不知道他画的是些什么，但绘画的数量倒相当多。当然不是什么大幅的东西，大部分都是些小作品，尤其是手绘明信片，夏目画得特别多。夏目始终都和桥口贡交换各自的手绘明信片。有一次我去桥口那儿拜借了夏目的手绘明信片画册来看，数量多得让我吃惊。

一直到去世之前，夏目都喜欢作画。当然，他也有打不起精神或是特别忙的时候，所以作画这事，也断断续续的。但很不可思议的是，后来每次他精神状态一变差，就会觉得作画充满乐趣。大概他认为自己不管干什么都很无趣，唯有作画能排遣他闷闷不乐的心情吧。现在留在家里的南画的密画[1]等，都是他日复一日费时费力画出来的，他作画时一旦投入了进去，就没日没夜地一直要画到满意为止。连纸张都被他鼓捣得起毛，真是相当有耐性。就是夏目去世的那年，中央公论的滝田樗阴等也经常来，要他作了不少画。那个时候也是他的精神状态非常差的时候。南画的密画是大正二年前后画的，后来夏目还自己装裱好，题字盖章后收藏在画盒里，那个时候他的状态也相当差。

　　原本他作画，不一定都是精神状态不好或心情不好的时候。心情特别好，兴致勃勃开开心心作画的时候也是有的，但只有他的密画力作，必定是在精神状态极差的时候完成的。现在想起来都觉得这事特别奇异。

　　我后来留意到了一件事：那就是当他状态变差之前，就会像喝醉酒了一样，气血上冲，脸色变得通红。一开始我并没有注意到这个现象，后来才知道，就连最大的女儿也都知道了这一点。不管前一天晚上他心情有多好，但只要他的脸像是被煮沸的开水一般开始发烫，那第二天必须加以警戒了。果不其然，到了第二天早上，夏目的状态瞬间风云突变，真是很不可思议。

　　因为这些，他晚年时也让我难堪过一次。那是铃木父亲去世，铃木的妹妹来通知丧事日程那天发生的事。本来，夏目提出离婚的时候，父亲最后因为实在没办法，只好拿出法律程序这一招来。夏目对此曾说：

1　南画，受到以南宗画为中心的元、明、清中国绘画的影响，于日本江户时代中期以后兴起的绘画，也称文人画。密画，指细致绵密的细密画，类似中国画技中的工笔画。——译者注

"你父亲不近情理，以为只要抬出法律就可以了。完全没有考虑过拥有一个不称心的老婆，使我这一生有多大损失。真是岂有此理！对这样的家伙我厌恶至极，从今往后绝不再跟你的家人和亲戚们联系交往。"我只回答了一句："好呀，完全没关系。"但夏目也说："不过，那是你的亲生父母和亲戚们，所以你也不必顾忌我，只管跟娘家往来就好。"因此从那以后，亲戚间的婚礼、葬礼以及其他一切往来，都由我一个人负责，夏目凡事都不必出面。亲戚之间对此也都知情并默认了，算是给夏目一个人的特别待遇。

可是铃木的父亲去世时，也不知道什么原因，前一天晚上夏目突然对我说，他要去吊丧，并说葬礼那天他也要去。第二天他看上去心情很不错的样子，穿上长大衣戴上礼帽，我们各自坐上马车出发了。其实那天早上开始，他的脸色就红光满面得有些奇怪，但我也没特别当回事，两个人就这样去了铃木家。而铃木那边原本以为夏目是肯定不会去的，所以看到我们之后，铃木就对我说：我们只预定了姐姐的马车位，夏目的没有预定，很对不起，现在马上就要出发了，要重新预定也很麻烦，就请夏目一个人坐马车过去吧。我将这事转告给夏目，夏目当场回答说"好的"。于是，反应迟钝的我坐上了别人的马车，和夏目分头去了浅草本愿寺的丧事会场。

可是，到了丧事会场之后，眼看着开始诵经了，又眼看着开始烧香了，仍然不见夏目的身影。问旁边的人，说是在普通来宾席位上好像看到过他，但一直到丧事结束，还是不见他的人影。丧事结束后我们往回走时，因为不知道会不会又跟他错过，我就先径直返回了铃木家。刚一到铃木家，我就接到夏目的电话，说"马上给我回来"。等我赶回家后一进门，夏目就冲我大发雷霆：

"为什么将我抛下不管？"

唉，他就是这样。于是我答：

"当时转告你说请你一个人坐马车过去，你不是回答说'好的'吗？"

"那种场合我只能那样回答。"夏目说道。

由于这件事，一直到后来都闹得不愉快。隔了没多久，要进行埋骨式的那天，我换上素净的纹服[1]跟夏目说我准备出门的时候，夏目问：

"去哪儿？"

"去参加铃木父亲的埋骨式。"

"你把铃木父亲看得比我还重要！那种地方不去也是可以的。"

我若回答他，肯定又会各种啰唆，引起种种麻烦，因此索性什么也没多说就出门了。这之后又过了几天，我有点事才刚一出门，就在家附近遇到了铃木，他对我说：

"夏目上次参加了我父亲的葬礼之后说是非常生气，我问过了生气的原因，所以想来道个歉。"

我回答："算了吧，不用道歉。那时候都是我自己太迟钝，所以弄成那样。而且他那毛病又犯了，所以也不必放在心上。"

铃木听后松了口气，说："既然这样，那也就放心了。"

又笑着道："既然是病也就没办法了。不过如果那天说让你们坐同一辆马车过去，他说不定又不去了；又或者即使去了，到了寺院后，说不定又会因为对和尚们念经的方式不满意而发火也很难说。"

铃木说完后便原路回家了。所以，情况就是这样，只要他的脸色开始发红发烧，就拿不准会在什么时候凭某个事由爆发出来，真是相当危险。

到了明治三十七年夏天，较之以前，夏目精神状态暂时好了许多，

1　带有家徽的和服。——译者注

但也还是会不时发火。曾经有过这样一件事：傍晚的时候恒子总是哭，这似乎又碰触到夏目的某根神经，他怒道："肯定是你们这群家伙聚在一起惹她哭，将她带到我这儿来！"说着就将恒子带去了自己的房间。可是这孩子有点神经质，如此一来反而火上浇油哭得更厉害了。我也不明白夏目的用意，半是觉得滑稽半是感觉不安，暂且先背着最小的婴儿到医生那儿去取药了。取完药回来一看，靠近玄关一侧的书斋亮着灯，因为是夏天，垂挂着帘子的门窗大开着，书斋中的恒子仍然精力充沛地大哭不止。到底怎样了呢？我想，透过帘子的缝隙望过去，就见夏目坐在大哭的恒子身边，手持团扇，正在拼命地给恒子扇扇子呢！看到这一幕，我进了家门之后也就没有对他们多加理会。过了一会儿，夏目喊女佣过去，说：

"把她带走。"

他也终于对这个哭得没完没了的小包袱束手无策了。

夏目的大脑状态开始好转时，发火的次数也一点点减少，常常只是沉默地窥视着其他人的一举一动。我们一看就心知肚明，但他自己倒是一点也没有意识到他的脑袋在好转这回事，反而认为身边的这些家伙，最近满脸忠厚老实样儿，看来是不安好心，在有意让自己尝点小甜头呢，嗯，绝不能掉以轻心——因此他总是一副心怀戒备暗中观察的样子。而且，虽说他的状态有所好转，但也不过是时间极短的小愈而已，明治三十七、三十八、三十九这三年，夏目的精神状态总是时好进坏，觉得他真正转好了，是明治四十年搬到现在早稻田的家之后。之后一直到大正二年，总算是没有出什么状况。但这段时间他脑子好了，胃却坏了。而这个胃病，最终成为他的绝症。

7月左右，我父亲因为被高利贷逼债陷入困境，来问我们是否可以帮忙在借据上盖章画押，说是肯定不会给我们添麻烦，所以才来找我们帮忙，夏目说只有盖章这事绝对不行，一口回绝了。但钱的话，无论如何都得帮忙想办法，何况这是父亲第一次来拜托我们。因此先说好下不为例，但夏目自己也没有钱，无奈只好去找菅先生借了 250 元，悄悄转交给了父亲，总算是暂时帮父亲摆脱了困境。这种时候，他是相当为人着想并尽力帮忙的，但是这样一来我们的负担又加重了。从那个月开始，除了以前借的钱外，还有刚跟菅先生借的钱，我们全都要按月分期归还。那段时间是我们手头最拮据的时候，稍微一点小事都能难倒我们。但即使最清苦的时候，看到他从丸善买了书回来，我也无法开口说让他别买。钱不够用的时候，只能悄悄去当铺，才总算是熬了过去。而且，夏目平时对于家里的开销账目之类，是从不过问的，他自己除了买书之外也从不乱花一分钱。即使有客人来，因为拮据也没怎么招待，他也从不会因为在意这些而好面子、讲排场。在这些方面，只要他的大脑不出问题，我们清贫的生活其实还是比较安乐的。

　　从明治三十七年（1904）春开始到夏天的时候，夏目的大脑好了不少，那种不顾后果的发作和癫狂也少了许多。同时他自己也相当用功，读书，写作，连授课讲义的笔记也准备得有条不紊。当然，还会间歇性发发脾气，但那是一时的，总之这个家正在慢慢地云开雾散，变得阳光明媚起来。想起来觉得有趣的是，随着他大脑状况开始变好，大学讲义笔记的字也明显变小了。本来字写小一点，就可以不必使用那么多纸。但到大后年年底搬家到西片町的时候，夏目讲义笔记的字小得已经到了不使用放大镜几乎都没法看的地步了。他自己也在《道草》还是其他文章里写过，将这些讲义笔记的字形容为"蝇头小字"。只要看一眼现在保留在家里的、当时他写的《文学论》讲义笔记就会发现：最开始他写在半开的洋纸上的字，是大得都要超出格线的横写体，但到了结尾部分，就小得像是活字的注音假名了。而且，他年轻时害过沙眼，后来变成慢性结膜炎，时不时得滴眼药水。不过他原本视力还不错，一直到晚年戴老花镜之前，都从来没有戴过眼镜。还有一件晚些时候的事情：有个给人看相的人跟他说，如果眼睛是三白眼的话，就如何如何，他听了之后还很是自鸣得意。不过他的眼珠和眼白之间并不分明，显得有些浑浊。

那年六七月，记得应该是刚刚入夏的时候，家里不知道从哪儿来了一只刚刚出生才几天的小猫。我是很讨厌猫的，马上就拎起来扔了出去。但不管我怎么往外扔，那只猫都会自己重新跑回屋子里。晚上关门窗时，只要我找到猫，就会毫不留情地扔出去。但每次第二天早上刚一打开窗，就听到"喵"的一声，猫又进来了。而且，那猫似乎对自己被人厌恶这事毫不知情，人走动时它会跟在脚跟撒欢儿，孩子们睡觉时，它还会跑到蚊帐外面去挠孩子们的手脚。每当这时候，就会听到"猫又来了"的哭喊声，这哭喊声就像一种信号一般，令那只猫不知道多少次被残酷地拎起来、赶出去、扔出去。但不管怎样对待它——说那猫脸皮厚也好，说反应迟钝也好，总之不用一会儿，又会神不知鬼不觉地溜进屋里。最让人不高兴的是，那猫还总是喜欢趴在盛饭的饭桶上。我终于痛下决心，找人来将这只让人生气又劳神的猫带得远远地扔掉。有天早上，这只猫照例又带着它沾满泥巴的爪子进屋了，一副自我感觉良好的样子蹲到了饭桶上面。这时夏目过来了，问：

"这只猫是怎么回事？"

看样子他大概以为这只猫是从哪儿抱回家的。才不是呢！我告诉夏目说，将这猫扔出去好多次了，可它老是缠住不放，真的很招人烦。

"不知道为什么老是跑到家里来，没办法，我准备找谁帮忙将这猫带远点给扔了。"

听我这么一说，夏目大为同情，说道：

"既然这样想进这个家，就随它好了。"

既然家里的男主人都发话了，我也就只好不再考虑扔猫的事了。打那之后，那猫可威风了，一如既往地爬上饭桶俯卧着。夏目读晨报的时候，它还会慢悠悠地走过去，在他后背的正中央趴着，还满脸的一本正经。但尽管如此，它恶作剧的毛病依旧改不了，还变本加厉地更爱恶作剧了，对孩子们又抓又挠的，有时候没有办法，我只好抓起长尺子把它狠狠教训一顿。

可是有一次，经常来家里做按摩的一位老婆婆，抱起爬到她膝盖上的猫仔细研究了半天，突然说道：

"夫人，这只猫全身连爪子都是黑的，这可是一只罕见的福猫呀！好好养着它，会令你家繁荣昌盛的。"

要说这只小猫的毛色，是全身偏黑的灰色中带些虎斑纹，乍一看很像黑猫。但我不懂这些，也没有研究过它的爪尖足底。不过听老婆婆这么一说，再看看这只猫，还真是如此！突然有人来告诉你，你家里有只福猫从天而降，这当然让人喜不自禁。好不容易来了一只福猫，而自己之前还想把它给扔了，也真够不开眼的。所以，从那天开始，这只猫再也没有像以前那样受到虐待了。恶作剧过头不给猫饭吃之类的事，也因此成了一种罪孽，甚至反过来我自己还积极主动地在女佣准备好的猫食上再加上鲣鱼干，猫的待遇与以往大为不同了，自然愈发神气活现起来，甚至还钻到孩子们睡觉的被子里去，惹得有些神经质的二女儿恒子，好像遇到火灾一样"呀，呀"的在大半夜高声尖叫："猫钻进来了！猫钻进来了！"于是夏目抓了把尺子就飞快地冲过去。像这种出乎意料的恶作剧，时不时地就会上演一出。

这里要稍微介绍一下我们在千驮木五十七番地的家的大致样子。我们住在这里的时候，家里来过两次小偷，看来这个家很容易招小偷。因此如果我在这里太过详细地绘制布局图的话，就变成了一份小偷指南了，说不定会给现在居住在那儿的家主齐藤博士带来麻烦，所以我接下来的介绍，会点到为止，有些地方只能大致说明带过。不过，因为以前齐藤说过：读《我是猫》的话，不知道家里的布置可不行，所以我在这里介绍一下家中的情形，应该不会挨骂。

首先，大门面向着千驮木的道路，进了门就是玄关。玄关有两三叠大小，朝东。离开玄关朝南有一条走廊，最开始第一间是比较窄长的六叠大小的房间，这个房间跟杂物间一样堆满了书。隔壁是八叠大小的和室客厅，夏目早上的时候，经常在这里让猫趴在他背上，俯卧着看报。接下来的六叠是我的居室，我和夏目睡在这里。这三个房间是朝南的，与朝南的房间背靠背朝北的，靠我的居室里侧是六叠大的孩子房，靠和室客厅的里侧是八叠大小的餐厅，跟餐厅相邻的三叠是女佣房，跟女佣房相邻接的是厨房和浴室。夏目的书斋在玄关一侧，有六叠大小，虽然隔着一张纸拉门，但因为放着一个大书架，所以必须绕到走廊，从走廊拉开三尺宽的门才能进到屋子里面。那个书斋东边的窗子，就是在夏目大脑状态不太好时，每天早上都要隔条路朝着对面寄宿的学生大喊"喂！侦探先生"的那个纪念窗。靠南边也有个小窗子，后来打通变成了外廊。大书桌占据着朝南的位置，圆窗前的空地上有一口已经废弃的古井。

这个家大体上就是这样，在书斋旁边有个栅栏门，还有一个栅栏门在外侧的拐角处，从那儿出去就到菜地了。菜地西边的外侧是郁文馆中学的操场，正对着书斋正面的南侧，是夫妻俩老吵架的车夫家。菜地和院子之间有一堵围墙，靠北侧的餐厅那边，围墙外面是二弦琴的老师家，平时总能听到抚弄二弦琴的声音。

菜地的面积挺大的，而且很幸运的是附属于我们住的这幢房子。女佣看到有这么好的一块地，因此种上了茄子、黄瓜，甚至还种了落花生。围墙的墙根下经常有黄鼠狼慌慌张张地跑过，还有蛇弯弯扭扭地爬过。

每次去菜地的时候，大女儿总爱张望郁文馆中学的操场。

　　住处大致就是这个情况。还记得 9 月新学期开始的时候，我第一次见到小宫丰隆。正如我在前面稍微介绍过的，因为有在伦敦一起留学的犬冢武夫的介绍，夏目做了小宫的大学入学保证人。这位新大学生，看起来相当能够领会一高的刚健之风，初次见面坐下就开始盘着腿。后来家里经常来客，连夏目都说：初次见面就盘腿坐的客人，以前还真没遇到过。

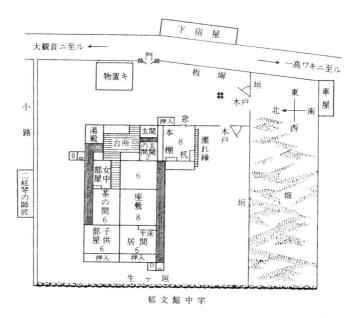

本乡区千驮木五十七番地夏目漱石一家居住时的示意图。这原本是齐藤博士的住宅，因博士前往仙台的高等学校赴任，因此将空出来的住宅借给了夏目一家。当时的布局与现在有出入。从明治三十六年 3 月到明治三十九年 12 月，夏目一家在此居住，并创作了以《我是猫》为代表的众多名作。这座具有纪念意义的住宅，现在由齐藤博士一家居住。

差不多也是这个时候，我们开始收到铃木三重吉寄来的信。关于这位铃木的来信，还闹过一个大笑话。

　　有一天晚上，前面提到过的犬冢来到我家，坐在客厅里聊完准备告辞时，走到玄关一看，他的帽子和外套都不见了。当时犬冢进门时确确实实是把这些都放在玄关了的。随后我们在家里也到处找了一通，依旧没找到。别说外套，连帽子也不见了，他只好临时跟夏目借了顶帽子戴上回家。后来慢慢回想当时的情形，估计是遭小偷了。小偷大概利用主人和客人在八叠的客厅里说话的工夫，从菜地方向的栅栏门进来，先潜入黑乎乎的书斋，然后从走廊绕到玄关，顺走了外套和帽子。书斋里大都是外文书，所以没有下手，倒是放在书桌上的怀表不见了。那只怀表还是夏目在做学生的时候，花 7 元 50 钱买的，之后去西洋留学都一直陪伴他，是一件很有纪念意义的旧物。

　　再后来仔细检查了一下，又发现了一件不可思议的事。说不可思议，是那时候正好收到了铃木三重吉的来信。那一封情深意切的长信，当时正好搁在书桌上。信的一部分还留在书桌上，而另一部分则落到拉窗外面去了。听说了这事，大家就跑过去看，先在院子里侧的栅栏门附近找到落下的信纸，接下来又在外侧的栅栏门附近找到落下的信纸，这样顺着找，一直找到菜地里，可见这封信还真不是一般的长。最后在菜地中间的终点处，发现了一堆耷拉着的巨型大便。从那封信的第一页被规规矩矩擦拭过后留下的痕迹来看，无论是对小偷的胆量和用心，还是被小偷顺手带走的、便后擦拭派上大用场的信件长度，大家都一致认为无可挑剔。当然，那封信绝对不是为了方便给小偷擦屁股而写的，如此具有喜感的信件之灾也是意想不到。我们都按捺不住地想笑，而夏目的表现则一如往常，严肃地说：

　　"多么富有情趣的信呀！居然用来擦屁股，这是要遭报应的。小偷若好好读一下信的内容，估计想擦屁股都会下不了手的。"

　　那个时候的铃木，从大学请了假，正在乡下静养。他写信来的时候，是在夏目开始写小说之后的事了。

// 二十四 "猫"的事

　　这年年底的时候，夏目心血来潮，突然写起东西来，并开始连续在《杜鹃》的一月号发表了《我是猫》的第一章，在《帝国文学》的一月号发表了《伦敦塔》，在《学灯》发表了《卡莱尔博物馆》等。

　　他创作方面的事情我不太清楚，但他一开始并没想过要将写小说当成本职工作，只不过是他长期以来积压的强烈的创作欲望的一种释放，一动笔，几乎篇篇都一气呵成。接下来，除了他到第二年还在继续写的《我是猫》之外，又写了《幻影之盾》《一夜》《薤露行》等。而第二年除了《我是猫》的续篇外，还写了《少爷》《草枕》等，几乎每个月都会在某本杂志上发表作品。看他写东西的时候，似乎心情极为愉悦，最晚时会一直忙到夜里12点或是深夜1点左右。夏目基本上是从学校回来之后，从晚餐前后到10点左右的时间就可以毫不费力地写完一篇。要问有哪些是要花上几天来写的，我现在对这些已经记不太清楚了，但就是《少爷》《草枕》这类篇幅较长的作品，开始动手写直至完成，好像也不到五天或是一星期。记得大部分都是一两个晚上就写好的。当然我并不知道他在动笔前究竟花了多少心思费了多少功夫准备，但作为旁观者，感觉他只要铺开稿纸开始动笔，很快就会完成一篇小说，全程全神贯注。因此那时他几乎篇篇一气呵成，很少有错笔败笔。但是，到了晚年——或许是写不出了，或许是写了不情愿写的东西，又或许源于他某种奇怪的坚持，总之，这方面我虽说不明白，但夏目写坏的稿纸堆得像山一样。后来那些不要的稿纸都拿来练书法了。就这样，关于他写作的量，到晚年时固定为一天一篇报刊专栏，和最初创作时相比，完全不一样了。特别是像熬夜，还有那种让旁人看着都揪心的创作痛苦，他都完全没有。所以，虽说经常听到其他文学者谈论创作之苦，但我毫无这类经验，所以完全无法理解。只知道可以利用业余时间干这么轻松的事，而且写作者本人又写得津津有味，加上我们的生活还因此多少能得到改善，可以说没有比这更美妙的好事了。现在回想起来，他当时的创作热情，简直旺盛极了。

那时候他还没有使用钢笔，总是使用一支细长的蝶贝笔写东西，那笔大概是从伦敦带回来的。后来夏目开始用钢笔之后，那支笔就给孩子们了。这支笔正好在手指握住的地方，有一个手感不错的略带圆形的凹洼。可惜的是，后来孩子们的朋友用它去撬木箱的门，给折断了。

明治三十七年就这样过去了。新年第三天我去厨房时，看到猫正在偷吃孩子们吃剩下的杂煮年糕，不断抬起两只前爪手舞足蹈地拼命扑腾。女佣们看到这一幕，觉得这猫太贪嘴了，全都大笑起来。夏目听说了这事后，完完整整地都写进了《我是猫》里。《我是猫》里还写到有两个孩子说她们也想出嫁，想嫁去招魂社，但是去九段必须跨过水道桥，路很远之类的，那本书里实际上编织进了不少那个时代我们一家的生活。当然，其中完全是出于凭空想象的东西也很多，但是事件或者人物，不少都能大致推断出来。更贴切地说，他是将来过我家的各位客人所说的话，以及他所观察到的动作、癖好等，恰到好处地融合在一起写了出来，所以有时候，他常常会在看到某些片段时，提醒你书中的某某和现实中的谁谁很像。

那时候常来我家的有：寺田寅彦、野间真纲、高滨虚子、桥口贡、还有野村伝四，等等。《我是猫》里用到的生活素材，我大体上知道，但是关于文章的事情，还是高滨虚子知道得更详细些。首先关于使用"我是猫"做书名，其实那时候夏目犹豫过是不是叫"猫传"呢还是别的，是高滨虚子指着文章开头第一句说：就这句话做书名挺好，所以才这么定下来了。

大体上，就连他自己一开始也没有想过要将《我是猫》写成长篇。在《杜鹃》试着发表之后，大家都赞不绝口，说是相当有趣，而他自己也觉得，这类东西不管多少都能写。读者也要求说想看续集，再加上虚子的劝说，于是就这样持续写了两年的时间。这些事，虚子应该是知道得最详细的。

还记得《我是猫》拿到的第一笔稿费，合计起来约十二三元。

那时候常见到久保由利江。她刚刚结婚不久，二十二三岁。正好她的丈夫猪之吉博士去了海外，所以她好像是住在医科大学校长大泽博士弟弟的家里。久保由利江是一位热爱文学、用当时的话来说叫作新女性的时髦人士。每次来我家的时候，都穿着袴裙，经常是骑着自行车来。她来的次数多了，不免会遇到夏目恰好很忙，或正好情绪不佳的时候，因此慢慢跟我亲近起来，两个人一起出门买东西，有时候她也领着孩子们出去玩，我们得到她不少关照。

有一次，她来我家的时候，正好遇到夏目情绪极差。于是悄悄来问我说：是不是自己经常来打扰，所以惹夏目不高兴了？久保说这话时一脸的担心，我则若无其事地跟她说：夏目那种不高兴是司空见惯的事，老毛病又犯了而已。久保回答了一句"是吗"——因为她平常对这些毫无了解，所以还有点半信半疑。想起她说"是吗"，倒是想起来了，夏目心情不错的时候，知道久保在我房间，会特意从书斋出来，没话找话跟她闲聊几句。例如，他会装出一副对久保的袴裙挺在意的样子，问：

"你为什么每次都穿着袴裙呀？"

久保也心领神会，很配合地回答：

"因为没有腰带呀，所以穿这个敷衍一下。"

夏目听了，便作赞叹状：

"呀！是吗？也就是说是腰带的代用品了。"

记得也是在那年春天，做教科书出版的开成馆来联系说，他们编纂了英文教材，能不能请夏目检查修订一下。夏目接下了这份工作，并得到了 40 元左右的谢礼。夏目问我："请问这笔钱能给我吗？"但最后还是被我抢走。长女笔子都已经 7 岁了，但因为总是缺钱，所以我心里总想着她至今都没有一件正装的和服呢，得赶紧拿了这笔钱给笔子做一件印染有家徽的和服。现在总算是如了愿，喜不自禁，马上去了三越百货预定了一件带家徽的和服。

因为这事，有一次寺田来我家的时候，夏目突然说：

"前段时间，我给开成馆检查修订了英语教科书，拿到了 40 块钱谢礼。可刚拿到手就被抢走了！"

寺田听了大吃一惊，问：

"在哪儿被抢走的？"

他还以为夏目遇到了小偷或扒手。结果夏目答：

"不是，是被我家里的那家伙给抢走了。"

"原来是这么回事呀！"寺田说。这事后来变成了一个笑话。那次拿到的钱就这么花掉了，可后来教科书出版后，送到家里来一看，原本说只是要夏目检查修订，夏目也就照办进行了修订而已，但结果教科书上却十分醒目地写着"夏目金之助著"的字样，从古至今，商人总是十分精明，夏目看在眼里十分生气，可书都已经出版了，再生气也无法挽回。后来对方为了此事，总算来谢罪了，还送来了道歉信，但实际上的结果，也只能等同于默认了。记得是一本叫《English Supplementary Reader》的课本，给中学高年级还是毕业生做补习课本使用的。收集了不少有趣的英文故事，开成馆擅自编纂后再拿过来要夏目帮忙修订，最后就变成夏目编著的书了。这套教科书应该是出版了三四册。到现在那封道歉信还放在家里。

那位寺田经常来我家里。不知是该说他超然呢，还是该说他飘飘然？总之经常出现这一类的对话，例如说：

"昨天我领着妻君去了上野。"

说这话的是寺田。于是夏目回答：

"你还总是领着妻子出门呀。"

"领着妻子出门有什么不对吗？"

超然的寺田一句话就对付了回去。夏目无奈地答道：

"也没有什么不对。"

接下来话题很自然地转换到其他方向。先是夏目说：

"我昨天又和野间两人一起去了神田，到了吃饭的时候，进了一家牛肉店，邻座的客人正在聊闲话呢，聊的居然是我知道的一个家伙的闲话，一听之下，是在说那家伙如何嗯迷呢。"[1]

寺田则回答："做人呢，肯定还是嗯迷最好。不管妻君说什么都应该'嗯嗯'地点头连声称是，然后若再凡事迷糊一点，那便是无法超越的极致了。若是少了这个'嗯迷'，夫妻吵架就会没完没了。"

对如此论调，夏目也只好附和一句"说来也是呀"，以表示谨慎的赞成。

1　夏目是著名的造词大家，这个"嗯迷"也是夏目自创的一个生词。——译者注

那年 3 月起，家里开始每月一次举办文章会。每次来的，差不多就是那么几位。基本上就是高滨虚子、坂本四方太、寺田寅彦、皆川正禧、野间真纲、野村伝四、中川芳太郎等人。一到那天，不管有什么事我都必须早早就进厨房，动手准备好晚餐的各种菜肴。说是文章会，其实大体上是以《杜鹃》的写生文为中心，大家将各自带来的文章轮流读一遍，然后互相提出自己的看法和意见。《我是猫》有时候也会在文章会上被拿来朗读，只不过夏目是个挺差劲的朗读者，所以通常由虚子朗读。听着自己写的东西，夏目甚至也会跟着大家一起捧腹大笑。当然也有不带文章来的，但参加的人都是相当热心的。

夏目在《我是猫》里写过寒月因吃香菇弄坏了门牙。正好在正月的时候，寺田不知道是吃什么弄断了门牙，因此大家都认为《我是猫》里的寒月就是寺田。寺田大概对此深感苦恼，在文章会上提出抗议说：

"老师你不应该写别人的牙豁了。"

夏目道："又没有什么证据说明那就是你，有什么不应该的？"

寺田到底是寺田，摆出一副事态严重的样子说道：

"可是我太过意不去了，真是没办法。可能的话真希望您不要写了呢。"

那时候坂本四方太和野间真纲经常会带些鱼糕、蟹足等来我家。夏目看到了，就半玩笑地对寺田说：

"寺田倒是经常来家里，可每次都是两手空空什么也没带来过！四方人带螃蟹来了哦！野间带鱼糕来了哦！"

听夏目这么一说，寺田也不示弱：

"老师看来还蛮喜欢收礼物的呀，既然这样，要不我带现金过来？"

这类对话总是让大家笑得乐不可支。在《我是猫》里，写到寒月回了一趟土佐，作为土特产带来三根干制木鱼，还是从怀里掏出来的。从这段描写来看，也许是我忘记了，说不定寺田真的给我们送过干制木鱼——寺田的老家的确是土佐。

大家总是议论《我是猫》里登场人物的原型可能会是谁。股野义郎被认为是多多罗三平，因此埋怨说：那都是什么时候啊，那些事全给写出来了，伤脑筋呀！我都成了一名法学者，进了公司工作，可在书里被写成那样，被同事们嘲笑呢。夏目倒是听得兴致盎然，打趣道：没有任何地方说明那就是你呀！不过你要真觉得伤脑筋，要不去报纸上刊登个显赫的头版声明，说明和你无关好不好？他这一句话说得股野只好闭嘴。这也是因人而异。像股野这种凡事满不在乎、不管给人家添了多少麻烦都浑然不觉的人居然带着哭腔说出这番话，不仅仅是夏目，就是其他人，也会觉得特别有喜感。此外，一直被认为是寒月原型的寺田，到现在还对此极其不满。就在这不久前，我将这本回忆录拿给他看时，他还发牢骚说：我不记得自己在老师生前做过什么坏事，而且也一点不记得自己做过任何惹夫人怨恨的事，可是每次说起《我是猫》，我就要蒙受意想不到的恶名，特别倒霉。每次在教室里一提到《我是猫》，看到学生满脸都是"寒月就站在那儿哦"的那种表情，简直无法忍受。可惜事到如今，也没法抹消这事了，真让人伤脑筋啊。

在《我是猫》里的重要人物当中，还有一位叫迷亭的人物，我一直没猜到是以谁为原型的。大概是夏目将自己的性格一分为二写出来的吧，一个是懒散沉默、总是绷着脸的怪人苦沙弥，一个是说话诙谐的江户儿[1]迷亭。实际上夏目也拥有这两面，有时候开起玩笑来或是打趣起来会没完没了。如果一定要寻找一个独立的人物原型，迷亭那种总喋喋不休耍贫嘴、十分懂得跟人一唱一和的性格，倒是和我以前首次去九州时见到的叔叔一模一样。在我的叔叔当中，夏目跟这个叔叔最亲近，还多次对

1　指东京出生的本地人。——译者注

我说"你这个叔叔是个马大哈呢"。一读到迷亭说话的方式，我就总是想起这个叔叔。这个叔叔也真是可怜，去年他被莆田工厂的一个工人，引诱到六乡川惨遭杀害。据说叔叔惨遭杀害的那天，那工人还在工厂里磨了刀。叔叔跟他根本就无冤无仇，这纯粹是一起故意行凶案。那个工人后来被抓，过了大约一星期，因悔恨自责在监狱里自杀了。

// 二十五　难得的小偷

　　稿费终于源源不断地进账了，我们迄今为止一直捉襟见肘，百般节省地支撑过来，所以都没有添置过任何东西。现在终于可以慢慢购置一些必需的生活用品了，如缝制给客人用的坐垫、定做的衣服，等等。夏目都没有一件清爽得体的日常便服，因此拿到稿费后，自己去买了带条纹的铭仙绸便装回来，又做了一套配套的外褂和棉袄。

　　正好是 4 月，天气还有些微凉。有一天近拂晓时，躺在我身边的小婴儿醒过来要喝奶，我也跟着醒了过来。但总感觉哪儿不对劲，四下里仔细一打量，只见儿童房里原本关得严实的衣柜抽屉都被拉开了，里面孩子的红色和服等，被凌乱地拉扯出来扔了一地。哎呀！我大吃一惊，再一看，发现客厅的门也被拉开了四五尺宽。在睡觉前那张门肯定是关好了的。真是越来越不对了！我赶紧将睡在旁边的夏目摇醒，对他说："你快起来，好像来小偷了！"夏目顿时惊醒过来，准备披上他盖在被子尾的那件新买的唯一一件铭仙绸，可刚伸出手去，就发现衣服居然不见了！"哎呀！"夏目也不由得惊呼了一声，定下心来再一看，发现衬衫、裤子、腰带全都不知去向，夏目所有的东西都不翼而飞。而且我的日常便装也消失得无影无踪，检查了一下抽屉，孩子们的和服也几乎全被偷走了。

　　我们将家里仔细检查了一遍，发现玄关的门和厨房的门全都大开着。不知道小偷从哪里进来，又从哪里逃走的，总之是偷得干净彻底。后来发现走廊的纸拉窗裂出一个相当大的洞，似乎是用舌头舔破的。估计小偷刚逃走不久，因为舌头舔破的地方还是湿的。

　　那一次，全家人所有的日常便服都被偷走了，让人都不知道该怎么办。因为当时还有点凉，所以先拿出一件夹袄给夏目穿上了，我也无计可施，只能穿上唯一的一件外出和服，但总不能将仅有的一件带家徽的绉绸和服也穿上。而且，因为家里的经济状况总是不尽如人意，所以有时候会光顾当铺，一会儿当，一会儿赎，也正好不在手边。再说，也总不能只穿一件过于抢眼的长襦袢[1]，后来好歹又找了一件和服罩在外面，但冗长得一直拖到了地上，极为不便，最后只好跟女仆借了一件和服的短外褂披在身上。

　　等天亮之后到外面一看，在郁文馆中学旁边的菜地里，找到被小偷扔掉的一个包裹：一条裤子的两条裤腿里鼓鼓囊囊塞满了孩子们的衣服，形状就像一条刚刚咽下了青蛙的蛇。孩子们的衣服倒是都找到了，可那个时候我的装束，必定是极其惨不忍睹，非常滑稽可笑。

　　去警署报警的时候，警察要求我们写一份被盗物品清单，都是些便宜东西，而且数量奇多，好不容易才写完，警察又要求所有物品都必须一一注明金额，真是相当麻烦。

　　过了一个星期左右，警察来敲门了，站在玄关外，用极为严肃的命令口气对我们说："前段时间的那个小偷抓到了，明天早上到浅草的日本堤警察署来一趟。"警察身边还站着一个年轻帅气的男人，也不行礼，双

1　襦袢是指穿在和服下面的贴身内衣。长襦袢就是长内衣。——译者注

手揣在怀里直挺挺地站着。夏目和我都站到了玄关外，心想那个年轻帅气的男人大概是刑警，还朝他非常礼貌地鞠躬行了礼。

接下来巡警将我们报警时写的失窃清单拿了出来，说你们被偷的东西是这些吧，正说着的时候，那年轻男人也凑过去看那份清单，巡警见状，厉声呵斥道："你这家伙，站好！"我和夏目见状感到十分奇怪。后来得知那年轻男子就是小偷本尊时，我们两人都目瞪口呆。那小偷穿着唐棧[1]的和服，皮肤白皙，容貌举止怎么看都不像个小偷，结果倒是我们眼拙了。后来细细一想，小偷双手揣在怀里，也是有原因的。被捆住的双手当然是不能随便动弹的了。难怪我们那么容易招小偷，实在过于粗心大意了。

因为第二天必须按规定时间到达日本堤的警察署，所以夏目很早就出了门。据说赃物先被临时送进当铺，然后又赎出来，再卖到旧货店时才被警察找到线索。看到夏目领回家的失窃物品，我吓了一跳：因为才短短一个星期，那些衣服居然全被清洗修补得干干净净、整整齐齐。夏目仅有的一件棉袄，被翻新成了两件上好的夹袄，就等着人将手伸进去穿上了。我的日常便服也被十分仔细地拆洗得清清爽爽，随时都可以重新缝起来，极为便利。最难得的，是我的一件"老古董"的旧大衣也被缝补好了。之所以说是"老古董"，因为那是一件下摆破到不能再破的旧大衣了，实在没办法，我只能简单地将破损的地方潦草地翻卷到里面，然后对付着粗糙地缝了一下，总之只要防止下摆那一块不掉下来就好。有一天下雨，我穿着这件破大衣去白木屋买东西，刚一进店堂入口，掌柜就恭敬地对我说"请脱下大衣我们帮您保管"，我当时想这么一件破大衣脱下来多丢脸啊，于是脱口拒绝道"谢

1　江户时代由欧洲船或中国船运输进口到日本的一种棉织品。——译者注

谢，不用了"。听到我的回答，掌柜可完全没有"既然如此，您请便"的意思，虽然语言极为彬彬有礼，但那意思就是你必须得脱下大衣。我后来总算恍然大悟：穿着大衣进店铺，十分方便行窃，因此所有的大衣都必须在入口处寄存。人都到店门口了，没办法，不想被人当成盗窃嫌疑人看待，只好乖乖脱下来寄存。而店里的人折叠那件大衣的时候，居然还特别细心特别小心翼翼，看得我面对着那件不同凡响的"老古董"，不由得更加面红耳赤。

就是这么一件"老古董"的大衣，居然也给修补得如此精致，可以穿上去任何场合都不再碍事，令人内心万分感激。这么难得的小偷，简直是无可挑剔。后来我们聊天时，还漫不经心地说："这么难得的小偷，真希望每年都来我们家偷一次呀。"

总之那一次，和服一类几乎全部被偷走，然后又找回来了。

夏目在开始写小说之前，有一个多年的习惯，就是每天睡觉前，都要带上大量不读的书放到枕头边，若是就一本厚厚的外文书倒还好，通常两本三本也不奇怪，有时候甚至还会加上两本标准词典或是《韦氏词典》之类带进卧室。既然带进了卧室，估计应该会读一读吧，但也没见他有想读的意思。有时候夜里我半睁着眼偷偷瞧他，还特别感动地想"今晚一直都在看书啊"，但实际上整个晚上都没听到他翻书的声音。原来，其实他连一页都还没读就已经睡着了。我后来跟他说：你那些书既然不看，就没必要辛辛苦苦搬进卧室了。但他总是必须搬点儿什么东西堆积在枕头边才行。

那时候我们都还用煤油灯，若是忘了吹灯就睡着了，会有危险。尤其是挂了蚊帐的时候，特别危险。但他开始写小说后，不知道是因为累了，还是因为一个人沉思默想更为有趣，突然不再抱着不读的书进卧室了。

作为一个写作的人，他晚上算是睡得早的。早上的话，也许是因为要去学校，跟爱睡懒觉的我比起来，他总是起得相当早。总之他的日常生活，是自然而然地做到了起居有序。

// 二十六 关于《我是猫》的出版

虽然钱不多，但开始陆续有稿费进账了。这些稿费虽然不多，但对于当时的我们而言，已经是很值得感恩的事了。刚好到了夏天，夏目想要一顶帽子，记得因为《我是猫》拿到了15元稿费，夏目当即就去了帽子店，刚好用那笔钱买了一顶巴拿马帽子回来，得意扬扬地戴在头上。恰巧那时候被聘请去中国北京的学校任职的菅虎雄暑假回国前来探望，两人见面时，夏目发现菅虎雄居然戴着一顶比自己心爱的巴拿马草帽还高档得多的帽子，不由得很是愤懑，说就算边做教师边写一页纸50钱的《我是猫》，也还是无济于事，云云。

那年秋天，首次谈到出版的话题，并出版了《我是猫》的上卷。出版人是大仓书店一名叫服部的负责人。服部说想出版这本书，大仓书店也表示"无论如何拜托了"，于是经由服部之手开始进行出版发行。记得到了第二年，服部自己的书店维持不下去了，因此所有的出版事宜后来都移交给大仓书店。

书出版之后卖得相当好。别的书的销量不太清楚，但当时《我是猫》每个月都得盖1000本左右的验讫印。直到现在，在夏目所有的著作当中，《我是猫》也是卖得最好的。其受欢迎的程度，甚至到了社会上的人们一说起漱石，就会马上想到猫。《我是猫》后来又出了中卷和下卷，变成一套三册，后来又过了相当长的时间，变成了合册缩刷版。

说起那时候的版税，记得好像确实是一成五分钱。版税拿回来我也不多说什么，只是默默接过来放好。夏目不是含含糊糊的人，但对钱也不是那么仔细，所以那些稿费合计起来拿到了多少，他也并不清楚。记得当时正是《我是猫》卖得相当好、不断有钱进账的时候。大概他也想知道那些到手的钱究竟是怎么安排的，有一天突然对我说：

"那些版税到手后，你是怎么打算的呢？说不好什么时候又会缺钱，有钱进时，稍微存一点也不错啊。"

我则答："家里有些东西在当铺的仓库里，所以，先将抵押的东西赎回来再说了。"

那是我第一次跟夏目大致说起家里迄今为止相当艰辛的生活和巨大的开销，他自己其实也很清楚家里没钱，因为孩子在增加，该花的都得花，虽然嘴里说必须多想点办法，但实际上家里的经济状况紧张到什么程度，他并不太了解。因为他原本就是大少爷性情，该买的书则买，至于想吃的东西，即使我们餐餐都嚼咸菜，但他认为自己是要经常用脑的人，不可能老吃那么难吃的东西。所以，那次他总算是认识到家里的生活居然这么窘迫。在听完我的话之后，他极为吃惊地说了一句：

"是吗！！"

之后就再无二话。不过说来也巧，也许是按摩的老婆婆所说的福猫的原因，总之，可以肯定地说，打那之后，我们再也没有像过去那样遭遇家计不如意的事了。

这个时候起，夏目也和杂志社、出版社等建立起了联系。杂志的话，《杜鹃》是自然不用说的了，从《新小说》《中央公论》等开始，经常可以见到各家杂志社的人。书店的话，从服部书店开始，又是春阳堂，又是金尾文渊堂等，还有许多其他的书店。渐渐地来访者也变得多起来，有时候甚至会觉得疲于应付。关于刊登在杂志上的稿费，几乎没有特别清晰的记忆，只记得《卡莱尔博物馆》的稿费全部加起来是8元。然后从《杜鹃》开始，基本上都是一页纸50钱左右，后来又涨到1元。《新小说》也是1元左右，《中央公论》记得好像是1元二三十钱。

不仅是杂志的编辑和出版人，这个时候常来我家的人，除了之前说起过的文章会之外，还有厨川白村、安藤、滝田樗阴、森田草平等人。当时经常写信来的人有森田草平和铃木三重吉等，而且还多是长信。特别是铃木，据说因为神经衰弱，从大学休学一年去了濑户内海，信也是从濑户内海寄过来的。记得夏目因此说：既然都能写这么长的信，完全没必要休学，不如从濑户内海出来吧。

关于这位铃木，虽然都已经习惯了他一次又一次的超长信件，但还不曾见过一次面。不过他从遥远的京都邮寄过一张照片，那张照片拍得就像大理石胸像一样，异常别致风雅。让人不由得想：连照片都这样好看，本人都不知道要美到什么地步呐！因此我还问过他的朋友中川芳太郎：

"铃木三重吉是位美男子呀？"

"嗯，当然是美男子了。"

中川回答时的口气，让人感觉这样的问题，连问一下都相当俗气。可是隔了一段时间之后，有一天玄关口来了一位访客。正好女佣不在，于是我赶紧应声出去，但见门口站着的人说"我是铃木"。仅仅只看他的轮廓，倒是和看过照片后所记住的那张脸相似，不过心里还是禁不住"哎呀"了一声：本人的脸色和大理石可完全不同呢！原本的期待可算是落空了。

// 二十七 生与死

　　不记得文章会是什么时候停掉的，估计就是在那年中断的。这其中最主要的原因就是我又怀孕了。大家好不容易聚集在一起，但我无法像以前一样为大家准备饮食。好像是为这事拒绝了大家，为此似乎大家也讨论过说去外面继续举办。但具体有没有在外面继续举办文章会，我就不得而知了。后来家里的访客猛然增加，因此又定下来每周四为见面会。见面会一直持续到夏目去世。当时聚集来的各位，除了经常参加文章会的一拨人之外，还有铃木、森田、小宫、松根等人。此外还有野上丰一郎、画家桥口五叶等。

　　12 月临产，我每次都会难产，因此到了 14 日深夜 3 点左右，虽然开始频繁出现阵痛，且疼痛得厉害，但自己并没有放在心上。因为按以往的经验，那时候开始阵痛的话，不到第二天中午是不会生的。所以我一直忍耐着，心想这种时候还是不要打扰其他人为好。可到了凌晨 4 点左右，无论如何都忍不住了，只好叫醒了夏目，让女佣赶紧去找医生，给住在牛込一直帮着接生的产婆打了电话。紧跟着，阵痛一阵强过一阵，眼看是挺不住了，我不得不大喊起来："不管是谁都行，赶紧把家附近的产婆叫过来！"于是女佣又赶紧奔出门。到了 5

点左右，这回感觉马上就要生下来了。哎呀！怎么办！只能喊夏目："你快来！要生了！"之后紧紧抓住夏目的手，在阵阵呻吟中，孩子呱呱落地了。唉！真是说不出的狼狈。当时，我完全无法动弹，夏目也是头次接生，接下来该怎么做，他也是满头雾水。我以前被告知：刚出生的婴儿脸上不能积留弄脏了的羊水，便告诉夏目说，赶快先拿脱脂棉沾掉婴儿脸上的羊水。"好咧，来了！"夏目飞快地抓来一包脱脂棉，开始由上至下给婴儿清洁羊水。可是刚出生的婴儿，像只海参滑溜溜的抓也抓不住，颤颤悠悠地似动非动，令夏目完全不得要领，只感觉恶心得不行。幸好住在牛込的产婆飞快地赶来了，当即吩咐说第一绝对不能让我受凉，赶快换好衣服让我躺下，又吩咐赶紧烧水给婴儿洗澡……总之大家一片手忙脚乱。夏目也终于如释重负，这件事似乎让他吓破了胆。

出生的孩子是四女儿爱子。前面四个全部都是女儿。爱子长大到六七岁时，夏目有时候细细打量她，越看越觉得这孩子虽然是我的可怎么长得如此难看呢，便逗弄她说：

"爱子不是爸爸的孩子，是爸爸从弁天桥下面捡回来的。"

爱子也不含糊，道：

"哎呀好讨厌！我出生的时候，你居然还拿脱脂棉帮我清洁来着。"

一副"我早就知道了"的神情，一下子就将夏目反击了回去。

"这家伙什么时候知道这些事的？"

这种时候夏目总会忍不住笑起来。

明治三十九年这一年，夏目创作了大量的作品，与前一年相比毫不逊色。前一年写的短篇，在这一年 5 月结集成《漾虚集》出版。他将自己的居所称为"漾虚碧堂"，还刻了一个同名的印章。想是这书名和居所有关吧。《我是猫》继续在《杜鹃》连载，到秋天的时候又出版了中篇。另外《少爷》开始在《杜鹃》刊登也是在这年4月。《草枕》的话，记得应该是9月刊登在《新小说》上的。10月号的《中央公论》刊登了《二百十日》，这三篇汇总成一本《鹑笼》，12月由春阳堂出版。明治三十八年、三十九年，是夏目创作欲最旺盛的时期。

这年8月底，三女儿荣子突然肚子不舒服，最开始我还没当回事，但接下来就觉得孩子整个状态、包括她的大便颜色，都很不对劲，于是马上领她去看医生，医生说有可能是痢疾。荣子第二天一大早就被送进大学医院的隔离室。我原本也想跟着一起去，但身边还有一个正在喂奶的婴儿，只好让女佣跟在荣子身边照料着，而我则找时间去医院探望。除此之外，还将家里的榻榻米全部掀起来进行大消毒。

两个大一点的孩子都去了幼稚园，倒是不太操心，麻烦的是最小的小奶娃。那时候小奶娃已经开始会爬了，我去医院不在家的时候，女佣将小奶娃带到女佣房哄睡着后，自己就去忙活了。女佣才刚离开，小奶娃就自己飞快地爬起来，不知不觉一会儿就爬到了厨房里，去跟猫抢猫饭吃，简直让人应付不过来。有时，小奶娃爬到走廊边时，还探出身子差一点就掉下去，好不容易才将她抱了回来，真是特别需要费心留神。

不过，住院的荣子身体慢慢好了起来，总算是松了口气。刚安下心来时，娘家那边突然来人，让我赶紧去医院，说是父亲状况不好。我当即就赶了过去，整整一星期都守在父亲身边照料，但父亲还是在9月16日那天去世了，享年56岁。

就像前面介绍过的，父亲晚年运气非常不好，因此尤为困顿，以至于去世后连自己葬礼的钱都没有着落。幸运的是，好在父亲去世前曾在安田保善社（现在"安田生命"的前身）工作过一段时间，所以从安田保善社拿到一笔钱，然后再加上昔日亲戚朋友，还有以前任职部门的善意，才总算能筹办一场葬礼。当然我们姐妹几个也都各自分摊了一点。

只是以前夏目和我之间就有过极为强硬的约定，说好我家亲戚发生的任何事都与他无关。所以父亲去世，他出了该出的钱，也跟家人一起联名在报纸上发了讣告，但除此之外，他本人绝不出席葬礼。我也绝不开口跟他说"无论如何一定要去"之类的话。结果是：他本人虽然没有出面，但写了一篇给所有遗属的长文。弟弟跟我说那真是一篇好得不得了的文章，还十分宝贝地收藏了起来。但后来遭遇法警，在种种骚乱中给弄丢了，真是特别遗憾。

就这样，他没有参加葬礼，但联名发了讣告。他认为那天也不应该去学校上课，因此跟学校请了假蛰居家中。他在这些方面的做法，令人感觉就是他这个人典型的处事风格。

记得也是这年春天，夏目因为《我是猫》而名声大振。大约是看到夏目的名字回想起了往事，以前夏目小时候被送去做过养子、但后来断绝了关系的盐原老人，通过中间人捎话，说还是跟原来一样重新做回盐原家的养子。其实就是以金钱为目的的敲诈。关于这些事情的原委，在前面也简要提过。事到如今，这种毫无可能的事更是连协商的必要都没有，因此夏目基本不加理会。不过夏目还是说了：毕竟曾经有过养父子关系，虽说现在断交了，但如果对方有这个希望，还是可以继续打交道的。想来我家的话也尽管来，也没什么不方便或难为情的，只是自己现在非常忙，若是大驾光临，也许根本没时间好好款待。这一点还敬请事先明白才好。后来，隔了相当长的时间，那个捎话的人，带着盐原老人来了。提起了许多旧事之后方才离去。

夏目去世之后，忘记了是哪一位，也不知道他是如何错听了盐原老人所说的话，在某本杂志上写盐原老人对夏目如何尽心尽力，而夏目又如何薄情寡义。想必那人是囫囵吞枣地听信了盐原老人自顾自的种种言论，因此写了那样一篇报道，毫无事实根据地中伤诽谤夏目。

// 二十八 周四会

　　这个时候开始，夏目若是不设置一个见面会的话，就会没完没了地有访客来。他因此有点抱怨已经无法安下心来做自己的事了。因为他已经是所谓的社会名人了，和原来只是待在自己书斋里完全不一样。自然他身边的各种事也会为人所知。因此我想也就简单扼要地谈一下吧。

　　明治三十九年也很快就要过去了，屋主齐藤从仙台调回了东京，长期以来我们已经住惯了的这个家必须物归原主。这件事不能不尽快解决，因此夏目又开始四处找房子，可是找来找去也难找到合适的。而且伤脑筋的是年底正是出租房奇缺的时候。恰好 12 月夏目又有学期考试，要改考卷脱不开身，没办法，我只好委托中介给介绍，自己也每天出门四处打听，这样找了好几天，终于找到了本乡西片町十番地 7 号，一处位于阿部伯爵宅邸前朝小石川方向下斜坡道靠上方的房子，总之是情急之下的权宜之计，先搬过去再说。这个住处的租金是 27 元。

　　眼看到了年底 12 月 28 日，我们终于开始搬家了。小宫、铃木、野村、野间、野上，等等，来帮忙搬家的人很多。之前就说好的菅虎雄跟运货马车一起来的，告诉我说一共两驾马车往返两趟而且价格还便宜，只要 5 元。我被这么低的价格吸引了，跟着重复说了几遍"只要 5 元！只要 5 元呀"，我们两人奇怪的对话令站在一边的夏目感到十分滑稽，大声取笑道：

"怎么了？ 5 元 5 元的，看来很为这个价钱引以为豪呀！"

这期间夏目刚送出了一部分行李，说是要先去买一个书柜，揣了 50 元在怀里就出门了，而我们则接着搬运易碎物品。小宫帮着搬走了煤油灯，而铃木则成了运猫工，负责将喵喵直叫的猫塞进字纸篓，然后用大方巾包起来抱着走了。估计猫给吓坏了，拼命叫个不停，狂躁不已。但我们又不能中途放猫出来，所以只好任凭它不停叫唤了，以至于猫激动得在篓子里开始撒起尿来。我们将猫带到新家并把它从字纸篓里放出来之后，有段时间猫一直喵喵叫个不停，之后就不知不觉地消失了。怎么回事呢？我心里纳闷。后来才知道原来猫留恋原来那个家，偷偷跑回去了。大约过了三天，它又自己回来了。

那天我一个人押后，正准备随手再带点贵重的东西然后坐马车离开时，皆川正禧跑了进来，问我还有什么需要搬走的。想到正好还有一个大挂钟没搬，就请皆川帮忙了。皆川将那个挂钟包好，刚刚抱起来，滴答滴答的声音就跟着响了起来。让我不由得想起小偷背着偷来的挂钟溜走时，背上的挂钟突然敲响了 12 点将小偷吓个半死的故事，禁不住大笑。那个挂钟现在还在家里的餐厅放着，就像一件古玩，十分落魄地耷拉着。这个挂钟一开始是娘家的车夫花了 3 元买来送我的，算了一下都已经 26 年了，但到现在这个钟还从来没有不准过，倒也挺让人惊讶。

那时候夏目买来的书柜，是带玻璃柜门的大小一对。记得两个书柜加起来大概是三十七八元，现在仍旧放在书斋里。

第二天铃木和小宫来帮我们糊纸拉窗门，花了一天时间，将全部拉窗门都换上了新纸。作为感谢，我给了他俩每人 5 元的零花钱。结果这就变成一个惯例了。后来他们的零花钱一花光，就会跑来问：夫人，要不要糊纸拉窗呀？老师，快，请将你的拉窗拉门卸下来！可是我们家不可能一年四季天天糊窗子吧。有一次小宫再来时，干脆开始耍赖皮，跟我说："夫人能不能赏我两块大洋呀！""要钱干什么呢？"我忍不住问。回答说是要买双木屐。当时，学生穿两块大洋一双的木屐，算是相当奢华的了。夏目知道后，将小宫教训了一顿，说：身为一个学生，15 钱一双的麻草鞋就够了，大把大把的有。但这种话，那位大少爷是无论如何也听不进去的。当时小宫这个两块大洋木屐的段子，在我们共同的圈子里相当出名。

搬到西片町之后，每周四的见面会仍旧相当热闹。也是在这段时间里，这个见面会被不知不觉叫成"周四会"。这个周四会，在搬到现在早稻田南町的住处之后也从没间断过。夏目去世后，那些在他生前常来他的书斋聚集的学生，全都各奔东西，大家感觉非常可惜，于是决定每月 9 号夏目的忌日这一天，大家都聚集到他去世前的书斋谈天说地。至今为止已经聚会了一百几十回了，这个聚会被叫作"九日会"，算得上是周四会的一种延续。

那个时候高滨虚子做了"国民新闻"栏目的主任，篠原温亭也在那儿做记者，因此两个人经常一起来。其他来参加聚会的，记得主要有如下的各位：

铃木三重吉、野上丰一郎、森田草平、滝田樗阴、野村伝四、皆川正禧、野间真纲、松根东洋城、阪本四方太、寺田寅彦、中川芳太郎、小宫丰隆，等等。

那个时候我的妹夫铃木祯次从海外归来，做了名古屋高等工业学校教授。而且我们在西片町的家距离铃木父亲的住处，就像眼睛跟鼻子那么近，所以铃木每次从名古屋回到东京时，晚上经常信步就走到我家来了。有一次看到夏目摊开在书桌上的笔记本，被他的那些蝇头小字吓了一跳，问：

"怎么字写得这么小？"

"这个可是 800 元的本钱，"夏目装腔作势地答道，"现在这点本钱都花光了，正在紧急制造中。"

那时候夏目在大学一年只能拿到 800 元。他跟铃木说这话的时候，正好在写《文学评论》的草稿。

铃木刚到名古屋上任就送来了一个大火盆，说这个名古屋濑户的火盆虽说才 1 元 50 钱，但质量相当好。夏目对那个大火盆相当中意，一直放在他的书斋里用。后来家里又买了一个更高级的火盆，那个大火盆就摆到厨房间了。有一次火烧得太旺，不小心将火盆的盆沿弄坏了，但长时间用下来发现那个火盆确实挺结实。

// 二十九 朝日入社

　　记得这一年三月初，大学的大冢博士来了，问夏目愿不愿意做教授，负责英国文学讲座。那时夏目做教师的固定收入，前面也提到过：大学是一年 800 元，一高是一年 700 元，然后还有明治大学那边是每个月 30 元左右。如果做了专职教授的话，月薪 150 元。但是，家里的开销无论如何都得每月花费 200 元。幸亏还有稿费收入、版税收入等入账，所以家里的开支才算过得去。但若是做教授，便无法再兼职做其他副业，第一是各方面不自由，而且从今往后，就一直只能是个教师了，难免心有不甘。夏目心里这样考量着，正犹豫不决时，恰巧朝日新闻社的人来了，问有没有兴趣加入他们新闻社，在报纸上写写小说。真可谓"急奔渡口，恰有停舟"，巧得很。说起来，那时候正值夏目的人生岔路口，因此夏目对此看得很重，各方面的考量也极为谨慎。原本他就不喜欢大学，并不想长期在大学待下去。但若是做教授，虽说收入少一点，但有独立地位和安全保障，几乎无须操心会受到其他因素影响而导致生活不稳定。而且只要这样一直继续干下去，还能领到退休金，并且月薪也会逐年增加。为了这个家，他不得不考虑这些方面。那么，如果去朝日，说到底新闻社就是桩生意，说不好什么时候就会有变动。即使跟主笔很熟悉，但老板心里怎么想可是完全不明白。所以夏目左思右想之后，去找他曾经教过的学生、现在在《朝日新闻》写能乐评论的坂元雪鸟。坂元雪鸟那时候还叫白仁三郎，朝日新闻社派他来跟夏目谈，夏目也就直言不讳地将自己的想法和盘托出，请坂元雪鸟转告给朝日新闻社。《朝日新闻》的主笔是池边三山居士。夏目对池边非常信赖，因此商量了一两次之后，便下定了去朝日的决心。

当时朝日开出的条件是：月薪200元，退休金的话，因为当时社里还没有相关规定，所以会以发放奖金的形式逐步进行补偿。至于夏目要承担的责任和义务，首先他必须每年撰写一部长篇小说，此外就是撰写适合刊登在报纸上的文章。此外就是基本上不再给其他刊物写稿（《杜鹃》杂志除外。——译者注）。总而言之，这是一份建立在双方都互相信赖基础上的绅士协定。

正好这年4月，是留洋两年、义务年限四年期满的时候，想想总算是圆满地完成了自己的义务，夏目心情相当舒畅地走出了大学的校门。并很快办理好了辞职手续，开始入职朝日新闻社。想来他也希望借此机会，将这些年来所有的内心阴影全都一扫而光吧，加上也必须跟大阪朝日本社的各位见个面，因此3月底，他一个人出发去了关西。

到京都后，得到了（京都帝国大学）校长狩野亨吉博士的照应，恰好又碰到了菅先生，两个人一起优哉游哉地在京都各处观光，然后去了大阪，头一次见到了朝日的村山社长，以及鸟居素川等各位干部。后来读到鸟居先生写的文章才知道，原来朝日邀请夏目加入，正是因为鸟居先生在读过夏目的《草枕》后倾心不已，因此才向朝日提议的。

夏目去关西旅行期间，考虑到留守家中的全是女性，因此铃木、野上、小宫等三人每晚轮流到我家留宿。每天一到傍晚，我就到停车场去等，想夏目今天会不会回来。可是今天等，明天等，都一直不见回来。眼看着那次回来的时间，比预定的推迟了许多。

日子就这样一天天过去。有一天，铃木和小宫来了，说：

"野上那家伙，口口声声喊那年轻女孩'妹妹，妹妹'的，真的是他妹妹么？"

"他这次还拜托了老师，让老师给他妹妹买京都人偶哪！"

两个人正议论着野上的时候，野上正好进来了。于是我逮住问道：

"喂！说你哪，那真是你妹妹？"

"没看到我们长得很像吗？"

野上倒是应对自如。

"既然如此，我们倒也有个打算。"

铃木和小宫看来对这件事在意得不得了，两人冲着野上说了一大堆恐吓的话，最后甚至决定要去看看野上的那个妹妹。野上也不示弱，摆出一副"两位想看就来看呀"的架势，于是第二天小宫果然还真的去看野上的"妹妹"了。

小宫肩负着使者的使命，被派遣到了邸宅去看"妹妹"。看是看到了，可小宫那时还是个未经世故的纯朴学生，本来也就只敢窝里横，更别说面对一个年轻女孩了。结果只是一味地难为情，火烧般满脸通红地呆坐着，虽说"妹妹"满脸淡定地端坐在眼前，可他怎么也不敢抬起头来看对方一眼。已经完全闹不清到底是去看"妹妹"呢，还是将自己送去给"妹妹"看？最后低头盯着院子看了半天，终于告辞回来了。

一回来，铃木就满脸兴奋地追问：

"喂！什么长相呀？跟野上像不像？"

而小宫则一脸的沮丧：

"好像脑门儿有点三角形，跟回形针广告的形状有点像。"

就嘟哝了这一句，除此之外再也说不出别的话来。

"所以我就说过你这家伙不行吧，"铃木道，"早知如此倒不如自己去看好得多呢！"

这就是铃木之所以能成为铃木，这种时候，他特别能逞威风。

说到底野上的所谓"妹妹"，都是些年轻人之间的事，在当时大家都挺震惊的。最开始寺田还在原町寄宿时，紧贴隔壁的房间里居住着一高的学生，虽说没有看到真人，但看到有年轻女孩使用的洋伞和鞋子摆在门口。寺田对此挺在意的，认为身为一高的学生居然与年轻女性交往，简直是不像话。不过一高的学生似乎确实如此，这方面算是相当有传统了。

日子就这样过去，仍然是每晚每晚都到停车场去等，但总不见夏目回来。到了12号中午左右，夏目却突然到家了，买了许多土特产回来，看起来心情非常好。带的礼物中，有给铃木的酒杯、给野上的所谓"妹妹"的京都人偶等，还有许多其他的东西。

后来野上终于坦白说，那位令他难以开口介绍的"妹妹"，其实是他的妻子。现在回想这件事，觉得野上还真是很可爱啊，并没有做错什么。而那位长相很像的所谓"妹妹"，不用说就是现在的八重子了。

记得好像是夏目这次出门前后的事情，夏目在大学教过的《文学论》讲义，都汇总起来准备交给大仓书店出版，但他自己没有多余时间处理这件事，就将一切委托给了中川芳太郎，劳烦他负责校对等。但等他从关西回来后看到已经成册的书之后，发现不知道什么原因，有很多误植的地方，跟夏目自己的预期相差太远。他无法容忍将自己的名字印在如此漏洞百出、令人极不满意的书上，还面向公众出版。换言之，学者的良心不允许这种情况出现。因此，夏目很快将大家都召集了过来，在家中的院子里，怒气冲冲地把书给烧了。但无可奈何的是，那时书已经流通到市面上，已经于事无补。因此夏目对这件事一直耿耿于怀，又追加了一份正误表派发给大家。关于《文学评论》的出版，讲义内容的整理等，也同样是从一开始就交给了当时的滝田樗阴和森田草平，据说是大体上已经决定了交给金尾文渊堂出版。两位接下了这件事，不用说因为是夏目的书，除了努力促进此事之外，估计还会考虑到书出版之后的收入，多少也能补贴一下生活。夏目对此当然表示支持，双方应该也就此有过协商。可是后来滝田樗阴忙于中央公论那边的工作；而森田则因为所谓"煤烟事件"而无法安定下来，结果后来混乱到不知不觉连书稿都找不到了。这本书后来推迟了很久才终于出版发行，负责出版发行的机构也变成了春阳堂。

顺便提一句，夏目这个人，在关照过人家，帮了人家大忙之后，有时候会说他有一种似乎被人家背叛的感觉。不用说当然不是所有的都这样，遭人背叛这种事，只能算是例外而已，但也不得不说，这样的遭遇并不止三次两次。而且，夏目又是个比较脆弱的人，听到人家有什么不幸，很容易马上就心生同情，受人所托时他也没有什么私心，只是尽心尽力去帮助别人。他就是这么一种性格，因此，到了晚年之后，大概是人变得慵懒了，已经很少主动劳神费力去帮人家做些什么了，嘴里也经常说靠别人是靠不住的。但即使这样说，有人来求他帮忙，他还是无法开口说个"不"字，所以总是吃亏。

这也是后来隔了很久以后的事，有一次正好有人来找夏目帮忙，无意间被我看见了，我就对夏目说：

"你没必要这样尽心尽力吧，反正不管你怎么对人家亲切，人家也不会明白你的心意，结果最多也就是自讨没趣罢了。"

我是想提醒夏目他被人辜负得未免太多，而夏目则心平气和地回答我："如果我尽了自己的心意，而对方还觉得我不尽心尽力的话，那就是对方不好了。"

他后来的为人，看起来显得冷淡理智、常常远离人和事，自己只作壁上观，但实际上他是相当看重情谊、人情味很浓的一个人。而且，他相当注重人与人之间的关系，可以说是极其一丝不苟，并且极其信守承诺。所以，如果有人随便违背承诺，他便会从此不再信任这个人。

夏目已经决定去朝日社了，学校的工作也全部辞掉，从此可以安心地待在自己的书斋里。这年4月的一次周四会，由铃木发起倡议、中川和小宫当助手，三个人借用了家里的厨房，大张旗鼓地动手做起菜来。食客的话，自然就是夏目以及参加周四会的那些人。我很好奇这三个人都做了些什么菜，跑过去瞧了瞧，就见他们弄出了一个层层叠叠的多层食盒。然后要求大家都必须拿毛巾缠着头，意思是要在家中的客厅里，来场模拟的户外赏樱。夏目也好虚子也好，还有温亭和四方太等人，一个个都表情怪异地你瞧瞧我，我瞧瞧你，无可奈何地扎头巾，不肯自己动手的就由铃木负责帮忙。但很快坂本四方太就表现出"一点也不好玩"的神情，说"这是什么意思"，将刚刚缠好的头巾猛地解开了。铃木顿时很不高兴，大声呵斥道：你这怪里怪气的家伙，难怪女人老看不上你。接下来大家又是喝酒又是唱歌，在客厅里办了一场意想不到的赏樱之宴。这个时候的铃木，得意扬扬得无以复加，和小宫一副肝胆相照的架式，一唱一和："我们在三味线的琴声中一起情死了吧。"

这个时候森田住在丸山福山町，曾经是一叶女士住过的房子。森田整天牵挂着他那得了重病的孩子，为此我们委托了为我们服务多年的保

— 156 —

健医生尼子去给那孩子看病，但孩子最终还是夭折了。孩子在夭折前状况最差的时候，森田基本上每天来我家一次，跟我们说今天孩子的病情，看得出他心里极为担心。

这一时期，不知道是谁刻了一个很大的"漱石山房"的石印章送给夏目，不知夏目是觉得新鲜呢还是得意，拿着那个印章到处盖章。后来小宫过来帮忙，将他的藏书一本一本地都盖上了章。再后来森田和松根等人又让他写了几幅大字，然后在那些大字旁边又盖上他那个大印。夏目除了诗笺——诗笺还是在他写俳句的时候，从很早的时候开始，他就时不时地写上几句，不过他开始练字应该是从这个时候开始的，写在半裁纸上或是其他各种纸上，写得饶有兴致。他写字用的工具并不齐全，毛毡之类的不用说也是没有的，所以他写给森田的那幅大字，横幅上榻榻米的印痕十分显，他还大模大样地紧紧摁上了那个大约两寸半的四方形"漱石山房"石印章。松根的那一幅也是，字排列得相当难看，也是这个时候写的。

记得开始动笔写《虞美人草》也是这年5月底。开始在报纸连载则是6月份了，一直连载到10月初。这是他的第一部长篇，又是在进入朝日新闻社后怀着重大的责任感写的第一部小说，还是大热天辛苦创作出来的，相当劳神费力。他在写这部小说的过程中，情绪始终有些亢奋，如此一来，他那个老犯毛病的胃也变得更虚弱了。总之他写得相当拼命，除了写作之外，其他的事一概不闻不问，只管全神贯注埋头于这部作品里。可是，他如此费心费力写的这部小说，在全部写完之后，他自己却相当不满意，认为没有好好推敲，不够超逸，匠气太重。他这种心情越到后来越严重，以至于美国那边有人来联系，说想将他这部小说翻译成英文时，他当即就一口回绝了，并说其他的作品比这部更合适。有人来说要改编成戏剧时，他也毫不留情地拒绝了。若有谁来跟他说这部小说如何好，他也觉得是在逗弄他，会一脸不高兴。可是当时人们对这部小说的评价是相当高的，刚入夏，三越百货就开始销售印染有"虞美人草"字样的浴衣，连我也收到了二尺布料。位于池之端的玉宝堂，也在虞美人草的花型中嵌入小颗的养殖珍珠，虽说跟名字相比显得有点寒碜，但因为被命名为"虞美人草戒指"，所以卖得相当好。读者寄来的信件和明信片等也都收到过很多。其中有一张明信片是这样写的：

"我抱着极大的兴趣拜读您的《虞美人草》，可是这么快就到了终篇，内心深感遗憾。小夜子和糸子想必能在心满意足中度过一生吧，而小野就像这幅画上所描绘的那样（明信片上从两边各伸出一只手，努力想要抓住正在变成钞票水印的鳗鱼）非常巧妙地抓住了上钩的鱼。小野的手段是巧妙的，而毫无乐趣可言的只有藤尾了。她并没有玩弄宗近君，她一开始就是爱着小野的，可是两个男人都抛弃了她，这太可怜了！无论如何都请想办法救救令人感觉就像是大姐姐一样的藤尾吧！拜托您了！"

当时正在写这部《虞美人草》时，总理大臣西园寺设宴招待有名的文士一夕欢谈，也就是"雨声会"，夏目也收到了招待状。对于这类事向来倍感麻烦的夏目，当即就写了一张明信片，表示拒绝，上书：

時鳥厠なかばに出かねたり

杜鹃千啭急如令　　出恭入敬难从命

夏目在明信片上写下这首俳句的时候，正好我妹夫铃木来了，一看到这句话就说，对方可是西园寺公望，就这样写张明信片回复人家，也太过分了吧？云云。而夏目本人则毫不在意，答道："说什么呢，这样就已经足够了啊。"之后就将那张明信片扔进了邮筒。

后来，这事引来世人众说纷纭。有人大赞做得痛快，也有人说做法过于乖戾，但夏目认为，如果因为被当时的宰相招待过就觉得这是种不得了的荣誉，拥有这种心态的人，未免太过无趣且无聊了。不管怎样，夏目主要是觉得这种事太麻烦，这是肯定的。

// 三十 长子诞生

这年 6 月 5 日，我们喜得一子，取名叫纯一。结婚至今生了四个孩子，四个都是女儿，首次得了一个男孩，夏目大为欢喜。后来听长女说，他从学校回来听说之后，高兴得连连说："男孩！生了个男孩！"小宫和铃木还送来一条很大的鲷鱼表示祝贺。这也是我们头一次收到鲷鱼作为贺礼，所以夏目还开玩笑说，要不取名叫"鲷一"吧。

这次分娩，一开始我以为会难产。因为 3 月开始我就感觉喘不过气来，行走也不自由，与病人无异。这也许是因为怀上的是个男孩，但主要原因还是胎儿的位置不对。所以很早就雇用了护士在身边照看，以防万一。另外又一而再再而三地找产婆帮着矫正胎儿的位置。等到终于要分娩的时候，不出所料果然是难产。因为分娩过程太长，我的身体相当虚弱，甚至连心脏的脉搏都出现间歇性停滞现象，仅靠产婆都已经不管用了，最后闹到要请医生。也是运气好，医生刚刚跨过产房门槛的同时，男孩就平安无事地呱呱坠地了，因此心里大大松了一口气。这一年，夏目 41 岁。

7 月左右，朝日新闻社除了月薪之外，额外发了 50 元的奖金。奖金只有 50 元，实在没有道理。夏目进朝日之初就说好了的，奖金至少是半年一次，金额是三个月的月薪以上。因此夏目深感意外，不明白怎么回事。倒不是说多么看重钱，但跟当初说好的也相差太远了。现在就违背约定的话，那以后岂非不可想象？因此，夏目去找了当初负责为他和朝日牵线搭桥的坂元雪鸟。坂元后来去问了朝日的干部后才知道，刚进公司6个月以内的人，按规定是没有奖金的。这次是池边特别表示的一点心意，所以才有了这份数额不多的奖金。原来，反过来应该感谢人家的厚意才对。他就是这样，在这些方面是相当一丝不苟的。不是因为关系到钱，为了显示清高而一副犹犹豫豫的样子；而是知道了事情原委之后，因为内心释然而心情舒畅。

也是在这个时候，家里又遭遇了偷窃。也不知道是否因为我们都是漫不经心的糊涂虫碰到了一起，还是因为小偷特别喜欢我们所以家里容易遭窃？不管我们搬到哪儿，家里总有小偷光顾。不过这次的小偷只是个小毛贼，也没留下什么奇闻趣事。他就进了夏目的书斋，偷走了他的一只怀表（镍钢材质的）、一把小刀，还有剪刀等东西，大概是从院子溜进来的，这次损失不大，所以事情就这么过去了。

说起遭小偷，家里还遭遇过一次家贼。好像也是这一时期的事情，也有可能是更早些的时候。有一天，大清早一个女佣慌慌张张地跑来对我说："太太，家里进小偷了！"我心里想，没办法，小偷来都来过了。所以一副对遭小偷早已习以为常的样子，表现得特别镇静。但是那个女佣显得特别大惊小怪，我便忍不住爬上二楼去看，只见窗棂已经折断了，窗边堆满泥巴，但四周又找不到泥脚印。而且更重要的是，小偷究竟从哪里进来的呢？真是一点线索都找不到，仅仅是窗边堆满了一堆泥而已。总之十分奇怪，就连我这种漫不经心的人，都开始觉得事有蹊跷。我联想起不久前时不时发生的一些零碎小钱不见了的事，顿时觉得这个女佣可疑起来，便瞪了她一眼，然后若无其事地将玄关旁边的衣柜关好，进到里面的房间，将抽屉拉开检查——如果是外面进来小偷，应该都是让抽屉就这么敞着，可是这次抽屉都关得严严实实，但抽屉里面却全都被翻了个遍。不由越发觉得不对劲，但具体少了哪样东西，当场暂时没办法知道。

接下来，等用餐结束之后，我差遣那个女佣去巢鸭那边办点事。出门前那女佣先回到女佣房去，嘴里说着"我要不要换上前段时间伯母帮我做的那件新和服呢"，显出一副犹豫不决的样子。同时，我吩咐其他女佣帮我好好监视着她，所以那女佣什么也不能换，什么也不能拿，只好就这样出门了。等她出门之后一搜查她的行李，首先就找到我妹妹出门穿的衣服，被压在行李的最底下，还用大方巾严严实实地包裹着。此外还有许多其他的东西。说什么伯母帮她做的新和服，其实就是我妹妹的和服。这个发现让我一下子紧张起来，赶紧去查看自己的小柜橱，发现我的戒指等大部分东西全都不见了。

夏目非常生气，说这么可恶的家伙必须交给警察。我劝他说，还只是 18 岁左右的年纪，想想也是可怜，还是不要报警了。我们当即便通知了她的家里人。那女佣居然也厚着脸皮跟她姐姐一起来了，对我说：关于这件事，夫人，我可不是小偷。肯定是有什么人怨恨我，所以偷了东西藏到我的行李里栽赃给我的。如此装傻充愣，还如此恶毒，听得我目瞪口呆。后来一打听，才知道她是在家里人的许可之下四处作案，偷表、偷戒指、偷各种东西。所以警察来我家时，那女佣早就连珠炮般大骂了一通，然后人便不知去向了。后来我们才知道，那天大清早不知道是什么时候，隔壁邻居家来了小偷，那女佣听说后，就弄了一堆泥来想耍花招欺骗我们。总而言之，我们跟小偷的缘分看来不是一般的深，不管搬家搬到哪里都会遭小偷这种事，倒也真是少见。那之后不久，我们搬到早稻田之后，也被偷过两次。

// 三十一 最后的迁居

9 月初，夏目终于写完了数月以来带给他巨大压力的首部新闻小说《虞美人草》。正在大家刚松了口气的时候，我们租住的这幢房子的房东，不知道什么时候将房租从我们刚搬进来时的 27 元，上涨到了 30 元。这还不够，在搬过来不到 10 个月的时候，又跑来说要涨到 35 元。要知道，这个地方并非我们喜欢才搬进来的，只是打算临时过渡一下，所以不可能总对房东言听计从地说"好好好"，让对方漫无边际地涨房价。再说夏目也不用去学校了，已经没有必要非得住在本乡附近不可，因此我们果断地做出决定：搬家。正好夏目的小说刚刚写完，因此每天就当作散步一样和铃木、小宫等人一起，漫无目的地到处转悠着找房子。就这样，找到了我们现在居住的这个早稻田南町七番地的家。这地方有 350 坪，正中央的房子虽然有些旧，但感觉恰到好处。虽说没有打造庭园，但院子相当宽敞，院子里的树不是庭园树，而是相当高的大树。进玄关后的右手边有一个相当于书斋的房间，既非洋式也非和式，但也不是中式，感觉挺新奇，但整体很不错。这地方好！夏目当即就去询问负责管理这座房子的一位叫中山的医生，对方回答说月租40 元。但后来对方看到夏目的名片后，又回复说如果长住的话，每月只收35 元。考虑到我们的经济状况，其实只出得起 30 元，但心想也是机缘难得，多5元就多5元吧，于是当即便定了下来。就这样，曾经当着旧房东的面说过的"9月份一定搬家给你看"的狠话，居然成真了。

这次搬家，菅先生跟上次一样，帮忙找来了运货的马车，铃木则把猫装进字纸篓带走了。这次搬家比上次远多了，所以相当费事，而且铃木衣服上还被猫撒了一身的猫尿，为此嘟嘟囔囔发了不少牢骚。

记得这次搬家的日期是9月29日，好像是正好碰上了丑年丑日。不管是住在熊本时，还是住在东京时，每次凑合着找到一个地方安顿下来，经常是好不容易住习惯了又得搬家。因此，这次搬家时我就想：以后就一直在这里长住吧——却没有想到夏目最终在这个家里长眠了。在他去世后的第三年，也是作为一种纪念——我请屋主连土地一起将整个房子都转让给了我。迄今为止，我已经在早稻田住了20多年。

这样一说起来，好像我们非常喜欢这块土地和这个家。但实际上，不管是夏目还是我，其实对这个地方谈不上有多满意。一开始，因为是从原本很狭窄的住处，突然搬到这个比原来舒服得多的地方，夏目还说过这里宽敞得就像寺院一样，但是随着孩子们一点点长大，这个家也眼见着一点点变得窄小起来。加上邻接着家后面的是贫民大杂院，大杂院里从早到晚总是会有夫妻吵架等烦心事，让人不满意的地方相当多。例如，捆扎得好好的篱笆，会被人拔出来当柴火。再比如透过篱笆可以俯视到下一层低矮住家的厨房，等等。因此说起来这里还真算不上是个舒适的住处，但我曾有过就在这里凑合着安顿下来的想法。有一次，我问夏目：

"你说，要不把这儿买下来算了？"

夏目答："不行，这地方我不喜欢。"

"是嘛！"我心里正嘀咕着，夏目似乎又感觉到什么，对我说：

"不过，为了告诉孩子们这个世界上还有这么凄惨的地方，这地方倒是很不错。"

不错之类的话，他倒是偶尔也说。但说归说，心里总归还是不满意，所以有时候会跟我建议"还是搬到其他什么地方去吧"，而我每次一想到要整理那么多行李，就不由得畏缩不前。好几次我们互相提起搬家的话题，但每次也就是说说而已，拖拖拉拉没有行动。不过，在夏目去世之后，我将这个房子买下来没多久，家后面的大杂院就全都被拆掉了，变得十分干净整齐。因此心里总是情不自禁地想：若是他还活着的时候就能变成现在这样，他一定会非常高兴吧。

从本乡搬到早稻田来之后，铃木、森田、野上、小宫等几位朋友一如既往地经常来我家。特别是一到周四会的时候，大家就会一起赶过来，也不知道他们到底聊些什么，每次都是聊到晚上钟都敲过了 12 点，都依旧丝毫没有要动身回去的意思，夏目也跟他们耗在一起聊得兴致勃勃，但毕竟都过了 12 点，还不催他们的话，估计会就这样一直聊到第二天早上。没办法，只好由我出面催促大家回去："都过了 12 点了，大家适可而止都回家了吧。"这样他们才总算起身告辞回家。

因为他们四个人回去的时候都往同一个方向走，而且离开我家时也没有电车了，所以他们总是溜达到本乡台下石川的柳町附近，然后"哎呀呀"地开始喊累，想歇口气，接着便进了路边的一家御田屋[1]，朝差不多又空了的肚子塞些御田和烫酒。有一次因为吃得过多，大家将钱包里的钱都掏出来凑到一起还是不够，只好由住在附近的森田赶快跑回家取来 1 元 50 钱，才终于把账给结了。吃饱喝足后几个人又来了精神，先将住得最近的在空桥附近的小宫送回家，然后铃木和野上两人回巢鸭的

---

1 "御田"是"おでん"的日文汉字。中文一般说成"关东煮"，但实际上这是日本各地常见的一种以蔬菜为主的煮食，并不限于关东，所以这里沿用日文汉字，将卖关东煮的铺子写成"御田屋"。——译者注

住处。好不容易进了家门，一看时间，不得了，都是鸡鸣拂晓的时候了。如此一来，大学周五的课，几个人都跟约定好了似的，全都请假休息。夏目后来听说这事后，笑道：

"意想不到呀！这些浪荡子。"

那家御田屋的女老板，据说是个颇有风韵的干练女人，铃木说这样的女人是不能碰的，因为很难说她背后有没有什么可怕的黑背景。铃木这番话说得跟长辈一样语重心长，因此那天大家在御田屋喝酒的时候，故意将跟夏目一起聊天时说的话，原原本本又搬出来说了一遍，并口口声声"头儿、头儿"地谈论着夏目，一副兴高采烈的样子。那女老板听到非常好奇，问：

"你们几位两句话离不开'头儿、头儿'的，哪一位是你们的头儿呀？"

"我们有个很棒的头儿呀！"

铃木他们飘飘然地答，非常得意。

可是，这个头儿也好手下也好，怎么说呢，那时候我家有5个孩子，其中一个还是在吃奶的婴儿，此外一个女佣在感冒，另一个女佣因为父母生病回家了，有时候手忙脚乱起来简直无法收拾。这个时候都多亏了野上和小宫这些伙伴。不仅是帮着铺地板，家里没有饭了还帮着去买寿司，对我们非常好，而且还经常陪孩子们一起玩。几个大点的孩子，总爱缠着小宫讲故事。我无意中听到小宫讲的那些故事，大都是信口开河，但孩子们都听得津津有味，非常开心。有时连夏目都忍不住心生感叹，说："这种张口就来的功夫我可是完全不行啊。"

现在铃木变成了一个特别溺爱孩子的人，甚至还在做儿童杂志，但那时候的铃木可是特别讨厌孩子的。大概也是那时候的事情，有一天赶上野村伝四结婚，在婚宴之后只有少数亲朋好友参加的家宴上，大家团团围坐在茶室的地炉边正喝着酒，孩子们大喊大叫吵闹得不得了，铃木顿时来了精神，将孩子们都抓住并塞进衣橱的抽屉里锁了起来。大女儿笔子对这件事仍心有余悸，现在还一直记得。为此铃木很长一段时间都被孩子们怨恨。

野村新婚的时候，夏目问我送什么样的贺礼比较好，我回答说：

"如果送常见的东西，意义不大。倒不如你写一首俳句，然后染成方绸巾送他们如何呢？"

"你这家伙，居然也能罕见地想出一个好主意呀！"夏目嘲弄地回答我道。

当即便这么定下来了，记得那首俳句写的是：

二人して雛にかしづく楽しさよ

两人成一家　共享含饴乐

另外还有一句，记不起来了。记得当时一共染了三枚方绸巾。其中两枚送给了野村，另一枚我自己留用，但不知道什么时候就不见踪影了。

// 三十二 矿工

　　明治四十年（1907）年底时，家里突然出现了一位不请自来的青年，自我介绍说是矿工，有许多相当吸引人的生活经历，也吃过不少苦，说可以提供相关素材，希望夏目能写成小说。那位青年的年龄是 19 岁或 20 岁，长着一张线条清爽的圆脸。迄今为止我们对这位青年一无所知，从未见过也从未听说过。因此，一开始他的突然出现多少会让人感到不安。但看他恳求夏目说"请一定写下来吧"，加之一副学生模样，不像是个坏人，因此我们也就放松了戒备之心，让他先谈谈自己的情况，我们记录下来整理成材料再说。后来这位青年在周四会的时候也常来，我们心里总觉得他可怜，因此就当他是寄宿学生一样，让他在家里住下来了。总归是个奇怪的青年，但他跟孩子们相处得还不错，还在孩子们的作文本或习字本上圈圈点点地批个"甲"或是批个"乙"。就这样倒也平安无事地住了一段时间。

　　后来仔细回想，其实这个青年有许多可疑之处，但那个时候，夏目和我都是抱着毫不怀疑的态度在认真听他诉说一切。尤其是夏目，同情心特别强。这个青年说起自己的身世，先说他被亲戚收为养子，理当成为亲戚家女儿的上门女婿，但他却和另一位也是养女的女子坠入爱河，所以再也无法在亲戚家里待下去，不得不离家出走，四处流浪。接着又说跟他相好的那位养女，现在在女子高等师范，他央求夏目能不能帮忙，让他跟那养女见上一面。夏目为此甚至还给女子高等师范写了信，信上写着几日几点请来我家。后来我们就在家里等，但既无人来也无回信。夏目连这些方面都在照应着他，又因为同情，将他留在家里当成寄宿学生看待。可这个青年一会儿说自己当过车夫，一会儿又说自己在荞麦店送过外卖，骨子里不是个读书的料，而是个完全沉不下心来的人，怎么看也不觉得他有何可取之处。后来没多久，夏目的《矿工》在《朝日新闻》开始连载了。

有一次，这个青年跟我说起这么一件事：说他在最困难的时候寄宿在别人家里，然后生了病，借了20元高利贷，现在已经利滚利到60元了。因此求我能不能跟那位放高利贷的大婶见次面。但见面后慢慢聊了一会，发现双方说的话自相矛盾，根本前后不搭。我催促那位大婶放过那份高利息，可那大婶说夏目现在正将故事写成小说给人看，那些故事不是正好可以换成钱？而且，在我跟那位大婶说着话的时候，这位做矿工的青年也站在一边很想听的样子，等我回家后，他又慢吞吞地晃到我跟前，打听那个大婶都说了些什么。这些让我觉得这件事像是预先谋划好的，那青年只是想确认一下：那位大婶是不是按谋划好的那样说得够圆满？记得我当时还包了些小钱给那位大婶。但是后来想起这件事，越想越觉得很不对劲。

不久，夏目外出去跟现已去世的沼波瑶音见面。那时候沼波先生在万朝报社工作，告诉夏目说，前段时间有个长得像学生的年轻矿工到万朝报社来了，拜托报社的人说："夏目漱石这个男人真是个无耻的家伙，要求我将自己的身世说给他听，然后拿了我的身世当素材，就在报纸上冠冕堂皇地写小说大把赚钱，可是赚了钱一分钱也不给我。这么卑劣的家伙，能不能帮我写篇文章狠狠揭露他？"当时沼波先生就一口回绝了，说这种有关个人的事情不能写。因此，与夏目见面时，沼波先生提醒夏目对这种人要小心点。夏目听说此事后大吃一惊，回到家后便当即质问他。这青年却矢口否认，佯作不知。夏目的脸色相当不好看，说：

"你既然这么想要钱，你又提供了这些材料给我，就明白说清楚要多少钱，不就可以了吗？我也是个绅士，若是事先说好要付钱，自然会信守承诺。何况，我原本也没想写到这种地步……"

事情变成这样，可这位青年的态度却依旧让人不得要领，故作老成，一副含糊的样子，令夏目急得大发脾气。我在旁边看着也觉得很是无趣。也不知道这位青年心里怎么想的，他迄今为止应该是无家可归的，可到了第二天却突然说要回去。我也觉得如此最好，打那之后也就断绝了联系。

后来听说，他离开我家后就去了万朝报社找到沼波先生，去跟他说这之前提及夏目的事情不用再写了。但后来他好像又去了新渡户先生那里，到底还是说了他到我家来的经历，然后还在一家报纸上刊登了出来。

在那之后他又来过我家两三次，说是想见夏目，夏目表示不见，因此没有再跟他见过面。他每次来我都包三块钱给他，拿了钱之后他便老老实实地回去了。

// 三十三　练习谣曲

　　夏目放弃了好久的谣曲，又想要重新捡起来练习，好像也是这个时候的事。下面我说的可能时间顺序有些颠倒，这年正月的元旦，除了森田、铃木、松根、小宫等几位常客外，森卷吉也来了，森田因为穿了一件新做的长大衣被大家取笑，森田本人似乎也挺在意的。后来大家聊天时，从森田先生的太太非常喜欢读三重吉的小说开始，一直聊到森田先生说自己输给了太太，一群人聚在一起，照例说着坏话、开着玩笑，热闹得不亦乐乎时，突然虚子一本正经地穿着家纹和服礼装走了进来。过新年穿家纹和服倒也没什么不可思议的，但跟森田新做的长大衣一对比，就显得特别醒目。正是这个时候提起谣曲的。先是虚子邀请夏目说："怎么样，一起唱一曲？"夏目就回答说唱一曲也行啊。正准备开唱时，虚子忽然说他最近在练击鼓，夏目就说那让大家听听你的鼓声呀，于是虚子当即便让车夫回家取他的鼓。

　　等了好久鼓终于取来了。在房间开始变冷之前，虚子从厨房搬来了炭炉，在燃烧着的炭火暖洋洋的烘烤中，虚子对夏目道：准备好了，可以开唱了！可夏目以前从未和着鼓声唱过谣曲，一副很不情愿的样子，但大家都兴致极高，起哄说唱呀快唱呀，这一起哄，夏目也情绪高涨起来，终于开口唱了。"唷——！"虚子发出一声强有力的吆喝，开始"嘭——"地击起鼓来。在虚子的鼓声中，夏目的谣曲唱得颤颤巍巍的，哆嗦着只好停了下来。虚子提醒道：这可不行，不要在意鼓声，只管跟平时一样集中精力唱就是。从头再来一次。于是又是一声吆喝伴随着"嘭——"的鼓声，这次，夏目的谣曲声软绵绵的毫无气力，终于不敌鼓声，连夏目自己也忍不住笑出了声，唱到一半再也唱不下去了。一屋子人都放声大笑。没办法，虚子只好一个人边击鼓边接着将谣曲唱完。夏目的谣曲遭到大家彻底的恶评。大家平时总是遭他不分青红皂白地各种讥讽，所以现在都觉得报仇的时候到了，连我也跟在别人后头一起取笑他。那天森田穿着他的新大衣醉得一塌糊涂，赤着脚站在玄关像个孩子一样大声撒娇："我的布袜子坏了，夫人你快拿双新的来！"

那次之后，夏目很想正规地认真学习谣曲，经虚子的介绍，请了宝生新先生指导他。其他的能乐世家掌门人光是礼金就了不得，除此之外还要准备膳食，相当花精力。而新先生的话比较简单，而且当时还是一周可以来两次，记得是一个月有 8 元的礼金。

但是有的时候，到了谣曲练习日新先生也会不来。也许因为是名人，心里不乐意的时候就不想碰谣曲吧，而且还要上门指导，所以也有不想来的日子，夏目虽然挺理解这种心情，但一想到今天是练习日，都做好了一切准备就等着老师来，因此难免会变得坐立不安，也没法再做其他的事。夏目盼着老师来，而老师又并不总是如约而至，令人很难办。这是因为找了个有名的老师，如果没什么名气倒也不会有什么意见。夏目因此给新先生写信，想跟他商量，是否可以换一位不那么有名的老师来指导自己。新先生收到信后又来了，说都可以，于是按过去约定好的还是由新先生指导。

夏目这个人，不管是学谣曲还是其他事，也不管自己擅不擅长，只要开始学就会全身心投入，因此他练习谣曲那段时间非常用功。一方面他自己在用功的过程中大概感受到了乐趣，另一方面也是因为难得有老师认真地教他，所以他也很希望自己能有一些提高。如此一来，一周指导两次他还觉得不够，后来散步时得便也去神田附近新先生的事务所学习谣曲。那时候跟他一起学习的，还有安倍能成和野上等人。

就这样，一直到他的胃彻底恶化之前，他都一直在坚持练习谣曲，而且每天用完晚餐之后就开始练曲。他自己大概也将这当成一种运动，每晚练曲的时间基本不变。所以连隔壁邻居都知道了，说"夏目先生又开始练谣曲了"。到了夏天的时候，还时不时会看到有穿着白衣服的人，在路边的树篱笆外驻足聆听。"评价相当不错哦！"有时候告诉他别人的各种好评时，他会满脸谦虚地说："我的谣曲岂是能够入耳的！"但若是又冲着他夸别人，说："相比你的声音，安倍的声音显然要好得多呀！"他又会不高兴，说："你懂什么谣曲！安倍只是擅长表现，乍一听不错而已。"

他的胃变坏之后，说是会影响胃，家附近的医生劝他最好还是不要再练谣曲了。可他觉得自己还是要稍微运动运动的好，并认为：像自己这样运动不足的人，好不容易唱个谣曲居然还不让唱？根本不听劝告，照样常常练习。

新先生指导夏目是相当努力的，但不得已来不了时，就请一位叫小锻冶的先生代替来指导他。对于新先生来说，估计他心里想的是：反正这也不过是大老爷们的闲情逸致而已，所以对夏目要求并不十分严格，通常会酌情体谅。但这位小锻冶先生年纪轻，对谣曲技艺又十分严格，夏目稍微唱得差了点，同一段词会要求他反复重唱。我在隔壁的房间听得心里暗自奇怪，但实际上，是小锻冶先生毫不留情地在严格要求他，想必夏目也感觉到情况有所不同吧，总之是唱一次纠正一次，再唱一次再纠正一次，直练得夏目汗流浃背。而小锻冶先生想来是依照自己练习谣曲时的严格规矩在要求夏目，这对还很外行的夏目来说，可谓相当费劲。后来我十分同情地对夏目说：

"练习得可真是辛苦呀！"

夏目答道："新先生是老于世故。倒是他那样很好。"

似乎对小锻冶先生的严格指导相当钦佩的样子。又接着道：

"偶尔我唱得不错，也会受到表扬，说这次唱得棒极了。但接下来马上又会正色对我说：不过你突然唱得这么好，说不定只是歪打正着，现在再给我唱一遍听听。他这个要求，我可是很难满足哪！"回想起这些，夏目自己都忍不住发笑。

就这样，他的谣曲练习一直坚持了下来，会唱的曲目也增加了不少，但他到底能唱多少我并不太清楚。还有也不知道是真是假，说是夏目跟其他人相比，连难度相当大的也即所谓必须先生特许才能练的谣曲，夏目也有练习。夏目曾笑道："反正是新先生想要零花钱的时候，就会强行推销他的特许曲技。"

能乐的话，夏目则常常和虚子一起去九段的能乐堂。

// 三十四　所谓"煤烟"事件

　　大概是 3 月吧——记得天气还微寒时，一天晚上，森田草平来了，跟平时一样在书斋里跟夏目聊天，我去了家前面的钱汤，孩子们跟往常一样，和做过矿工的年轻人新井在玩歌骨牌正闹得欢。我从钱汤回来，刚一走进孩子们叽叽喳喳吵闹着的玄关尽头的起居室时，无意中注意到纸拉窗像是被人舔过，留下一个圆圆的小洞。这个小洞从来没有见过，是不是孩子们顽皮捣蛋留下的呢，我心里很狐疑，又走到玄关，只见入口处拉门的一边被拉开了两尺宽左右的口子。"哎呀！"我大吃一惊，赶紧跑到玄关入口换鞋的地方，只见玄关的格子门被打开了一条细缝，再细看，夏目穿的木屐没有了，森田穿的鞋子也不见了，外套和帽子也全部都被偷走了。家里又遭毛贼了，真是没办法。森田说要回去的时候，衣服鞋子全都没有了，只好暂且先买双木屐让他穿上，才总算能走出屋子回家。

　　森田常常来我家，所以他那天晚上在我家里也不是什么稀罕的事，不过凑巧的是，正好那天家里遭了小偷。另外还有一件事——森田从我家回去不久之后，就因为有名的"煤烟"事件，和雷鸟女士[1]一起私奔到盐原的山里去了。事后我才知道，那天晚上他来我家，原来是不动声色地前来告别的。所以我记得特别清楚。

总的来说，森田是个十分随性的人。那个时候由松浦一做中间人，在某地的宗教学校教书。有一次他连考试日期也弄错，第二天星期天才跑到学校去，结果学校一个人也没有。连松浦都对他有意见。估计他那时因为恋爱事件之类的十分忙碌吧。总之，夏目对他那副不认真的劲头相当在意，常常毫不客气地批评他。比方说一起去洗澡的时候，森田每次总是飞快地先洗完，然后就准备出去。夏目不得不每件事都手把手地教他：喂！森田，把这个肥皂盒认真洗干净，再好好拿过来。而森田也嘟嘟囔囔地发牢骚，说没必要什么事都吩咐得这么仔细嘛，其实我心里正想要去做的，就没见过像老师这样老当别人是孩子的人……而夏目则觉得对森田这家伙怎么唠叨都嫌不够。差不多所有事情都是这样。

后来有一天，就是这个森田，突然消失了，闹出很大动静。我们也吃了一惊。因此想到他前几天晚上来我家，大概是来告别的吧。不由得一声叹息。正在我们不知所措的时候，生田长江来了，说森田好像跑到盐原去了，准备去盐原搜人，要我们借点路费给他。总之，生田领着两名刑警去盐原找人了。接着没多久就来了电报，说在盐原找到了。据说森田是在雪山中闭门不出坐着等死，下山取水时被抓住了，然后生田顺着线索终于将两人平安带了回来。生田领着森田来我家时，非常兴奋，

1　平冢雷鸟（1886-1971），本名平冢明子，日本的思想家、评论家、作家、女权主义者。战前和战后女性解放运动，妇女运动的领导人。1911年与五位女作家共同创办了文艺组织"青鞜社"，并创刊了著名的文学杂志《青鞜》。这一节的"煤烟"事件，讲述的是《青鞜》创办之前的1908年（明治四十一年），夏目的弟子森田草平与雷鸟相识并坠入情网。森田当时已有妻儿，于是两人决定私奔殉情。这起发生在明治时代的私奔事件，当时曾闹得满城风雨。森田后来将这次私奔经过写成长篇私小说《煤烟》。——译者注

拜托夏目说尽可能不要对森田说任何责备的话。没办法，也不可能对森田说"你走，到别处去"，只能等这件事慢慢平息。在决定好今后的方向之前，暂且让他在家里住下来。

为此夏目跟我说，不可以让森田外出露面，以防万一。一个大男人，又没有工作，整天只是无所事事地看看书，想必心里总会有各种各样的疙瘩，所以绝对不允许外出，就等于是禁闭处罚。这个说法是肯定有道理的。而森田在最开始的时候，还特别老实地缩在家里，一副低声下气的样子，慢慢地就瞒着夏目，夜里经常溜出去。溜出去的时间若太长我自然会很担心，但好在一个小时左右就回来了。有天一直到晚上 10 点才回来，我一半出于责任一半出于好奇地问："去哪里了？"森田回答说，就在离家很近的榎町一家洋食店喝了一杯，又告诉我说，在那儿吃了个炸肉饼，可难吃死了。因此他跟店家说今天晚饭时在家里吃的炸肉饼比这个味道好太多。店家就问："府上是哪一家呀？"回答说是弁天桥上的夏目家。又问是夏目夫人的丈夫吗？当即否认说："当然不是了，怎么可能是丈夫，只是夏目家吃闲饭的食客。"森田这么一说，我就笑道："做个吃闲饭的食客也不要这么洋洋得意嘛！"

森田刚到我家时，我曾想晚上安排他睡哪儿好呢，便跟他说你睡夏目旁边吧。他回答说不要不要，睡在老师旁边太别扭，还跟我说他睡女佣房就好了。于是便在空出来的女佣房地板上铺好被盖让他休息。偶尔过去瞄一眼，就看见他取下了那副高强度的近视眼镜，一个人在东张西望。看他那副样子，又总是感觉女佣房太窄小很委屈他，所以夏目不在家的时候，我会破戒给他准备一点小酒。一开始他只是悄悄地抿几口，后来就喝得相当有醉意，胆子也大了起来。夏目回来都准备睡觉了，他还噔噔噔脚步声巨大地、大摇大摆地去拿书，一副准备狠狠用功学习的样子，还边穿过走廊边大声嚷嚷：

"今天夫人请客喝了酒。"

夏目看在眼里，对我道："你又让他喝酒了！"

再说，关于那个"煤烟"事件的真相，我并不知情，但后来对方的令堂屡次来我家，夏目自然被牵涉进去，听到了许多事，也尽了许多力。夏目原本就不喜欢对别人的所作所为评头论足，所以几乎没有从他嘴里听到过类似于指责的话。只是他在听到对方四处恶意贬低森田后说："既然是一起出逃，要说错，肯定是双方都有错。"看到森田对此一直保持沉默，夏目也说："这个态度很好。"他就是这样，自己一旦受人所托，就会认真负责到底。

他一旦接受了人家的委托就会认真负责，同时，他委托别人的事，或者由他牵头交给别人负责去做的事，他也会高度负责并且要求极其严格。后来森田好像在《朝日新闻》开始写《煤烟》的连载，但时不时地会休载。夏目对此相当在意："怎么这么偷懒呢？"甚至亲自跑到森田的住处去看到底怎么回事。有一次，他正在神乐坂走着，遇到了小宫。小宫问："老师，您去哪儿呀？"夏目答："刚刚去森田的住处看过，他不在，这家伙自吹自擂说在《朝日》的小说连载不会休载，可是最近总休载，想必是他马虎偷懒的老毛病又犯了，去看了下果真不在家。"听到夏目这么说，小宫也跟着附和："森田这家伙真是不像话，居然将小说撂下不管跑出去玩。"两个人站在路边就嘟嘟囔囔地发起了牢骚。他对自己所关照的事情总是怀有重大的责任感。后来他成为朝日新闻社的一员之后，拜托其他人写小说或是写稿件时，即使是对于晚辈，他都礼数周全，待人尊敬有加。

// 三十五　猫之墓

9月13日，猫死了。接下来，以及再后来，我们一直都在养猫。因为夏目和猫的缘分很深，以至于一说起夏目，就会马上联想到猫。到我家来的人，看到在屋檐下玩耍的猫，常常会问："这只猫是第几代了呢？"死去的猫，是有名的初代猫。搬家到这儿来之后，猫就很奇怪地变得无精打采起来。特别是在这猫死去之前，吃了东西要么会吐出来，要么从嘴里漏出来，已经变得非常懒散。甚至连孩子们的被褥，或是客人用的坐垫，都被猫弄得脏兮兮的。然后不知什么时候猫就不见踪影了。待我想起来四下里去找时，才发现它早已在杂物间的旧炉灶上变得僵硬。后来我们请了车夫帮忙装进了一只蜜桔箱子里，埋到了书斋后的樱树下，并立了一块小小的墓碑。夏目在墓碑上题了一句悼词："此下に稲妻起る宵あらん"（从此黄泉夜，炯炯若闪电）。9月13日是猫的忌辰，之后每年的这一天，我们都会举办一个祭奠仪式。

当时夏目还给关系亲密的各位写了一份死亡通知的明信片：

"家猫承蒙辱知，然沉疴难瘥，疗治不得，于昨夜某时逝于杂物间炉灶之上，今托车夫装箱于后院举行葬仪。又及：因猫主人《三四郎》写作中，恕不另行治丧。以上。"

后来文鸟死了，也埋在后院里，再后来狗死了也同样埋在这里。狗的墓碑上所题的悼词是"秋風の聞こえぬ下に埋めてやりぬ"（葬于九泉下，秋风不相闻）。于是孩子们也跟着模仿，金鱼死了，就造一个金鱼墓，家里的后院变得像个动物墓地一般。到了猫第十三年的忌日时，我们曾想过给猫修一座小庙，但后来改变了主意，给猫建了一座九重石的供养塔。然后将杂司谷墓地里的胡枝条移植了些过来，装饰在供养塔的周围。

初代猫的墓建好之后，给墓前的供水杯倒上水，又摆放上表达心意的供品，再采来野花供上。小孩子们居然还喝过供水杯里的水，真是让人不知说什么好。还想起一件事。有一次三重吉先生作了一首俳句："猫之墓前，供养水也冰吧。"夏目听到这句子，说：这个"也"字不好，是不是改为"猫之墓前，供养水好冰呀"？句子就这样改过来了。这件事是听铃木说的。

进入 12 月份之后，三女荣子患了伤寒一直卧床不起，后来总算是痊愈了。那时护士刚刚离去，半夜里不知道哪里发出的咯哒咯哒的响声将我吵醒了，于是领着孩子去上厕所。去完厕所走到厨房周围粗略看了一下，没有找到什么可疑的痕迹。那时候是凌晨 3 点左右，很快我又重新钻进了被窝。可是总感觉哪儿不对，不由神经绷得紧紧的，全无睡意。就这样一直到了凌晨 4 点，差不多天快亮了，总算安下心来要睡时，隔壁房间的女佣突然发出奇怪的叫喊声飞奔进来，扑通一声跌倒在我的被子上。发生什么事了？一瞬间我还有些莫名其妙，再仔细一听，原来女佣吓得失魂落魄，正在颤抖着大喊"贼！贼"。夏目对我平时总喜欢将腿伸进取暖被炉里睡觉一事一直很担心，认为十分危险，因此听到喊声之后，还以为是着火了，吓得从被窝里跳了起来。后来听清楚是小偷之后，马上跑到隔壁房间，只见衣柜门大开着，悄悄走出厨房门口再一看，防雨窗已经被卸了下来。窗外除了一轮寒月，连个人影也没有了。

原来，我去完厕所不久后，女佣也去上厕所，之后再也睡不着了，正当她安安静静躺着的时候，总感觉耳边传来东西被拖拉在地的响声，无意中睁开眼睛一看，只见到一个人影嗖地一闪而过。女佣本就已经害怕得不行了，这一下顿时"呀"地大叫了一声，然后飞奔到我的房间。因为女佣的尖叫声，小偷才偷到一半就逃走了。

早上起床后我去报警。警察来了，还找到了小偷的脚印，一家上下热闹得不行。然后发现被偷走的全都是和服腰带，数了数合计有十根。其中还有孩子们的和服带子，长女笔子新年时使用的唯一一条丸带[1]也被偷走了，笔子都忍不住哭鼻子了。到夏天的时候，找到了被偷走的腰带中我系的那根，好像是市之谷监狱的一位看守的太太系了我那根腰带。于是就想慢慢通过这条线索搜查出来，结果却什么也没查到。那位看守太太只说是从来推销旧货的商贩手中买的。虽说含糊其词，但我们也只好信以为真了。直到三年后，我们才知道那位看守就是小偷，他太太让他偷东西赚钱，在偷来的东西里自己留下一两件，其余的就卖的卖、当的当，全都不知去向。

这是我家为数众多的遭窃事件中的最后一次。

那次遭窃之后仅过了一星期，家里第六个孩子出生了。诞生于申年且又是第六个孩子，因此给"申"字加了个"人"字边，取名"伸六"。

1　女用和服腰带，源于江户时代中期。使用宽 1 尺 8 寸 5 分（约 70 厘米），长 1 丈 1 尺 5 寸（约 4.36 米）的面料对折缝制，表里的图案相同。战前多用于礼装和服。现代日本除婚礼、以及花街的艺妓之外，已经很少使用。——译者注

// 三十六　满韩旅行

　　翌年明治四十二年（1909）夏天的时候，当时的"满铁"总裁中村是公光临寒舍，邀夏目说："来满洲看一次吧？"夏目回答说没钱。中村便道："钱我给你准备，你来就是。"他好像是送来了500元。中村是八月底出发去满洲，夏目本该一起同行的，但因为胃病又犯了，无法同行，不得不乘坐晚一班的船。

　　本来，中村这次邀夏目去满洲，是想领着自己的老友到那片他还不曾去过的土地旅游观光。此外也希望夏目能撰文介绍当时人们还不大了解的"满铁"事业到底是怎么回事。只是夏目本人完全没有要帮人抬轿子的意思。

　　中村和夏目是还在大学预备科时代就寄宿在同一宿舍的亲密好友，但后来有很长时间不曾见面。据夏目说曾经在伦敦见过一次，两人从学校毕业后，大部分时间都在地方上生活。后来夏目回到东京的时候，中村则正好去了台湾做后藤[1]的左右手，后来又去了满洲。两个人一直都是

1　后藤新平，日本政治家，曾为第三任台湾总督府总务长官，中村是公是其得力助手。——译者注

分开的。夏目曾说：学法学的人大多自甘堕落，但中村却是个极重信义的人，有事托付他，总是严谨对待，事必躬亲，所以若非要事不敢随便麻烦他。而那次中村也谈到对夏目的印象，说夏目从学生时代开始，就既不崇洋媚外，也不花言巧语，品行端正，严谨自律，在学生之间备受尊敬。

也是那次中村来的时候，两人见面后闲聊，夏目说：

"老感觉不管什么时候都这么穷，真没辙啊！想赚钱。"

"这样的话，带点钱来送给你？"

中村不假思索地脱口说了句大话。

"我要的不是这种钱呀，是想最好能继承一笔世袭的祖传家产呢。"

"你这家伙还真麻烦呐！"

听到夏目像个撒娇的孩子般突然说出这么一句离奇的话来，连中村都说"太惊讶了"。

那段时间正是《后来的事》在《朝日新闻》连载的时候，夏目每天都在写这部小说，大约累计写了二十回之后一起送出去了。这样在他出发前要写的连载全都写好了。当时西村涛阴和妹妹都寄宿在我家里，因此送稿件的任务就交给了西村。记得有次松根东洋城来了，他一把抓住西村说：

"三千代被代助叫住之后，是怎么回答的？我等得好着急啊，你肯定知道的吧，接下来写的什么呀？"

看到松根这么执着，西村便答：

"嗯，我知道的。但是老师在这种千钧一发之际居然简单地就一笔带过了，让人不过瘾啊！"

"好想看看啊！"

松根似乎等不及小说登到报纸上了，再三表示好想看看。

这个时候开始，夏目的胃真正开始恶化了。痛起来的时候，他能想到的就只有抱着怀炉暖胃而已，因此在《满韩处处》这篇文章里，曾写到在旅行中多次胃痛到紧紧捂住胃部坐上人力车的事。

从满洲回来的路上，夏目绕道去了朝鲜。受到在总督府做度支部部长的铃木穆的关照，铃木穆是我妹夫铃木的弟弟。说起来，朝鲜的乐烧非常珍奇。

10月中旬的时候夏目旅行回来了，买回来不少玉和翡翠之类的做礼物。他原本就是颇好中国趣味的人，虽说没什么钱，买不起什么贵重的东西，但依旧时不时去虎之门的晚翠轩，每次去总归要买点什么回来。夏目非常喜欢紫檀，他房间的托盘和桌子，甚至香烟盒，全都是紫檀的。我看到了，就说："你是不管什么都要是紫檀的才好啊！你看紫檀的桌子配紫檀的椅子，清一色全都是紫檀，只要是中国的东西，什么都毫不在意地买回家，这样好吗？真是没有爱国心的人啊！"夏目则贬低我："你不是也喜欢莳绘¹呀梨地²呀那种披金戴银、花里胡哨的东西吗？你觉得只要是莳绘就好，但那可是相当恶俗的东西啊！"说完用蜡拭布擦他的紫檀桌子，瞧着擦过之后露出的光泽，满脸的喜不自禁。

1　在漆器上用金、银、色粉等材料绘制而成的纹样装饰，为日本传统工艺。——译者注
2　莳绘技法中的一种，因某些地方像梨肉而得名。——译者注

// 三十七　修善寺大患

　　到了第二年，夏目的胃痛愈加恶化。虽然总是胃痛，但他就随便对付一下，吃些普通的胃药，只要大便通畅就行。家里年长的亲戚见到我，问起夏目的情况，我一五一十地跟对方说明之后，对方就会忠告我说，这种情况要赶快采取措施，可不能让它转成癌症，应该去看专科医生。被亲戚这么一说，我的心情也不好了，回到家就劝说夏目，可得到的回答是：要是会变成癌症那就让它变好了，也没什么办法。他怎么也不肯去医院检查。接下来每次看到他的脸色不对，我又不断提醒他，但每次他的回答都是那样。不过后来估计是他自己也终于感到有些可怕了，便去了内幸町的长与肠胃医院做检查。这是 6 月前后的事情了。

　　检查的结果，据说是胃溃疡。先是检查了大便，第二天去时说是大便里有血，因此诊断为胃溃疡。如此看来不是什么大问题，但是医生不能上门治疗，每天往返医院也很麻烦，还是暂时住院为好，因此 6 月中旬夏目便住院了。在医院安静地疗养了一段时间，他果然恢复得不错，估计没什么问题了，于是 7 月 31 日那天出院回家。

　　那时候松根东洋城正好作为北白川宫的随员去了修善寺，因此邀请夏目说：病愈之后要不要来静养一段时间？大概是想到有自己熟悉的人在，各方面都方便，夏目当即回复说过去看看。估计他主要是想趁疗养之机，跟松根一起悠闲地写写俳句吧。

就在要出发去修善寺温泉的前一天，夏目又去了一趟肠胃医院做检查，往返都乘坐的市内电车。回家的时候他在外濠的神乐坂下了车，从那儿步行回的家。步行中途他曾感到严重的胸部不适，但没有再坐车，就这么强忍着走回来。

第二天夏目一个人出发去修善寺。原本跟松根约好了中途在三岛碰面的，可不知道哪里出了差错，两人居然没有碰上。夏目在三岛的站台上等火车的时候，估计是八月的天气太炎热，感觉咽喉痛得厉害。坐上火车之后，不记得是在哪一站，一位西洋人在跟车站的搬运工反复说着什么，双方语言不通，说了半天也无济于事。夏目上去一问，才知道是西洋人手提的行李不见了。眼看他们这样下去会没完没了，夏目只好给他们做翻译，才总算很快解决了问题。后来他说，在帮忙做翻译的时候，虽然想说话，但几乎发不出声音，当时真是难办。不知道是怎么回事，每次他胃不好的时候，肯定首先会咽喉不好。那一次也是一样。后来夏目去世之前也是咽喉痛得厉害，不停地咳嗽，给他喝止咳药，喝下去胃又难受，所以也不敢继续给他喝。

就这样，他刚到修善寺的第三天就病倒了。松根因为担心，给他准备了含漱药水，但只要不提醒他，他从不会主动含漱一下，松根因此抱怨说别提有多给人添麻烦了。

就这样，眼看着他的状态变得毫不乐观，松根便喊了当地的医生给他检查，检查过后说还是回到东京接受治疗为好。但因为病人不想回东京，所以跟长与肠胃医院通了电话，在与主治医生商量过后，双方决定由医院派医生过去也好，或是其他方法也好，总之予以妥善处理。医院那边本也想给留在家中的我打电话告知大概情况，但不巧那时候我家还没有牵电话线，因此医院的人大概想，打电话去朝日新闻社应该可以联系到我家，于是电话打到新闻社去了。新闻社的人大吃一惊，马上派了阪元雪鸟和肠胃医院的医生森成麟造一起急速赶往修善寺。

接下来松根发来了电报。电报文很短，所以情况到底怎样还是不得而知。虽说医生已经赶过去，但我还想知道得更详细一些，因此跑到家附近的山田三良家借用了电话，打到了修善寺的菊屋本店。没想到接电话的居然是夏目本人。既然他自己都可以接电话，我自然松了一口气，但奇怪的是，他一开始接电话时，跟我说话的口气像对外人一样客气，而且电话又隔得远，所以我还是完全不明就里。后来电话里问他，他说以为是我妹妹，所以赶紧说了几句客套话。可我一想到他一个卧床的病人，要走过菊屋那个长长的走廊，途中还要爬上爬下，才能到账房接电话。想到这些我不由得胆颤心惊，而就在这时，电话断了。没办法，我只好再发电报问情况，回电说还不至于要我过去。想到他自己都接了电话，又看到了电报，我也就放下了心。

还是在他住院的时候说起的事，说这个夏天让孩子门去海滨进行海水浴。因此在茅之崎海岸借了一间小屋，由我母亲领着孩子们去了。可是那段时间每天都是连续不断的大雨，到处都是大洪水，火车也不通。我们对外面的情况毫不知情，特别想知道茅之崎的情况，可是却无计可施。我只好拜托矢来的哥哥，用邮局的电话打过去问，听说茅之崎平安无事，才总算稍微安下心来。可是接下来听说去箱根福住的妹妹和最小的弟弟被洪水冲走了，真是令人束手无策。就在这种种混乱之中，我一边慰问水灾的受灾者，一边给夏目写了一封信，告诉他我很想去看他，可实在去不了。

这期间先是火车开通了。首先要紧的是赶快去茅之崎探望孩子们。也是时机凑巧，出门前我们收到通知，被告知在箱根遇难的妹妹和弟弟好不容易才顺利避难逃了活命，现在已经回到横滨。我在这之前一直都不敢跟母亲说，怕母亲过于担心，现在终于可以毫无顾忌地说这件事了。到了茅之崎后，当天我就让母亲去了横滨，跟弟弟妹妹见面好好问问情况，我自己的话，那天晚上则跟孩子们住在一起。

可是这一来一去的，就好像是在追赶着我一样，从修善寺发来的电报，由在东京看家的人转到茅之崎，让我急速前往修善寺。我当即委托茅之崎借房子给我们的女主人，让她帮忙照看孩子们，紧随母亲之后赶回横滨。但是那天天已经晚了，我没赶上去修善寺的火车。在不安中度过了一夜之后，第二天天刚亮就早早出发了。

我一到修善寺就赶紧去见松根。告诉说刚出了很多血，现在虽然安定下来了，但等血止住之后还是回东京去的好。后来我再继续问松根，才知道夏目来了修善寺之后，胃一直不好，每天都大便出血。身体状态发生了很大变化，而且当天晚上又吐血了。

而这个时候，肠胃医院派来的森成医生，也边看着我的脸色边说：他原本只是临时性出诊，可是遇到这种老不见好的病人，也不可能一直跟在身边，肠胃医院还有工作一直搁着，所以他想回去了。我当即抗议说："这怎么行呢！夏目到这里来之前，还曾特意去过一趟肠胃医院，问能不能出门旅行，得到了医院的欣然允诺才来的。可一来到这儿马上就病倒了，这其中确实有一部分应该是医院的责任。因此站在我的立场来说，我很想说是不是医生的诊察有误呢。而且现在还想将病人抛下不管说要回去，真是岂有此理！"森成也十分为难，给医院的长与院长发了电报。院长回电说要森成在夏目康复之前留下来。此外还会另外派副院长杉本来给夏目再做检查。

大概是前一个晚上的时候，正好是修善寺的祭祀活动，开始接二连三地放烟花，于是我请人将夏目的床拉到走廊靠近门口处，让他可以躺着远远地眺望景色。夏目又喝了些西瓜汁，因为不小心咽下了一颗西瓜籽，让森成他们好生担心。不过那天他的血便大为减少，如果能维持这个状态，不用太久应该就能转去东京了。想到这些大家的愁眉总算舒展了些。

杉本医生来的那天，我们从早上起就一直等着，夏目的胃状态很差，脸色也极其不好。用冰块给他降了降温，可是脸色看起来就像一张白纸，即使看一眼心里都难受得不得了。心脏应该是没毛病，因为连医生都说他：老师您这应该是心理作用引起的毛病。后来他也一直说心脏不舒服。

傍晚的时候夏目稍微喝了些牛奶，可喝完后似乎很是恶心的样子，正好杉本医生在，又给他做了一次检查。唉！我也总算松了口气。医生们回到房间去了，夏目沐浴完毕准备开始用晚餐时，我走到他身边去想跟他说说话，但靠近一看，发现他的脸色极度难看。

"很不舒服吗？"我问。

他却突然冷漠地冲我说：

"走远点！"

话音未落，咽喉里突然发出"咯噔"一声，极为怪异。看情况大事不妙。这时候，隔壁房间里的高田早苗因为是领着孩子来的，正喊女佣过去说着什么。眼看情况十分危急，我也顾不上讲究礼仪了，赶紧就势喊那女佣过来，让她快去找刚刚离开的医生们。很快又传来"咯噔"的一声，听得我心里一沉，而夏目的脸色已经变得说不出的难看，双眼发直，鼻孔里开始滴滴答答地滴出血来。我急忙奔出房间，把路过的领班叫住要他赶紧喊医生。医生们和我们隔着一个中庭，隐约可以看得到他们在对面的房间里的身影。接下来夏目紧紧揪住我开始大口吐血，我身上的和服从胸部往下被染得一片通红。

这时大家都飞奔过来了，夏目已经失去血色，双眼发直，脉搏也没了。医生喊："赶快注射樟脑液！注射器！注射器在哪儿？！"大家手忙脚乱，慌作一团。连续注射了十几针，情况依旧不乐观。于是说要改为盐水注射，可不凑巧森成和杉本没有带盐水注射器。后来好不容易从当地医生那里借来一个，却是坏的。再后来又说注射器虽然坏了，但只要有针头也可以，于是将针头拔下来跟灌肠器等凑合在一起。总之里里外外一片骚乱，一整晚医生们就用那个半坏的注射器做武器，一直在跟病魔搏斗。最后情况终于开始好转，脉搏也正常了，夏目总算从死亡边缘取回了一条性命。

后来听夏目自己说，尽管当时动静闹得那么大，但实际上他自己吐过血之后，胸口那种疙疙瘩瘩的感觉一下子就消失了，心情顿时舒畅起来。因此大家慌里慌张的对话，他全都听在耳朵里。可是没有一个人想到要来跟他说话。因此当他听到有人说：情况再继续恶化的话必须将孩子们叫过来见最后一面时，猛地睁开了眼睛，说"不用啊，还不至于要叫孩子们来呀"的时候，将大家都吓了一跳，转而化忧为喜，都松了一口气。所以夏目谈起自己的患病心得时说："病人这类物种可是很滑头的呢。"

当时，朝日新闻社的阪元雪鸟也被这种病危状态惊吓到了，不断发电报通知各方面的人。手里紧紧握着一支笔，一边朝电报纸上写字，一边不断地大声冲我喊："夫人你要挺住！夫人你一定要挺住！"他大概以为我会血冲脑门就此一头倒下去，所以不断地想要鼓励我。但实际上别说鼓励我了，他的手一直抖个不停，连电报的字都写不利索。

朝日新闻社的主笔池边先生也来了，此外还赶来了很多其他探病的人。但依照夏目的身体状况，完全不可能跟大家见面。

就这样，那一天总算慢慢地安静了下来。第二天，杉本医生说：长与院长病危，他无论如何都必须赶回去。我当然是很想他再留几天，可这也是迫不得已的事。杉本医生临回去之前说，如果因为吐血而造成病人死亡，绝对是医生的失职，因此反复嘱咐森成医生，要求他一定要做到万无一失。又说，如你所见，病人的状况很严重，难保不会再出现一次大出血。万一再出现大出血，就必须考虑放弃了。这些话也对在场的池边先生说了。说这两三天是加强警戒的时候。此外又从东京叫了护士过来，以防有任何看护上的疏忽。

好在吐血也就那一次，之后再没有出现过了。但有一次夏目突然手脚无法动弹——这是 8 月 24 号发生的事。

这里我要补充几句有关迷信的话。我原本不是迷信的人，可是从夏目的脑袋出问题，我开始被他欺凌时起——可以说是我对于事物有了一种宿命般的彻悟吧，由此便开始去求签问卦了。没有任何人强迫我这么做，只是令自己安心而已。原本只是悄悄去占个卦算个命，可不知道什么时候被夏目知道了，还笑话我说："你这家伙，凡事不问丈夫，倒是优先去跟天狗商量呀。"所谓"天狗"，就是经常帮我算命占卦的算卦先生。

夏目大出血的前一天，也就是 23 号那天，因为夏目的身体状态，我心里担心得不行。为了讨个安心，我给天狗写了封信，信里说明了夏目的状况，请天狗帮我算上一卦并代为夏目祈祷。25 号那天，天狗的回信来了。说卜了一卦，大凶，显示出身体有如中了炮弹般呈现出爆炸的形态，极为凶恶。又说他会斋戒沐浴虔诚祈祷 21 天，说会每祈祷一星期，就停下来稍事休整一会儿，因此一周过后，要我务必写信告知他夏目的身体状况。正好 24 号夏目病危那天，是夹杂在这封信的往返日期中间的。于是我按信上说的，每隔七天就写信告知一次夏目的身体状况。后来夏目的身体开始好转，我也寄出了感谢信，回到东京后又特意当面道谢。见面时天狗跟我说起的一些事，虽然多少夹杂着些怪谈成分，但却格外有趣。

天狗说：大概是 24 号收到我的信的两三天前，天狗家来了一只不知道从哪里跑来的从未见过的黑猫，见到天狗不逃也不躲，就这样待在天狗家里。喂它猫食照吃不误，见到天狗坐下来会自己跳到天狗的膝盖上让他抱。可是当天狗拿出我的信，放到神坛前准备开始祈祷的时候，那只黑猫不知什么时候就消失不见了，过了好几天也不见回来。真是奇怪的猫啊！天狗依旧每天祈祷，但有时候会想起那只黑猫。就在快接近 37 天满愿之日时，那只黑猫又悄悄地来到了天狗家，然后口吐鲜血死掉了。因此天狗说，总觉得是黑猫做了夏目的替身。这是夏目和猫的渊源中，一个带些怪谈性质的因缘故事，大概也是因为恰好是在当时那样的情况下听到的故事，所以我心里满满地全都是感激。

从 8 月 24 号开始，我接在手边一本夏目日记后面，每天都做一个简单的备忘录。现在放到这儿来，也好知道当时的大致情况。

关于夏目的日记，从这年的 6 月 6 日开始每天都写，一直写到 8 月 23 号为止。下面就从 23 号夏目的日记开始。

8 月 23 日

快晴、女郎花、野菊、男郎花、芒草、胡枝子、桔梗、紫之玉（类似藤状的东西）。

〇 打嗝时有腥臭，看来仍在出血。大便血色极多。

〇 掌柜的带来高田早苗氏名片。拜托坂元代递我的名片。高田氏初吟谣曲。

8 月 24 日

晨起脸色极差。杉本副院长下午 4 点到大仁后前来。诊察后夜晚 8 点突然吐血，说有 500 毫升。出现脑贫血，一时不省人事。注射樟脑液 15 毫升，注射盐水，出现一丝生机，大家担心能否坚持到早晨（笔者注：以上为钢笔书写，以下到结束为铅笔书写。但假名的混用及其他按原文）。给朝日社发电报。夜不能寐。

8月25日

朝起，问病情。曰仍危险，须极度安静，或有望恢复。杉本氏归。东京的家里来电话，今日清晨，夏目之兄、高田的姐姐夫妇、三个孩子、高滨、森田、中根伦已出发前来。大家从大矶来，还有阿部、野村晚一班火车，池边也来了。

8月26日

容态稍好。

探病来宾：奥村鹿太郎、"满铁"的山崎、铃木三重吉、春阳堂、汤浅廉孙、高田知一郎、菅虎雄、森卷吉，护士两名。春阳堂赠送点心盒。

8月27日

容态无异常。

探病来宾：小宫丰隆、送来渡边和太郎香水与饼干，高尾忠坚（早稻田大学的学生）、早矢仕四郎（原同校生）、奥村说等病情稍好再来探望，未见而归。夏目兄姐以及孩子、伦、野村等人一同归去。

8月28日

容态无异常。

森成因事回东京。医院派额田医生前来代理。

探病来宾：小林郁、高须淳平、石井柏亭、行德二郎、野间真纲。

8月29日

容态良好。照此以往，已无需担心。各位安心回东京。

大冢、菅、森、野上、汤浅、大仓书店送来慰问信以及包装点心盒，名古屋的铃木甚为担心，要求每日电报告知病况，赠慰问金 25 元，委托野上用此慰问金购买羽绒被给病人用。

8月30日

晴。容态无异常。

额田医生下午 2 点的火车回东京，换森成医生从东京前来接替。行德与高须贺两位一起回去。夜，"满铁"的中村让山崎送来慰问金 300 元。

8 月 31 日

晴。容态无异常。

今日给病人喝鸡汤。早起买鸡托人切块、装入借来的酒壶中，滚水烫过后置火盆煨汤。傍晚铃木从名古屋来。两三日前定做的羽绒被送到。

9 月 1 日

晴。容态良好。

早稻田大学生小林脩一郎来访。中村委派来的山崎回去了。铃木下午也回去了。委托他们在东京购买各种用品。傍晚野间从东京来。

9 月 2 日

晴。容态无变化。

今日饮汤三回。所思所想全关乎菜单饮食。坂元 7 点左右腹泻、意外腹痛。备怀炉送之。夜 9 点左右内丸来访。

9 月 3 日

雨。容态无异常。

内丸乘上午 10 点火车回去。野间下午 2 点火车回鹿儿岛。

9 月 4 日

晴。容态相同。

早 9 点左右汤浅回东京顺道探望。阿部次郎下午来访，从山形回程时过东京直达当地。告知病人，吩咐备酒款待。备啤酒两瓶与小宫共饮。汤浅乘 6 点的火车返回。

9 月 5 日

雨。容态日渐好转。

阿部与小宫去散步。带回花草。插花。

9月6日

晴。无异常。

今日10点食盐灌肠。医务员四人操作，欲令其大便，即便少量亦佳。

裸露上身用酒精擦拭背部。令病人躺下换衣。秸秆垫被加两条盖被重叠起来，令其躺下。众人极担心。灌肠后无异常。大为安心。阿部乘下午的火车回东京。

9月7日

雨。容态佳。

大早坂元回东京，请其帮忙带回手提包。野上傍晚来访，赠土特产。

我的日记真的只是一个备忘录，写到这儿就结束了。从次日9月8号开始，夏目开始躺着写一些东西，当然一开始会有些杂乱无章，因为他不仅在这同一个日记本里写俳句，还夹杂着用英文写的感想。于是他就开始一天天地记录下了日记体裁的文字。大概是常写俳句令他提神，之后他也开始接连不断地写起汉诗来。

我的日记写得手忙脚乱的，再说我对写日记这类事也不上心，所以写得跟小学生一样，平假名片假名混淆在一起。"脑贫血"用片假名写成"ノウヒンケツ"，后来给夏目看到自然被他取笑了。不过幸亏在这些日记里做了记录，翻看一下才想得起当时的情况。不过不管怎么说，我在文笔方面不免太过生疏，而且当时的许多详细情况也不记得了，加上那时候我虽然希望自己能沉住气，但实际上也许表现得惊慌失措，肯定是干了不少糊涂事。因为后来去修善寺时，其他人反倒记得更清楚，甚至还能一五一十地说出当时的情况。夏目书桌旁边的一个文件箱里，放着当时安倍能成写的记录，一直保存着。和我的备忘录可能有稍许重复的地方，不过还是登出来放在这儿。

那个时候，安倍正值患过伤寒后到沼津海岸休养。24号晚上接到病危电报后，第二天大早第一个就赶到了修善寺。安倍来之前，只有我和主治医生森成、朝日新闻社的坂元雪鸟，以及前一天晚上从东京来诊察的副院长杉本。因此看到安倍就像看到救兵一样，顿时感觉精神都振奋起来。这是后话。在当时那样的情况下，像我这种性格的人，越发在意兆头的凶吉。而第一个赶来的人，是安倍能成。"安倍"发音和"安排"一样，安倍能成，也就是"安排能成"，于是我很迷信地说就是老天安排这个病是能成功治好的。后来安倍听到我这话，十分骄傲地说：看来以我的功劳，足够拿到金鸱勋章[1] 了。

安倍一大清早就到了，见到病人后发现意识还相当清晰，远非想象中那么危险。带安倍去病房见夏目时，我担心稍有不慎都会对病人不好，因此提醒他不要提及给大家发出了病危电报通知一事，只说是看到新闻报道写状态很差所以前来探病的。因此，夏目当然不知道这些，还以为是安倍自己特意过来的，所以还喊了我过去接待安倍。以下是安倍能成的手记。

9月25日　能成

半夜接到病危电报，乘清晨5点的火车离开沼津，8点到达此地。问起夏目，掌柜的就说"啊，是找夏目先生呀"，听说话语气，先生应无不测，心里先松了口气。与坂元君见面，询问起昨夜病危状况：持续吐血，无论怎样注射都毫无作用，据说共计注射了15次。坂元君整晚都和森成氏一起看护，故今日改由本人在病床前侍奉。下午先生稍许稳定时

1　于1890年2月11日（纪元节）制定，分为7个等级，是战前的日本对大日本帝国陆军、海军的军人、军属所授与的唯一的勋章。"金鸱"名称的由来，是根据"神武天皇"在东征时，神武天皇的弓停了一只发出金色光辉的鸱，迷惑了"长髓彦"军的日本神话传说。
　　　　——译者注

分，我第一个进了先生的病房。打算只说是无意中从沼津过来探望先生的。入病房后，先生微微抬起了头，目不转睛地望向这边。给先生行礼，先生略颔首，吩咐身边女佣：

"叫夫人来。"

又对夫人道："安倍君来了。"

于是夫人和我又再次彼此鞠躬问候，又吩咐女佣沏茶。

"还住在沼津吗？"

"几点的火车过来的？"

"从大仁步行过来的吗？"

"吃过饭了吗？"

"没想到会这么严重吧。"

因被问起，便斟酌着适当地回复了问话。

"去泡个澡休息吧。"先生说。

先生的面容显得极为憔悴，满脸胡须。眼神有些骇人，时不时地望向远方。面无血色，呈土色泛青。敞开的胸前盖着一条纱巾。胃部搁着一个冰袋——这些令我颇为吃惊。但见夏目从颈部到胸部依旧是平时的健壮体格，无由地便有些安心。先生的腿上盖着一件浴衣。因为昨夜的电报，先生的家兄、家姐夫妇二人，上面的三位千金、中根的弟弟，还有大冢先生、高滨、森田、野上等诸君于午后2点左右到达。因恐刺激病人神经，故皆未能相见。唯有野村伝四君得见，接替本人轮番于病床前侍奉。是夜朝日的池边氏来访，入病房相见。先生向其致谢：

"各方面多有承蒙关照。"

今日自早晨起，先生一直未曾进食，只是时而以冰水漱口，欲闭目休息，但终是时隔短暂，很快又会醒过来。因而对医生说：

"身体不能动，东西不能吃，多少有些困倦呢。"

为防止出血需要注射，但因为疼痛先生很不情愿，在医生反复说明注射之必要之后，才总算首肯。大约夜里八九点的时候，做了牛奶滋养灌肠。医生说倘若有情况，应在 12 点过后。过 12 点不久被叫醒。因与野村君和医生三人轮流值夜故被叫醒。万幸平安无事。虽时常醒来但相对而言睡眠良好。

9 月 26 日

有说与昨日相比脸色稍佳。但本人看不明白。上午高滨与先生短暂见了一面，先生稍许露出些笑容与其寒暄：

"是住宿在新井吗？"

但上午池边前来告辞时，先生在相当一段时间里不曾开口说话。从旁看来，想是先生并非那么有力气能打起精神来。但饶是如此，池边跟先生打招呼时，依旧一一回了话。到午后伊势的汤浅、东京来的高田、春阳堂的小林等来访。高田、小林两位当日返回。傍晚时分，先生跟大家说：

"前几天差点死了呢！"

又道："样子呆头呆脑的时候，才不想见到孩子们，也不想死在这里。"

之后，话题又回到前天晚上，医生说：

"那时候可真是失策了，普通患者的话大都神志不清呢。您的意志力也太强大了。"

先生答："也不是什么意志力强大，只不过是还有说一句话的力气罢了。"

我问："先生懂得德语呢。"

"在说 weiter（进一步的）还是 schwach（弱）啊之类的。"

说话的口吻像是平时的先生了。不过，虽说精神比昨日好些，但总感觉有一股可怕的阴森之气仍未消失。很担心先生会不会就这样慢慢地衰弱下去。只是看看眼前的先生，与曾经停止了呼吸的先生相对比，总感觉有无法解开的谜摆在眼前。而先生也很是烦人，对于医生的各种处置对策，都要求一一详细说明。如此一来，虽说身体稍有恢复，怕是又要自作主张了。如此重病之人，却满脸都是一副"自己的身体自己知道"的神情。令人担心。今天记得是喝了少许葛粉汤。

"不能喝冰吗？"先生问医生。

"漱口时多少会咽下去一些吧。"

听医生这么回答，先生便道：

"那只是不得已的时候。如果这病肯定没法治好了，自然得毫不客气地大口痛饮。死掉了的话倒是还好，但若又像前几天那样倒是令人心烦了。只要不再出现前几天的状况，不管你说什么，我总归都会不客气地大吃大喝的。"

今天午后 2 点左右从东京来了两名护士，傍晚 6 点开始进病房看护。故而野村君与本人只需偶尔露露脸即可。是夜无异常。11 点左右就寝。原本打算多起床察看，结果一觉睡到早晨。

今日大约正午时分铃木三重吉君来访。因中村满铁总裁将派医生前来，故大家以及门下弟子诸君之间达成共识，期待派遣入泽达吉博士。当晚给龙居秘书电报拜托此事。

9 月 27 日

自昨夜起无异常。脉搏低于 90 下、呼吸 24 次，体温 37 摄氏度，略高。如此度过一天。今早先生的哥哥、姐姐以及三位千金与中根等，均与先生见面后离去。今日上午小宫来访。野村均正午离去。因先生之病状眼见不会再有异变，大家在休息室里都变得活跃起来。今日除葛粉汤外，又喝了少量平野水 1，偶尔也吸烟。昨日冰淇淋一匙，今日上午二匙，下午看到有第三匙时，先生极为开心，说"还有一匙呀"。傍晚让护士取来镜子，伸舌头，翻嘴皮，翻眼皮，再三查看，费时良久。

当晚菅与森卷吉来访，但均未能见面。晚上先生向医生询问饮酒：

"可以喝酒的话，也就能练习谣曲了吧？"

不知先生何种心境，居然有此一问。

9 月 28 日

今早野上、森田和汤浅等人得以去病房见面。

"都来了啊！"先生说。

下午去病房时说了许多话。从"在沼津吃鱼了吗"开始说起。先生不想吃鱼，但想吃蔬菜，想吃豆腐或是油炸豆腐。与昨日相比眼神柔和许多，已极少呆然凝视远方了。今日 4 点的火车，森成医生回东京探望长与院长。代替森成医生的是一两天前从德国归来的医学博士额田君。今日傍晚起时常到病床前探望。按额田君所言，状态极佳，已基本无恙。皆大欢喜。

今日注射处疼痛感大抵消除，手腕可开始活动，心情大悦。大家前往病房与先生照面后速速撤退。先生不解：

"大家都只瞧我一眼便抽身就走是怎么回事？"

夫人答："大家怕妨碍你的身体。"

先生点头表示理解。坂元从朝日新闻社来，先生之前便觉内心过意不去。只因前天夜里坂元因事返回东京，而今晚又从东京赶来。因此先生说：

"若是能早些恢复当然最好。但只是稍好一点，说不定什么时候又发

1　日本兵库县川西市平野矿泉汲取的碳酸水商标名。——译者注

作，总是候在这里怕是会没完没了。"

先生是怀着强大意志活着的人，极靠得住。菅和大家又开始讨论从"满铁"派遣名医一事。此前电报发出时，因为长与院长重病的影响，入泽博士一事仍需与池边先生商量。故森田乘今晚7点左右火车回东京，和朝日与"满铁"共商方案。

今日见到从鹿儿岛来的野间、佐贺来的行德、东京来的小林郁。

9月29日

上午时大冢、菅、小林、森、野间等诸位与先生见面。大冢和菅很是高兴，说：没有想象中那么憔悴，人也精神。听我说汤浅去了东京又再回来时，先生说：

"看来老也死不了，已经没必要再来了呀。"

中午，野上和上述诸位一起搭乘两台高等马车暂且离去。

下午无他。入夜。高须贺淳平君昨日赶来。得见先生。

9月30日

今早才到病房，先生便问起朝鲜合邦[1]，以及阿梅[2]的事。又问野上回去了吗，终于说到小宫来此的缘由，先生道："他怎么会来的呢，那个人可是从不看报纸的。"然后又说：

"见到来这儿的伙计们，若是变成我这样子岂不是很抱歉？想想都觉得太可怕。像杉本那样的胖子倒还好，森卷吉那样的可就太惨了！"

---

1 即"日韩合并"，指1910年8月22日日本（大日本帝国）基于《日韩合并条约》，将朝鲜（大韩帝国）并入版图的历史事件；此举象征朝鲜历史上长久作为独立国家地位的中断，以及朝鲜日治时期的开始。此事件在东亚史中依照各方用语及观点不同，而有韩国并合、朝鲜并合、日韩并合、韩日并合、日韩合邦、韩日合邦等称呼。韩国人本身则不使用此名称，将日韩合并后由日本殖民统治的时期称为"日帝强占期"。——译者注
2 夏目家的女佣，明治四十四年（1911）阿梅结婚，夏目夫妇为其做证婚人并兼任女方家属。——译者注

问先生说话时会感觉累吗。

回答说："说久了会累。"又说今早想吃卤拌黄瓜。

还问"去瀑布了吗？"

上午行德与先生见面，额田医学博士以及高须贺君乘2点的火车一起离去。额田说再过两周就可以带先生回东京了。先生说若真如此倒是好。还是担忧。森田从东京回来了，代替额田。

下午与小宫一起去病房。先生或许有些疲惫，一直未曾说话。我离开之后，问小宫：

"报纸的话，是刊登在什么报纸上的？"

又问："乡下好玩吧？"

等等，似乎问了不少问题。

是夜，山崎为传"满铁"中村之令前来探病。因入泽无法成行，改请宫本博士前来。但自今日算起尚不满10天，即便博士前来也无法做检查，故前来时间稍许延后。

// 三十九 经过

　　安倍的手记到这里就结束了，里面非常详细地呈现了当时的情形。

　　就像我的日记和安倍的手记所写的那样，眼看夏目就要不行了，趁着现在赶紧叫孩子们来见上一面，所以将在茅崎的上面三个孩子叫过来见了面。正好与夏目的哥哥和姐姐在火车上汇合了一起过来的。去到病房时，夏目只是睁着眼，一句话也不说。总而言之这两三天是最危险的，也不知什么时候又会病状突变。而委托东京那边派遣的护士一直没来，大家加倍小心地守护在旁边，可是夏目只要稍微动动手、动动脚，伤口马上就会流血，面容失色，眼睛翻白。真的非常恐怖，令人坐立不安没法再看下去。因此我跑到了别的房间，只想尽可能离那种可怕的场面远一点。来探病的铃木三重吉因此认为我太过薄情，责备地问：

　　"夫人，你为什么跑到旁边去了？"

　　可是我的确坐立不安。我不知道会发生什么，我忍受不了看到这么惨烈的场面。所以当时我回复了一句"很难受"。这样的回答当然是不可以的。我也知道对方是一番好意所以才这样对我说话，但却没有体谅到我的心情，因此在那种情况下居然大吵起来。结果后来是安倍站到中间，责备铃木说：这么无聊的争吵，一开始就完全不应该。总之，大家都不知道什么时候会发生什么，都提心吊胆片刻不离地守候在另一个房间内，彻夜不眠地轮换守着。

就在这样情况下，责任医生森成和我说：肠胃医院的长与院长病危，因为平时一直承蒙长与院长关照，所以希望能让他回东京一趟，去与病危的院长告别，同时也想探视院长的病情如何。我回答说：

"您说得自然有道理，可是这边也有一个不知道什么时候就会有生命危险的重病人，您原本来这儿，就等同于肠胃医院派来的代表，可您却总是考虑医院那边的事，这很不负责任，让我们很难办。您想回去便回去，但请派遣一个有责任心的人来代替您，并且以后也能一直留在这里。"

正好这时候额田医生刚刚从海外回国，于是代替森田来到这里。见到额田的时候，夏目的身体已经康复了许多。于是大家放下心来，安倍在日记里也写到过这事。

最初的第一天断食。然后是冰淇淋二匙，再然后是一点点增加食量，给他准备葛粉汤等。他自己也开始有了强烈的进食欲望，会缠着人又是想吃水果糖，又是想多吃一口冰淇淋。而且很棘手的是：在这两个星期里，他一直都是躺着的，因此无法排便。所以两个星期刚过，在打过止血针后，给他打了樟脑液，四五个人动手，准备好便器帮他排便。当时大家都担心他的身体会不会又恶化，一个个都提心吊胆。但除他本人感觉胸口略微有些不舒服外，其他都平安无事。当时让他高高地躺在从东京邮寄过来的秸秆垫被上。我们也总算是舒展了愁眉。

"满铁"的中村是公，很早之前就说过要派一名名医给夏目看病。菅和大家等人都觉得肠胃医院不合适。曾说过希望入泽博士给夏目治疗。但我不希望在这种时候随便改换新的责任医生。因为没必要伤害从一开始就一直跟在身边、了解详细情况的医生的感情。还有更重要的是：夏目已经有了胃溃疡这个确凿的诊断，而且又正在慢慢恢复中，不也挺好的吗？所以我一直无法痛快地开口说接受换医生。我这个想法说过不止一次，但也理解大家的厚意，因此后来想，既然如此，就姑且先请名医来检查一次再说吧。但入泽博士迟迟来不了，因此又改让宫本博士来。而宫本博士即使现在就过来，也不能马上做检查，于是说等情况比现在稍微再好一点，就马上从东京赶过来。

　　这个时候蜂拥而来的各位都逐渐回东京了，最后只留下我、森成和东三个人。没过几天，宫本博士如约而来。又来了一个医生，估计夏目不可能不闹脾气，说"我讨厌让新医生做检查"之类的话。因此跟他商量过一次，果然不出所料，他回答说："已经有森成医生在了，况且身体也在慢慢康复中，没有必要再这么兴师动众。"于是我跟他说："其实我也这样跟大家说过，并且谢绝过一次，可是如此一来，岂不辜负大家的一番厚爱？所以我最后还是接受了。"大概他心情不错，当即就回答我说："既然如此就让新医生看看吧。"那时候大概是九月中旬了。宫本博士诊断过后，说恢复得很好，但现在就挪动的话还太早，再过两个星期回东京估计不会有问题。他的话令我们都很受鼓舞。

　　这个时候夏目开始越来越感觉饥饿了，饮食方面，葛粉汤已经改为麦片粥，此外还有米汤、刺身等。米汤他说很难喝，几乎不肯动口。后来终于可以喝米粥了，第一次喝米粥时，他高兴得不得了，说从来没喝过这么美味的东西。还特意将医生唤到病床前表达感谢，说感谢医生让我喝上了粥啊。

　　总之他看起来似乎肚子饿得不行，一副恨不能胡吃海喝的样子。因此总是跟医生吵架。估计森成医生也想：我一到他身边他就总是吵，不知道又要说些什么。我不在的话，他没了吵架的对象，想必就只好不吭声了。老是遭病人埋怨也挺吃不消的，所以每次夏目吃饭的时候，森成医生或者外出散步，或者找个其他借口逃出去。夏目自己也说：躺着的时候，脑子里就不断幻想着各种菜单，一会儿是西餐，一会儿是鳗鱼饭，一个人在想象中罗列着各种这样那样美食自我款待。

不久他说想要看书了，但自己力气不够，更重要的是他自己拿书对他的身体也不好，因此由东帮他拿着书，他躺着看。东因此总被他责备："把书再拿远点！"老师看来已经是老花眼了，东说，总是要将书拿到很远他才看得清。好在后来他总算可以自己捧着书看了。

还有一个吵架的理由是报纸。他时不时会缠着人要求说"给我看看报纸"。对此我们当然是置之不理。可是有时候会因此吵架。之所以不让他看报，是因为那时候肠胃医院的长与院长去世了，瞒着没告诉他，他若看报纸自然会知道，所以我们把报纸都收起来不给他看。因此一直到他离开修善寺，再次回到肠胃医院时，他都不知道院长已经去世了。之所以瞒着他，是因为他对长与院长非常信赖，这次生病也受到长与院长的特别关照，长与院长对他也总是特别关心，开口闭口总是"夏目先生，夏目先生"地跟他说话；而夏目提起长与院长，也总是"长与先生，长与先生"地充满信赖。如此信赖得力的医生，居然在自己生病的时候去世了！我们唯恐若他知道这个消息会一蹶不振，因此长与院长病危，以及后来去世的消息，一直都瞒着他。即使他后来身体开始好转，大家也尽量避免谈及相关的话题，都找借口回避此事。

他的病情开始逐渐好转，我却担心起家里。我是在大夏天接到紧急通知，匆匆忙忙从家里赶到修善寺的，来了之后再也没有回过家一次。时间不等人，秋天到了，天气一天天冷起来。我无法不牵挂起家里的许多事。于是和夏目说，因为担心着过冬的准备，想暂时先回去一趟，等家里安顿好了再回这边来。可夏目不许我走，说你走了可怎么办。他这样说，我也无法断然拒绝他自己一个人回去。此外，大概因为内心忧虑，而且那时候长时间劳神费力，很糟糕的，我居然患上了失眠症。随着夏目的身体开始好转，除了和护士一起在走廊的火盆上做好一日三餐的粥或汤之外，我基本就没有其他事情了。因此白天的时候尽量散散步，排遣排遣心情。

// 四十　归京入院

　　宫本博士说的两周后可以动身回东京的这一天到了。于是，我们接下来就准备回东京了。不过，说是没问题，但很难说不会有突发情况。他的枕头边还都摆放着注射器以及相关药品，随时做好准备，万一有突发情况能马上采取应急措施。因此，要将夏目送回东京是件相当麻烦的事。首先二楼承包的四个房间全都要收拾整理（在他生命垂危的时候，二楼的房间几乎全都承包下来了），10 月 11 日告别这家旅馆，当时修善寺的医生设计了一个巧妙的乘车工具，简单地说就是一个船型的卧铺，人可以自然向后半躺着。在上面铺上垫被后，不管是马车还是火车，都方便坐乘。这个巧妙至极的乘车工具的确帮了大忙。而且，这个旅馆从二楼搬运到后门这一段，几乎没有危险的台阶，非常方便地走到了大路上。医生一直都跟在身边，加之有说法称从后门出去不吉利，因此我们就从旅馆正门的大玄关出去，动静闹得相当大。接着又十分顺利地把夏目抬进了一等马车中，终于松了口气。马车上船型卧铺的旁边还设置了座椅，安排得极为巧妙。护士与森成医生同乘这辆马车。

　　在大仁转乘火车，到了三岛又必须转换东海道线。想到其间不免辛苦，旅馆掌柜带来了四名身强力壮的劳动力，因此两次转乘都毫不费力地把夏目抬上了车。只是在三岛换乘时，这边火车刚到站，就发现要换乘的东海道线——平时要等很久，可那天却早已靠站等候发车了。已经来不及走人行桥上过去了，四名壮劳力在大暴雨中横穿铁轨，总算赶上了火车将夏目抬了上去。终于又大大松了一口气。

从大仁乘火车的时候，车站的人说这样的病人，必须包下整个一等车厢才行。如此一来，只好请坂元雪鸟，以新闻社的名义进行交涉。夏目说，这么奢华地包租车厢太浪费了，不要模仿这种铺张的做法。听他这么一说，我也提心吊胆很是不安。但后来一算账，大约 12 人乘坐的一等车厢，整个全包下来后只收 10 个人的费用，超过这个人数，按人头收费就好。而我们全部的人加起来，包下一等车厢更合算。这相当不合理呀！夏目被"包租"两个字吓了一跳，不由得大笑起来。

一路上我们准备好了汤和麦片，携带着药品和注射器。不能有任何疏忽。好在一切顺利，没有原本担心的那么多麻烦。总之是毫无阻碍地到了东京。有许多人站在停车场里迎接，但记不住是哪些人。因为事先说好到东京后马上送往内幸町的肠胃医院，所以就将船型卧铺直接搬上了担架，松根东洋城跟着一起去了肠胃医院。后来夏目说：他躺着，脸上又罩着遮光布被人抬着走，完全不知道到了什么地方，心里十分不安。

送进病房之后，我总算稍微松了口气。夏目自己似乎也放了心。而我需要做些整理了，看情形夏目现在应该没大问题了。不管怎样我都想先回家看看，于是跟他说：

"我这就回去了。"

"是么？太谢谢你了。"

他是从心底满怀感谢地对我说了这句话。

可是我回家之后麻烦事就来了。夏目住进医院后不久，医生去给他做检查。想到这次自己是九死一生后获救，夏目心里十分感激，对医生说："这么长时间真是添麻烦了，请一定代为问候长与院长。"又问："怎么样呢？最近他都好吧？"可看医生的表情总觉得不对，想必这里面大概有什么缘由。对夏目的疑问，医生只是支支吾吾回复了几句就离开了。事已至此，再继续瞒下去，肯定会露出破绽。因此森成医生来委托我去跟夏目说明这件事。没办法，自己种的果得自己尝。森成医生又对我说："先生一定会生气吧。若是生气的话，我就在隔壁房间里听着，这是我从医生角度考虑所做的事，我会承担责任给您解围的。"我回答说"知道了"，第二天便去跟夏目说明这件事。

"其实，在你病情最危险的时候，正值长与院长病危，他不久便去世了。你那么敬仰他、信赖他，如果告诉你，担心影响你的病情，所以一直隐瞒到现在。这么做并不是想要骗你，希望你不要往坏处想。"

我如此这般地跟夏目说明了缘由，并表示了歉意。

"是么？"

夏目回答。双眼似乎有泪，片刻时间都说不出话。过了好一会儿，才不胜唏嘘地说：

"这太遗憾了。难怪昨天问起做检查的医生，回答得含糊其辞。那时候就觉得有些奇怪。是这样……真是非常遗憾啊！"

在隔壁房间里一直聆听我们说话的森成医生，总算放下心来。他走进来，说：

"先生，真是对不起，大家都瞒着先生一个人，对此我心里真是十分内疚，请一定……"

但夏目没有说一句怪罪的话，只说：

"没这回事，可是，的确太遗憾了！"

夏目似乎有一种感同身受的痛切，内心充满了遗憾。

// 四十一 医院生活

在修善寺的时候，"满铁"的中村送来 300 元慰问金。当时，我相当感激地收下了。接下来，朝日新闻社的池边来问住宿费用是多少，由他们来付。可是，当时来探病的客人太多，夏目病房所在的二楼房间全部被包下来。这笔钱要朝日新闻社支付未免不合理，因此我当场就拒绝了。但池边说，也是难得一次，起码夏目一个人的费用由朝日来负担。我正拿不定主意时，妹夫铃木刚好来探病，也担心我们的费用问题。我一五一十将情况对铃木说了，铃木就对我说：对方难得一番好意，你这样拒绝会让人生气的。又说夏目也是为新闻社工作和出差才生的病，这也是为新闻社做出的牺牲。但我想：夏目到修善寺疗养是个人私事，如果这样就拿新闻社的钱，以夏目的脾气肯定会不高兴。但铃木劝我说，现在不是说这些的时候，再说对方如此厚爱也值得感激，所以在夏目完全康复之前，你就当作代为保管，先收下这笔钱再说。所以，后来我就按铃木说的做了。

回东京后，中村又想到我们的钱大概快用完了，但如果直接给夏目，他那么顽固，肯定是不会要的。因此中村便派了秘书龙居过来，说希望得到我的私下同意。我当即就拒绝了，说："虽说我们还不至于有钱到连别人送钱都不想要的地步，但治疗费和疗养费好歹也储存了些，实在很难无缘无故接受这些钱。"龙居则回答，中村总裁说送现金来，可又担心这样做会太失礼，因此差遣他特意私下来询问我的意思，说中村总裁很担心我们会因此生气。我回答："怎么可能生气呢，如此深情厚谊，心里真的非常感激，只是无论如何都请见谅。"龙居便说："既然是这样，那么我被派过来也有些用处，请您就依了总裁的心愿，也请您帮忙让我完成这个任务吧。"最后我还是被说服了，又收下了 300 元。

可是去肠胃医院见到夏目时，我想都到了这个时候，说出来也没关系，就跟他说起钱的事。结果夏目说，没道理拿朝日的钱。一定让我还回去。于是我去见了池边，转告了夏目的话，池边说："你们也不是有钱人，再说这笔钱已经通过新闻社的会计转账出来了，就收了吧。"可夏目依旧不同意，一定要退回。于是我再去跟池边说。眼看夏目的话都说到这个份上，池边只好去找社长商量，社长回复池边说："既然钱都已经付过了，就请答应了吧，没必要退回了。"结果，朝日这笔钱怎么也无法谢绝，这件事就这样了结。

这个时候夏目已经可以站立了，随着身体一点点康复，开始外出散步了。而且他也变得不那么听医生的话了，不仅是不听话，还趁着散步的机会，不知道从哪儿买回来与肠胃病相关的书自己学习，然后本末颠倒地提出各种问题为难医生。

有一次，夏目散步回来说，他爬一个斜坡时爬得气喘吁吁。森成医生听了，跟他说这是病刚好的缘故。可他不听，说："我在生病前，爬坡可是不费吹灰之力。"森成医生因此忍不住说他："先生，您知道莺的鸣叫声吧？莺的鸣叫声虽说每年听起来都一样，但实际上在初春依旧寒冷的时候，莺其实已经彻底忘记了去年的鸣叫声，连啁啾的低鸣声几乎都发不出来。需要一点点地慢慢练习，才能恢复原来的鸣叫声。先生的情况也是一样的，因为大病初愈，脚力还弱得像孩子一样，因此也要一点点地慢慢练习，才能恢复过去的体力。"

"是么？"

夏目说，之后陷入沉默。打那之后再也没有过任何抱怨了。后来我们将这件事讲给铃木三重吉听，铃木就说："那是因为对方是医生，所以安静地听着，如果是我们来上这一类的课，肯定会被问：三重吉，你这家伙知道莺的鸣叫声吗？然后反过来驳得我们哑口无言。"

"哈哈！是呢，说不定会是那样呢。"夏目听了，笑着答道。

有一次去医院的时候，小宫和东两位都在。看到我就说："夫人，回家的时候请客吃鳗鱼饭呀！"

夏目听到了，气势汹汹地劈头训斥：

"我还在住院，有哪个家伙敢邀请我的妻子去料理店？"

夏目说完就出去了。

不一会儿，东满腹牢骚地说：

"先生根本没必要那样大声嘛！真是没有大人气概呀！这样一来不管吃什么都食之无味了。"两个人都很沮丧，最后什么地方也没去，告别后直接回家了。第二天我去医院时，夏目快活地问："昨天吃饭的事，后来怎么样了？"听说两人哪儿也没去就回家了，夏目道："是么，那可太遗憾了。小宫那家伙，总是过于安闲奢华，那么我说话就得强硬点。"

记得十月快结束的时候，夏目开始写稿了。以"杂忆录"为题写到他这次的大病。在写这篇稿子的时候，有一次，池边来了，看到夏目正在写稿，就对他说：用不着现在就开始写稿，若是又用脑过度，不是又会胃酸过多吗？甚至还收走过他的稿纸。

可是他只要想写，不管别人怎么说还是一样会写。这段时间大约因为生病，无法像以前那样每天写几页甚至数十页稿纸，就算想写，一天写完一篇报刊专栏，就已经累得筋疲力尽了。他想写稿，有时候也想安心地看书，但又总是有访客来。这让他觉得有些烦，因此，在病房入口处，有时候会贴出一张"谢绝来访"的通知。

而且这次病愈后，他以前那种不可思议的焦虑消失了，变得温和安详，精神焕然一新。可以说是非常有人情味，像换了个人一般，变得十分和蔼可亲。夏目经常挂在嘴上说："生病的时候承蒙大家许多关照，非常感激。"在修善寺病危的那段时间，接二连三地有熟悉的面孔前来探望他，他心里觉得非常幸运，因此满怀感谢。后来听说大家都是接到病危电报赶来的，又笑着说："呀，这一下子幸运的感觉就只剩下五成了。"不过，在我看来，病愈后他的心境与以前大不相同了。

还在修善寺的时候，妹夫铃木要求每天都拍电报告知他夏目的身体状态。因此我每天都像做日课一般给他拍电报。但夏目身体开始好转后，每天的内容差不多都一样。但每天发同样内容的电报也太无聊了，因此，后来的电报内容变得半是打趣起来。例如，今天喝了粥啦，今天又吃了几碗饭啦，拍过去的电报都是这些内容。忘记是哪天，我因为无话可写，就在电报上写了句"今日剃须理发，果然是相当一表人才"之类的话，因此得到铃木的热情肯定，表扬说"这算得上是电报名文了"。就这样，他的身体慢慢恢复了，可一直牵挂着他病情的医院院长却去世了。之后去世的，是比他还年轻的大冢楠绪子。大冢楠绪子转到大矶疗养时，他曾多次想去探病，但因为自己的病情，错过了前去探访的时机，到了秋末时节，大冢楠绪子突然去世。夏目自己也因为生病，算是九死一生过来的人，因此，和其他人相比，想必更是倍加感慨吧。在《杂忆录》中，他记录下了当时的许多心情。听说大冢楠绪子去世时，他反复要求我去吊丧，以表哀悼。我去大冢府上吊唁时，楠绪子已经火化，被带回了家。而葬礼那天我因为感冒，结果也没能去送殡。

ある程の菊投げ入れよ棺の中

所有的菊　倾尽所有的菊啊　投入棺中伴君眠

这是夏目写给大冢楠绪子的赠别辞。

夏目在修善寺得到森成医生的极大关照，必须送上一份礼物作为感谢。送什么样的纪念品好呢，夏目左思右想，最后自己去了银座的天赏堂，买了一个银质的香烟盒，然后提笔写下：

谢森成国手于修善寺承蒙恩笃看护

朝寒も夜寒も人の情哉

朝暮天寒人情暖

夏目请人将句子刻在香烟盒上，赠送给森成医生。这个银质香烟盒，曾经在夏目的遗墨遗品展览上陈列展示。看到它不由想起那时的事，多么难忘的记忆。

前面提到了《杂感录》。下面关于《杂感录》手稿的一些事，其实是很久以后的事了。

夏目去世以后，评价慢慢高起来，于是经常听说他的手稿在各家旧书店售出。其实只不过是从新闻社的字纸篓里拣出来的，又或者是新闻社保存的而已，却以几百块的高价兜售，我也曾买过一两样，不过到手后又原封不动地转让给了别人。作为手稿本身的性质，留在家里的都是些写坏了的。倒是他的绘画，家里还留下了一些他自己装裱并题字盖章的收藏品，也有一些书法作品。唯有手稿，除了俳稿诗稿之外，就只有在大学授课时写的一些讲义了。虽然人们很想要他的手稿，但因为各种原因，有点无法出手。正好这个时候，松冈听说本乡附近的旧书店，在兜售《杂忆录》的手稿，于是便过去看看情况。发现除了《杂忆录》的手稿外，还有他去世那年正月写下的《点头录》的部分手稿，以及他主持朝日文艺栏目时所写的两部手稿等。不过，《杂忆录》虽然整套手稿收集得很全，但因为整套出售很难找到买家，再加上那些手稿里有汉诗也有俳句，每一篇都各有各的情趣。按报纸专栏的篇数，一篇文章也就是单面八九页，因此，也不知道被谁拆散买走了。一共缺了五六篇文章。旧书店的人知道松冈的来意，也十分惋惜：好不容易收集齐全的手稿，居然被拆散，变成瑕疵品了。还到处打听了一番，但结果因为是在店头买走的，根本无从知道买主是谁。松冈只好作罢，且先不管这些，赶紧跟旧书店说好余下的他全部都买下来。告诉书店的人地址时，对方也不知道他是松冈就定了价。所以后来非常后悔，说早知道就将价格抬高点，没赚到钱，亏了亏了！就这样，《杂忆录》的手稿现在在家里。后来又收回了《点头录》以及从友人那儿瓜分过来的《春分之后》的手稿。关于夏目的手稿，家里也就是这些了。最近我老是想：一开始他的手稿频繁出现在市面上时，若都买下来就好了。现在都说他的手稿非常值钱，想要也出不起价了。

他在这家医院里迎来了正月。正月初二去医院看他时，发现照顾他的护士不在，他一个人孤零零地正在写稿，四周寂静无声，一点新年气氛也没有。怎么回事呢，我问。夏目回答说有三天年假，护士插上翅膀飞走了。

关于他的医院生活，这样继续写下去会没完没了。还是告一段落吧。

这段时间在同一家医院里住院的还有朝日社的涉川玄耳，也是肠胃不好进来的。两个人好像往来颇多。涉川进院晚，但出院比夏目早。后来总算夏目也要准备出院了，我觉得2月25日是个好日子，跟夏目说，出院的话就选这天吧，因为我过于强调日子的凶吉，夏目因此还跟涉川装糊涂，说："我家里的说，必须择黄道吉日出院，到底哪一天出院好呢？"涉川就是涉川，笑道："应该是某日上午某时为好，因为那个时间正好是犯人出牢笼的时间。"这话是在取笑我呢。

这个时候他又提出想练谣曲，以便活动活动身体。前面介绍过他练谣曲的事。练谣曲的时候，腹部必须要用力，所以我不赞成。但是若一直无所事事人会很闷，天气又冷，他也不可能外出散步，因此就想练练谣曲，算是顺带做些运动。

因为我们的意见不一致，便决定去问医生。医生如果说可以，我就将谣本给他。于是没几天，医院给我寄来了这样的信：

拜启：

本日回诊时，尊夫与医院院长平善金三先生有如下谈话。特报告供您参考。

尊夫："用腹部呼吸已经没关系了吧？"

院长："没关系了。"

尊夫："那么，稍微发出点声音——比方说唱唱谣曲的话，不会有危险吧？"

院长："应该可以唱了吧。慢慢习惯着试试看。"

尊夫："每天唱30分钟或是一小时左右，也不会有危险吧？"

院长："应该没有危险。如果有危险的话，即使不唱谣曲危险也会来的。既然身体已经康复了，只能说，唱唱谣曲是完全没问题的。"

尊夫："是吗？谢谢。"

护士町井石子坚决保证以上谈话内容属实。看来若总是轻率信任天狗和森成大家，像丈夫这么可怜的人，又会陷入不应有的悲惨境遇。请务必在接到此信之后，凡事为丈夫着想并妥善处理。

敬具

2 月 10 日　见证人　町井石子

夏目金之助写给夫人

我彻底败下阵来，将谣本给他送过去。能收到他这类掺杂着玩笑、却令人不由得深感欣慰的信件，可以说，这在以前是完全不可能的。

// 四十二 拒绝博士学位

　　就在正准备出院的时候，2月20日那天，家里收到文部省寄来的信，信上写着：明日上午10点举办学位授予仪式，请穿正装出席，如有所不便，请指定代理人出席。突然接到这么一封信，我完全不知道该怎么办。首先想到的，就是先打电话听夏目如何吩咐。于是第二天一大早，就去了家附近经常借用电话的山田三良家里。

　　夏目听完我转告的文部省指示后说：总归得听听本人的意见吧，想要的人就授予学位，不想要的人，不可能无视本人的意愿也一样授予学位。因此，他理解成文部省想听取他本人意见，所以要求他去一趟。于是我说：文部省说可以找人代理，你现在人在医院，是不是委托森田做代理人出面呢？夏目在电话里回答：这样也可以，但是要注意，绝不能说一些让对方误会以为我想要这个学位的应酬话。

　　在旁听到我们通电话的山田对我说：既然这样，其实根本没必要找什么代理人，置之不理就是了。刚才借电话时我告诉过山田说文部省来了信，但听他这样一说，我也只能回答一句"是么"——因为这种事还是头一次碰到，而且虽然信里明明白白写着要求出面，但还是没弄明白到底是怎么回事。接下来，还没来得及去找代理人，我打完电话才刚到家，就收到一个邮件，是文学博士学位证，装在一个纸筒里。如此一来，给森田写信委托他做代理人的事自然告吹了。无法平息的是夏目的一肚子火。

夏目原本以为文部省会先确认一下他自己的意见，打算接受才会授学位给他。可在他还没想过要接受，甚至觉得这类东西很累赘的时候，居然连个预先知会也没有就强加于人。更过分的是，一边说要本人去一趟或是找人代替去一趟，而我们还根本没来得及安排人去，就已经将证书送来了。这一切都违背了夏目的意愿，因此他当然会不假思索地说："这东西我不要，送回去！"后来他自己给当时的文部省专门学务局长福原镣二郎写了信，连同证书一起从医院邮寄了过去。这就是当时引得大家议论纷纷的拒绝博士学位一事的发端。

关于这件事，对他自己而言是理所当然，不过是做了一个极其平常的决定而已，却引起社会哗然。他写了信，详细说明了事情原委，已经尽心尽力了。现在在他的文件柜里，还保存着当时文部省相关的命令和来信，以及他自己写的信件原件和备份。在此重新登载如下。

首先是来自文部省专门学务局长福原镣二郎的关于 2 月 21 日上午 10 点出席学位授予的指示，夏目针对这一指示所写的拒绝信，就是连同证书一起返送回去的那封信。

敬启者：

昨（20 日）晚 10 时许，予于居舍之外（目下于后附地址医院住院中），获悉本日上午 10 时学位授予出席之通知。家人今早已于电话中表明家主病体未瘳，未克出席之意。

二三日前已由报刊获知博士会推荐小生为博士并将授予称号一事。然小生迄今仅以夏目某之名行世，来日仍望仅以夏目某之名度日，故不欲接受博士学位，缘此诸多烦扰，实非本意。如右所言，特在此辞谢学位授予事宜。敬请妥处为感。

敬具
夏目金之助
2 月 20 日

专门学务局长福原镣二郎殿

那之后一直到 4 月之前，文部省方面没有任何消息过来。一直到两个月之后的 4 月 12 日，才收到福原下面的这封回信。

复启：

2 月 21 日辞退学位授予之申请已敬悉。唯命令发布于前，碍难无由变更，敬祈谅察。现遵大臣之令，学位证另行奉还。专此特告。

敬具

下面是夏目对此的回复。

拜启：

敬悉学位辞退申请晚于发令之故，难从小生所愿妥善处置事宜之再答。

按小生必先接悉学位授予之通知，方能提出辞退申请。接悉之前，既无辞退之必要，亦无辞退之可能，敬请考量。文部大臣于学位令之解释，应有允可辞退学位之余地，然丝毫不顾小生意志，强行规定不得辞退，小生内心实极不快，今明言于此。

虽文部大臣固执己意，认定小生业已拥有学位，然小生以为学

— 222 —

位令之解释，实违小生之意志，小生并无领受学位之义务。

最后，鉴于小生所知之目下我邦学问文艺两界之趋势，小生确信令之博士制度实属利少弊多，亦不妨明言于此。

拜托转致右大臣，并将学位证再度返还。

敬具

夏目金之助

4 月 13 日

以下是文部省的回复。

学位辞退一应事宜，4 月 13 日已书面收悉。此事有违足下意愿，实感遗憾。然依据右记学位令之解释，经省议决定，已无辞退之道，不得已处，还望涵察。虽足下再度返还学位证，然学位证之领受与否，与学位令之发布无关。时至今日，除认定足下所持文学博士学位有效之外，别无他途。又及：学位证本应再次奉还，但足下必再次送返，故暂缓寄回，改由当局保管，敬祈明悉。奉右大臣之命，重申如上。

文部省专门学务局长　福原镣二郎

夏目金之助　殿

明治四十四年 4 月 19 日

信件交涉至此告一段落。因为明白这是个无聊的头衔，自己仅仅只是想做夏目金之助，而文部省却非要他做文学博士夏目金之助。他现在也并非学校的教师，自然与文部省毫无交涉。这个文学博士也对他今后毫无作用。他去世之后，好像是要做日本博士录，有好事者来联系我，要求告知文学博士夏目金之助的简历，直到现在，凡是给他添加个博士号头衔称他为"夏目ＸＸ"的，我都不予理睬。

他最后一次信件往返的前一天，根据记载的日期，还留下了一篇不知道打算在什么地方发表的稿子——记得那天有芳贺博士来访，此外还有福原来访——但这篇稿子他写完之后似乎没有发表。为了更好地理解他当时的心情，虽然文章略长，但还是登载到这里。

　　学位授予问题变得相当烦杂。想要将学位授人的各位，其意图不用说是出于好意。

　　但话虽如此，因为世间一般认为这是一种荣誉，推荐的各位也是一番好意，因此认为不能不接受。对于这种论调，我觉得太过单纯。

　　亲切是不能强行推销的。一旦强行推销，那也就不能叫作亲切了。

　　说什么授予学位是命令，被授予者须有接受的义务。这种论调太过庸俗，太过强词夺理。

　　如果说授予学位是荣誉，那就更没有非要强行授予不可的理由。就算是官职也是不可强制的。说到底，也无法找出任何一条可以将荣誉强加于人的理由。

　　如果以为予以荣誉被授予者就一定会喜不自禁地接受。这是其本人的谬误。也即所谓以己之心，度人之腹。因自己的过失，给别人添麻烦，哪有这样的道理。

　　不介意学位而独善其身者，于国于家不如说是值得庆贺的事。

　　回到作为授予者的亲切初心，倘若是不愿接受，果断取消决定便可了结。想法若太过死板反倒令事情变得难办。依本人所见，实属无聊问题。

关于拒绝博士学位一事，引得社会上议论纷纷。有说很痛快不愧为漱石的；也有像之前针对西园寺的雨声会一事那样，说这个乖僻男人故意找别扭不懂人情世故的；还有说拿了博士学位摆着又不会给你添负担，这是想出风头想露脸吧。各种自以为是的说法都有。但不管社会舆论如何，我们清楚他平时就讨厌博士头衔，所以没有做任何多余的申辩。他自己也认为只不过是对于理所当然的事，做了理所当然的处理。因此，尤其是这个话题公开化后，连我在内，就更加不会多说一句了。只不过，一些根本不了解我们真实想法的亲戚，依旧惋惜地说：要知道博士毕竟是不得了的名誉，即使他自己不要，为了孩子们的名誉受领了多好！金之助真是个性情乖戾的人呐。

总之，关于这个问题，夏目认为文部省的做法相当无趣，这是事实。

// 四十三　良宽的字

在夏目修善寺大病之前，朝日新闻社在悬赏征募小说，委托夏目和幸田露伴一起做选考人。最开始的两三篇，他非常守信用地认真读了，但没一篇出色的，估计接下来也不会有出色的好小说，加上他又在看医生，怎么也做不到悉数过目，想必他也认为没有这个必要，就委托森田做代理，自己去了修善寺。结果在修善寺患了一场大病。倒是该庆幸在去修善寺之前，就将选考一事委托给森田了。

悬赏小说的一等奖有 3000 元。我跟森田开玩笑说："比起你自己做选考人，倒不如你去应征，将 3000 元拿到手呢。"森田就笑道："的确如此，应征作品都挺蹩脚的，就算是中间稍微上乘一点的，但那种水平，我完全有自信写得出来。只是不管我如何匿名，先生一眼就能认出。他若知道是我写的，以先生的为人，他做选考人的话，绝对是会讨厌自己门下弟子当选的。他对我们这些门下弟子，有一种近似于啼笑皆非的顽固——行，本来能拿一等奖的，故意只给二等奖；可以拿二等奖的，则肯定是让人落选。因此压根儿就没希望。因为先生过于讲究公平，而且根本不予通融。"关于这一点，完全是森田说的那样，他关照人的时候，真的相当关照；但在一些必要的场合，却又有着难以通融的严格。

再说，在参评的小说里，找不到够格获一等奖的作品，连田村俊子的作品，也仅仅只拿了二等奖。幸田给出的分数，和森田给出的一样，也就是说双方意见相同。为此田村俊子还特意登门拜访致谢。记得是秋天前后的时候，正好夏目在肠胃医院里住院，所以我就在玄关和田村见了一面，跟她说："麻烦您特意来一趟，可不巧夏目正在住院呢。"田村回答说："真不巧，那么改日再登门拜访吧。"当时我很想说：其实是森田选上的你，请去给森田道谢好了，但到底没说出口。后来将这事告诉森田，森田就说：夫人您多虑了，您就大大方方地说实际上选考人就是我，这是完全没问题的。森田这么一说，我也很可惜没办法做修正。不过好在之后听说，田村后来也知道了，因此常常到森田那儿去。

　　夏目结束长期的住院生活回到家中不久，住院期间一直都在照顾他的森成医生要回家乡越后的高田，自己开医院。据说因为他父亲有言：现在的年轻人，接受了高等教育之后，都不回家乡了。而森成是医专毕业，又已经成了一名医生，因此那段时间森成父亲总是催促他回家乡去，让他回去看办医院的房子，甚至连儿媳妇都物色好了。一切都预先准备好了，因此森成说先回去看看再说，便回了一趟老家。等森成返回东京后，我问他：怎么样？要娶的那位媳妇如何呀？森成笑着说："是个无论哪方面都跟我的设想完全相反的老婆呢！"又说，是他那个凡事特别严格的伯父帮他介绍的。他伯父咄咄逼人地说："现在的年轻人，娶媳妇时都是看长相如何、才能如何，实在过于草率冒失；而过去娶媳妇，首先是要看家世、看为人的，如果我帮你选的媳妇不好，我必定会切腹谢罪。"所以，森成半开玩笑地说："无论如何，我都没有残酷到必须让伯父切腹的地步，所以对于伯父的介绍没有意见。"

　　到了4月，眼看森成要回家乡了。我跟夏目说，得到森成那么多关照，作为送别的礼仪，想请他吃顿饭。夏目回答说："这个想法很好，但是吃饭的话，乱哄哄摆满一桌子，没什么意思。而且森成格外喜欢吃鸡肝等内脏，倒不如准备些他爱吃的，顺便也将大家都召集过来，你看怎么样？"我说："既然这样，你来联系召集大家吧。"于是，从夏目修善寺大患以来，跟森成医生的关系变得亲密无间的各位，都被召集了过来，在一起办了一场"肝脏会"。然后又在书斋前拍了合影作纪念。那天是 4 月 13 日。真是一场相当盛大的聚会。

也是这个时候的事。夏目拜托森成从越后那边入手了一幅良宽的字。是多张纸粘贴起来的一大幅字，写着我完全看不懂的草书。那时候还是"良宽热"盛行之前，用 35 元还是多少钱换回来的。但夏目觉得这幅字整体感觉不太好，再次拜托森成说，想找到更好一点的良宽的书法作品。于是隔了没多久，森成找到了一位收藏良宽作品的相识，那位相识说，既然这么喜欢，而且是夏目先生，那就与他共享一幅珍藏品吧。只是，想请夏目先生写一幅字来做交换。夏目大喜，用半纸写了一幅字，又添了 50 元钱作为谢礼，一并赠给对方。那幅良宽书法，是一枚小小的横幅，上面写着和歌。夏目喜欢得不得了，视为至爱的宝贝。

大正五年夏目去世之后不久，这枚小幅良宽书法的旧藏者给我寄来了一封信，信上说：那幅良宽作品是我的珍藏品，因为先生喜欢，虽然我感觉惋惜，但还是放了手。可是现在先生去世了，那幅字估计你们也不需要了，请务必归还给我这个旧藏者吧。但我想：这是带有故人手泽的遗物，还是尽可能按原样就此袭藏为好，因此，虽然对方特意来信，但并没有遵循来信旨趣。

既然谈到良宽，那么也稍微说说夏目的书画。他原本就很喜爱书画鉴赏，从这个时候开始，常趁着散步出门，去瞧瞧书画屋或是旧货店，淘点什么便宜货。因为只是用很少的一点零花钱买回来的东西，即使可能是赝品他也并不在意，只要他自己觉得赏心悦目就好。有时候买回来一些又破又脏的东西，他挂起来慢慢欣赏，觉得好的，就去裱画店装裱起来，然后自己在字画盒上题名收藏起来。不用说，因为没花什么钱，也不可能收藏什么不得了的东西。总之他就是自娱自乐。

除了谣曲之外，他也没有什么其他的爱好。哦，还有看书也是他的爱好。有段时间他买书特别多，但后来慢慢不买书了，因此成了一个完全不需要零花钱的人。虽说他相当谦恭节俭，但对于钱，他从来恬淡至极，满不在乎。他开始写东西之后，零花钱之类更是完全不要了。但尽管如此，我还是看时机在他的钱夹里放点零钱。至于我放了多少，他全然不知，有时候一个月下来，放进去的钱依旧分文不少。不过我还是会继续往他的钱夹里再放一点，这样两三个月积攒下来变成整数时，若碰到有人找他哭诉什么事，这笔钱就被借走了。又或者他拿了去买喜欢的书画古董。基本情况就是这样。到现在，他用这种方式买回来的、或者从别人那里得到的书画古董（但类似于美术俱乐部出来的值钱东西一件也没有）还原封不动地保留着。并不值钱，但都是按他的趣味谨慎收集的。

他也经常临摹良宽，写很细的字。记得收藏良宽书法不久之后，开始经常有人来请他写点什么，他也不拒绝，只要有人问他要，他就会写。写着写着他就来了兴致，开始练起字来。

除了良宽的字之外，因为喜欢而收集的东西，大概还有三四样。是伊予的明月上人和藏泽的。两样都是来自松山的森冈月拿来的。原本是想要夏目的字而带来的谢礼，当然也是因为他喜欢所以才收集。特别是藏泽的墨竹，他特别珍视，还将其当作范本，临摹画竹。在毛毡上铺好纸，撩起和服的衣襟，一鼓作气顺势画出一条墨痕淋漓的竹，让周围的人吃了一惊。记得这是大病过后第二年，即他热衷于画藏泽式墨竹的时期。

// 四十四 善光寺之行

　　6月中旬，长野的教育会邀请夏目去做演讲，夏目还没有去过长野，也想去看看，便答应了。可是站在我的立场，又要坐摇摇晃晃的火车，这对他好不容易才恢复的身体非常不利，所以极力反对。可夏目根本不听，说："你反对什么？已经没问题了，没什么好担心的！"既然如此，我就对夏目说："让你一个人出门，说不定什么时候又生病，与其我在家里担心，倒不如跟你一起去。"依夏目的性格，当然是拒绝我，说："住嘴！演讲带着老婆一起去，这得多难看！"可是，我无论如何都想一起去。正好那个时候，孩子好像有些发烧，请儿科的丰田铁三郎做检查，于是夏目趁机对丰田道：

　　"我说，丰田桑，这次要去长野演讲，这家伙吵着一定要一起去，在一群小学老师聚集的会场上，带着老婆去演讲，你说这多难看呀！"

　　夏目是想找丰田做救兵。可丰田答道：

　　"不，才不会难看呢。我的导师弘田博士，每次去演讲，肯定是领着夫人一起去。"

　　听丰田的回答，原来此事早有先例。夏目终于彻底认输，同意两人一起去。

"一等车是到高崎的。二等车可以的吧？"夏目说。在上野站，他买了车票，当天晚上住宿在长野的犀北馆。在前往长野的路上，对方派人到轻井泽来接我们，一路上给我们做导游，认真讲解。夏目觉得新鲜，眺望着窗外，边听边点头。

那天晚上森成从高田来到我们住宿处，定下来去森成的母校、也即高田的中学做演讲一事之后，方才离去。

第二天我们先去参拜善光寺，然后是演讲，得到演讲谢礼60元。凑巧在善光寺门前与松崎天民不期而遇，我不认识松崎先生，但没多久，在松崎先生的纪行文里，写到他在善光寺门前见到一个头戴草帽身穿白背心的人，领着妻子笑吟吟地朝这边走来，正想这笑吟吟的人是谁呢，仔细一看原来是夏目漱石。夏目将这段话拿到我面前，说："你瞧瞧！被人家这样写，真的很难堪呀！"

我们当天就去了高田，住在森成的新家里。一天去中学演讲，一天去五智游玩。森成邀我去听演讲，但因为下雨，结果没去。按照约定，要去诹访中学做个演讲，因此先去了松本。然后，结束了在诹访的演讲之后，又拜访了诹访神社，最后回到东京。一路上夏目对于食物非常小心。一会儿说太硬的东西不行，一会儿又说吃面包也不错，没完没了。总之最后平安无事、健健康康回了家。他因此对自己的身体有了自信，我也大感安心。

// 四十五　两桩婚事

　　说起来时间上有些前后颠倒，这年四五月，家里有两个人出嫁，一个是代人嫁女，一个是帮人做媒。

　　我亲妹妹的孩子，也就是我们叫阿房的表妹，从小她家就十分败落，母子都由我父亲帮忙照顾，不久后阿房母亲去世，哥哥也外出做事，只剩下阿房留在我母亲身边。我家孩子多，缺人照料，因此一直请阿房过来帮忙。现在阿房到了该出嫁的年纪，正说起若是遇到好姻缘便嫁掉时，名古屋的亲戚就过来说，他手下有名建筑技师，人挺不错。去问阿房，回复说愿意嫁，对方也表示愿意娶。于是，连相亲都免了，就这么迅速地定了下来。结婚的时候，新郎从名古屋过来，在日比谷的大神宫举办了仪式。

　　很早以前，我就跟阿房的哥哥说，即使现在不需要置办什么，但女人出嫁时总归是要花钱的，万一有什么事，像你这样在外做事，一口气拿出一笔钱也困难，所以，10 元也好，5 元也罢，你最好每个月寄些钱来存在我这儿备着。可阿房哥哥回绝说，做生意人的人，即使每月拿出来 5 元或 10 元都困难，到时候再说吧。阿房哥哥一点也没打算要给予帮助，而事情又决定得这么突然，更加没时间做准备。没办法，只好拿出我的一些旧物改一改，不够的再添置一些，虽说有些寒碜，但靠着我的双手，好歹算是准备齐全了。

夏目和我作为女方家长，跟着新娘一起去了日比谷的大神宫。男方也好女方也好，之前彼此连面都没见过。因此夏目饶有兴致地开玩笑说："也不知道来的是哪路牛鬼蛇神。"总之当日圆满完婚，当天晚上新郎新娘就携手回了名古屋。可是才过了半年时间，不知道是什么原因，两人就离婚了。

阿房出嫁之后，我才刚刚松了口气，紧接着，另一位在家里帮忙的阿梅，也就是西村涛阴的妹妹，也要结婚了。这次有了经验，不再那么犯难。我又要负责张罗一切。以前阿房出嫁的时候，大家都莫名兴奋，积极地准备着，但连着两件喜事重叠在一起，后面这一件，大家就有些提不起精神了。而且出嫁的地方就在东京，所以我们夫妇俩还必须做证婚人。加上阿梅的哥哥西村那时去了大连，所以又是我一个人绞尽脑汁，才总算办妥了新娘的嫁妆。总之我们除了做女方家长，还兼做证婚人，从头到尾所有一切，都必须我们准备。

因为必须写彩礼目录，所以我将大奉书[1]拿到夏目跟前。"要怎么写呀？"夏目问。后来好歹凑合着写好了，马上给对方送过去。婚礼在对方家里举办，长女笔子那时候 13 岁了，因此被委派负责给新郎新娘斟酒。但我不大懂斟酒的礼仪，更不用说夏目了。想来最好还是先去问问老人，因此我先请教了母亲，然后再指导夏目和笔子。又觉得光说不练也不行，得事先排练一下。于是夏目扮演新郎，忘记是谁扮演新娘了，应该是新娘本人吧。两人在和室里相向而坐，笔子拿了酒壶过来，两人先是互相鞠躬，然后排练三三九度之杯行酒，而我扮演所谓舞台导演，简直可笑

1　大开的奉书纸。奉书纸是和纸的一种。——译者注

得不得了。

接下来，终于到了婚礼当天，仪式开始了。对方的家里有些拥挤，跟自家情况不同。那么，在酒壶上是要系上雄蝶雌蝶的，可是我们总也系不好。我就跟夏目说："你是男人你来系。"可夏目连哪只是雄蝶哪只是雌蝶都分不清，只能猜测着马马虎虎系上，可系得太用力，居然将线弄断了。

"哎呀！断了断了！"

大概因为失手了，夏目不由得大叫出声。这种场合，说"断了"这么讨厌的话，相当不吉利。我不得不往心里去，可夏目根本没注意到这些。接下来到了三三九度行酒的环节，男女双方相向而坐，倒是进行得顺利，然而左等右等，负责斟酒的人总不见出来。真是笨得无法形容！没办法，我只好朝纸拉门的木框上敲了两记，催促在里面待命的笔子，这才总算出来了，还一脸笑嘻嘻的。行酒的时候，也让人担心得不得了。就做这一次证婚人，都已经手忙脚乱了，以后再也不敢想。而这位新娘，虽然婚后跟婆家相处不错，却在婚后第七年因为难产去世了！实在可惜。

这一时期，坪内逍遥的文艺协会开始公演《哈姆雷特》。除了夏目外，我也收到了邀请，但我没能一起去。夏目在《朝日新闻》写了一篇批评性质的评论，自那之后，文艺协会送来的招待券，总是接近最后一场闭幕演出的日期。夏目因此笑道：最开始说了他们的坏话，肯定担心还会被说，想必也挺为难，所以只能等演出快结束时才能送票。

因为每次都会收到两张票，所以我也常常跟着夏目同去。看到《奥赛罗》的结局那么悲惨，我非常难以接受。看到舞台上无罪的人也被杀害，我心里久久难以平静。所以跟夏目说还是惩恶扬善式的结局好，而夏目则告诉我说那才是真正的悲剧。此外，还有《玛格达》（即苏德曼的《故乡》。——译者注）和《玩偶之家》我也跟着一起去看了。夏目认为须磨子演的女主人公，怎么看都带着一股女佣人的气质，不管怎样热情地模仿西洋人的做派，都很难让人动心。

总的来说，他厌恶一切不自然的东西，包括戏剧。对于许多不合理的老戏，总之无法予以同情。因此总是满怀责任感地说一大通意见。比方说，如果扮演童角的声音不自然，他会抛开戏剧本身，气呼呼地讽刺挖苦，牢骚满腹。还有我很喜欢吕升[1]，经常去听，邀他时他总是愉快地同去，听得出神，赞叹说"声音真好"。

进入 8 月，大阪朝日新闻社在关西举办讲演会，邀请夏目去讲演。这一次是盛夏，而且越来越热，我说这种天气连身体健康的人都吃不消，病弱的人最好还是作罢。可夏目呢，倒不是因为尝到了讲演旅行的甜头，主要是大夏天待在家里他也受不了，而且也想去不熟悉的地方看看，再说这次与以往不同的，是于他有情分的朝日新闻社的邀请，加上不久前他去了一趟信州，到家后健康无恙，也令他有了自信。所以这次说了句"没问题"就出发了。他说了要去，我若阻挠，难免又会发生争执，所以最终我认输，他一个人出了门。

结束了在和歌山、堺、明石等各地的讲演之后，最后一站是大阪的讲演。他感到肚子不舒服，服了药才忍耐着做完讲演，但刚一结束就病倒了。一回到住处就躺到床上。他给自己鼓气，想着这样可不行，得赶紧回东京。可是却怎么也起不了身。朝日社的小西等人，因为自己身体都很健康，不知道事态严重，所以对夏目说：胃不舒服，去有马温泉泡泡就好了。可对夏目来说，大病痊愈刚好一年时，又一次躺了下来，因此他比谁都明白这其中的可怕。因此他对朝日社的人说："带我去肠胃医院，我要住院。"一开始朝日的人听到这话，都吃了一惊，但还是赶紧到汤川医院办理好了住院手续，然后又给我发电报，让我快些过去。我也大吃一惊，急忙赶去了大阪。

这次病状没有想象的那么严重。主要是有了去年那次痛苦的经验，因此一开始就十分注意，只食用流质食物。当时还是大阪朝日职员的长

1　丰竹吕升（1874-1930），日本著名的女义大夫师。义太夫是净琉璃的流派之一，由大阪的竹本义太夫创始。女义大夫也称女净琉璃。——译者注

谷川如是闲来探病，说："夏目先生很不注意健康，不久前在和歌山的时候，吃了不少短爪章鱼。我很担心，提醒他说，这么不消化的东西，吃了没事吧。回答说没事，因此吃了许多。"听长谷川如是闲这么说，还躺在床上的夏目就抗议："什么？根本不是短爪章鱼的原因好吗！"

新闻社不断有人前来探病，这其中小西胜一会每天都来。在我还没到大阪时，小西就十分周到地为夏目购买了住院必需品，对夏目的病充满歉意和担心。因为是小西提出邀请夏目到大阪演讲，所以他认为夏目生病是自己引起的，为此十分尽力地忙前忙后，弄得夏目反倒很过意不去。小西每天下班后一定会来医院探望，还跟我说："当着夫人的面说不太好，不过夏目先生的讲演会，放眼望去可全都是女学生呢！"

在大阪住院期间，常来探望的有津田青枫和他哥哥西川一草亭，还有大阪俳人水落露石、青木月斗等各位。前不久见到青木先生时，听他说起当时去医院探望夏目时，夏目吩咐拿出冰激凌招待他。当时冰激凌在大阪还相当稀罕，所以他心里颇为吃惊。

夏目在汤川医院住了三个星期，康复得非常顺利。快要出院的时候，紧挨着医院的"莫大小屋"的主人拿来几把扇子，请夏目题字。因为扇子不算太好，夏目让人去附近的扇子店买。结果扇子店老板自己拿了扇子来请夏目题字。这样合起来一共写了五把扇子。大概自我感觉写得不错，夏目一边打量着扇子上的字，一边说："这样的话，每把扇子可以卖50元了吧。"正好刚从老家返程顺道路过的小宫也在，就开玩笑说："这么说，五把加起来就是250元，我现在手头没钱，要不我去跟院长交涉一下，就拿这个作为住院费吧。"

快出院时，那家医院的厕所已经换上了西式的坐便器，拉一下就能冲水。但不知道哪儿坏了，水一直流个不停。而夏目正好进了厕所，一直没出来。让我不得不担心他是不是在厕所里晕倒了。过了好一会儿，他总算出来了，平安无事。我忍不住问："怎么回事呢？"夏目回答，因为水一直流个不停，觉得太浪费，于是爬到坐便器上，鼓捣头顶上方的水箱，看能否修好。结果自己修不好。我不由得责备他："喂，那么危险，你现在人还摇摇晃晃的，怎么可以爬到坐便器上去？如果脚一滑摔倒了怎么办？"他就是这样一个人，对这些微不足道的小事特别上心，傻乎乎地细致得不得了。

夏目的身体已经无恙，于是坐卧铺回东京。但我担心他在火车上会不会出什么状况，一直提心吊胆。他躺在卧铺上动一动，我就担心他是不是哪里不舒服。若是一动不动，我又担心他是不是没呼吸了，忍不住悄悄伸过手去，啊！手还是温的，鼻子还在出气……总之整个人高度紧张，根本无法安心睡觉。到了早晨，我自己都变成了半个病人。回到东京一切就颠倒过来，我变成要他照顾了。火车经过名古屋时，是深夜 12 点左右，在名古屋的妹夫铃木特意前来探病，也顺便见个面，但他说开口说话太费劲，静静地一直躺着，让我担心极了，以为他的病又恶化了。

// 四十七 破障子

9月中旬从大阪回来后，不久夏目犯了痔疮，医生说要做个切除手术。切除的时候做了局部麻醉，手术还算顺利。但当夏目在房间里试着走动的时候，痛得整个人都差点跳起来。而且这个病还相当顽固，到第二年还在流脓，很令人伤脑筋。

就是这样，那时候的夏目就像个易碎物品，总是在生病。也不知道什么时候就会有生命危险，因此他也相当小心。可是只要一渡过关键时刻，他又出乎意料地平静。

这事说起来不太文雅。这个时候的夏目，胃不好，肛门也不好，因此常常放屁，而且发出的声音相当奇怪。不记得是中村还是菅，来我家时听到了他发出的奇特屁声，就说"很像风吹过破障子[1]的声音呢"。这个说法令夏目觉得很有趣，连连点头说正是如此，还特意找人帮忙雕刻了一个"破障子"的落款章，写完字之后，就盖上这个章。

---

1 "障子"是日文汉字，中文意思是"纸拉窗"，"破障子"就是坏掉了的纸拉窗。因为夏目漱石雕刻过一个"破障子"的印章，所以翻译时照搬使用"破障子"这个词。——译者注

由这个又想起后来的一件事，孩子们在玩伊吕波纸牌[1]的时候，夏目也掺和进去一起玩。可是孩子们总是眼尖手快，所以他这个做父亲的，总也抢不到牌。只对"へをひって"[2]和"あたまかくして"[3]这两张牌特别在行，每次都抢来摆在自己跟前，然后得意扬扬地睨视着孩子们，一脸"傲视群孩"的表情，但最后他总是在孩子们大获全胜的凯歌中败下阵来。

这世上的人都认为他总喜欢挖苦讽刺，因此必定是个性情乖僻、整天愁眉苦脸的大叔。但与孩子们一起时，他真的是位好父亲，还会常常跟他们一起摔跤，显得孩子气十足。他有满是童心的一面。

此外，他爱美，尤其爱素雅的东西。和服的话，爱穿质地好、有品质的和服。给孩子们穿上漂亮衣服时，他也总是满怀欢喜地注视着。只要我给他做了一件新和服，他就会到处炫耀："喂！小宫，瞧这次我做了一件这样的新和服哦！"

看他那么喜欢，所以有时候我看到不错的面料就会帮他买回来。但若是图案花色不合他的意，他就会咄咄逼人地训斥："这种东西也能穿？给我退回去！"但等我将那块面料做成里衣给他穿上，他又觉得这样两件叠起来穿的方法，效果出乎意料地好。刚说过的贬低的话就当是空气，转眼又若无其事地开始赞美起来。从那以后，两件和服叠穿时不好好配套协调就不行。他又特别在意穿起来是否轻便，穿上之后袖口要拉一拉、扯一扯，衣襟下摆也要提一提、瞧一瞧，而且还特别用力，普通的缝制

---

1 日本的一种纸牌，出现于江户时代。这种纸牌共计96张，在其中的48张读牌上，每张写有一句以"いろは歌"（外加"京"字）为句首的谚语，在另外的48花纸牌上，有与其内容相关的48幅图画以及句首文字。将花牌在榻榻米上排成一排，读牌人将读到的花牌迅速取走。得牌最多的人为胜。——译者注

2 "屁をひって尻つぼめ"放屁按腚，指做错事想蒙混过去。——译者注

3 "頭隠して尻隠さず-"，指藏头露尾，欲盖弥彰。——译者注

当然经不住他这么拉拉扯扯，难免变得松垮。这免不了又要挨他训斥：
"成何体统！"因此那以后给他做和服时，每次我都将衣服的尺寸收得紧
凑点，这样他怎么拉扯都不会出问题。

夏目穿西装时也一样，衣服不合身就无法安心，是个特别爱时髦的
人。但若是认为他真爱时髦，又会发现他在一些奇怪的地方却相当守旧，
而且守旧到奇特而顽固的地步。例如，我们家这时还在用煤油灯，因为
他说电灯太奢华，怎么也不赞成家里安装电灯——即使知道电灯比煤油灯
方便得多，况且他也并非认为煤油灯情趣古雅，但他就是不允许。家里
孩子多，首先打扫煤油灯就是一件难以忍受的事。女佣和孩子们不知道
弄翻过多少次煤油灯，遭遇多少次危险了，但我一直努力克制着。那时
牵一盏电灯1元，但想要得到夏目的同意，不知道要等到猴年马月，因
此趁着他住院时，我自作主张，找人飞快地将家里的电线牵好了。等他
出院回家一看，大吃一惊。后来不记得是他跟谁说来着，说"我家的妻
君是大名，花钱大手大脚"。

人们以为他非常沉默寡言（估计大部分人对他的印象是如此），其实
他若有了兴致，就会变得出乎意料地健谈，各种诙谐俏皮、幽默讽刺的
话，会从他嘴里一串串地冒出来，极为生动有趣。这个时候他才表现出
作为纯粹东京人的另一面。

这年11月左右，朝日社的主笔池边三山辞职。夏目是因为得到池边
先生的邀请，并出于对池边先生的信赖，才入职朝日新闻社的。因此也
打算追随池边先生一起辞职，并且连辞职信都递交上去了。

事情的起因是什么，我当然不可能知道。总之在新闻社内闹得动静
挺大的。而夏目则来跟我商量说："这次还说不清楚是不是辞掉朝日社
的工作，而我说到底在社会上也是个不擅于通融的人。这次若是失去朝
日的月薪，仅靠一支笔，恐怕无法维持生计，而且我也不想再回到学校

去做老师了，这种情况下家里的经济来源怎么办？一家人怎样才能过下去？"我当时回答夏目说："靠版税之类的好歹也还能过得去，收入若是减少了，那就少花点。总之日常生活应该是不成问题的，你依照你的意愿，尽管自由决定好了。"但我又提醒他说："去年你大病的时候，朝日社可是予以了很多关照，你现在辞掉朝日的工作，会不会对朝日有影响呢？"夏目回答我说："的确是承蒙了朝日的关照，但这和辞职是两码事。似是辞职的决心已定。"

于是，涉川玄耳、弓削田等还有其他人，都来劝说他，希望他收回辞职的念头。大家都这样劝他，可见自己原本并不曾遭受排斥。既然明白了大家的一番心意，也就没理由还坚持非要辞职不可了。于是他彻底打消了辞职的念头，并收回了辞职申请。不过，池边先生还是辞职了。

之后没多久，2月左右，一个严寒的深夜里，我们正睡觉时被车夫叫醒了，说是池边先生突然病危，让夏目马上坐上马车去一趟。深更半夜的，不由得令人有些毛骨悚然。夏目回复说马上就去，让那辆马车先回去，这边赶紧叫醒家里熟悉的马车夫，便匆忙赶到池边先生家。这才知道池边突然去世了。

涉川等朝日社的许多人都在。夏目问：

"大半夜这么冷，特意将我这个带病之人喊过来，是要做什么呢？是不是想让我写点什么？"

涉川答："正是如此。"

回家后夏目告诉我这事，并挥笔写下了一篇追悼文《三山居士》。可是，后来涉川也去世了。要他写文章的人、他写过的人，还有建议他写的人，现在都已经不在了。

涉川是早在熊本时代就认识的。涉川来访而夏目正好不在家，于是涉川留下了一张名片便离开了。夏目回家后，读到名片背面写着的五首俳句，赞叹说这个叫涉川的男子，俳句写得真好，希望能见一见，相信一定会是个聊得来的人。

// 四十八 雏子之死

前一年的 3 月，桃之节句[1] 的头一天晚上，装饰好家中女儿节的人偶之后，大家一起庆祝宵节句[2]，夏目的几位门下弟子来到家中，一起喝着白酒的时候，我们最小的女儿出生了。因为是在雏祭时节出生的，所以取名为雏子。雏子很早就夭折了，是个记事很早、也非常早熟的孩子。这年秋天一岁半左右时，她已经可以摇摇晃晃地到后院玩耍，自己看样学样地去给猫之墓前的供水杯添水，甚至还去喝供水杯里的水，因此必须随时随地看着她才行。这孩子还是个急性子，发作起来特别让人为难。

11 月底的一天傍晚，雏子开始时一直由长女笔子背着，后来又由保姆领着一起去猫之墓附近玩耍，慢慢就到了晚饭时分了。每次孩子们总是乱哄哄地围拢在一起，特别吵闹。因此，最小的雏子，还有雏子上面最小的男孩，总是由保姆背着去外面避一避，估摸着其他孩子差不多快

1　也称"雏祭"（hina matsuri），未成年女孩子的节日，中文也译为"女儿节"。原本为农历的三月三日，明治维新后改为阳历 3 月 3 日。女儿节前夕，家中有未成年女儿的，都会装饰雏人形（也称"女儿节人偶"），供奉菱形年糕、桃花等，以示祝贺并祈求女儿幸福平安成长。——译者注

2　3 月 3 日女儿节的头一天晚上的祝宴。女儿节祝宴一般在 3 月 3 日的当天，或是头一天晚上进行，过时不宜。——译者注

吃完了，再领他们回来吃饭。而这一天不知道怎么回事，让雏子先吃完饭再带她出去，因此将她领到了餐厅隔壁一间6叠大的和室里。而且这孩子非要自己动手吃不可，将保姆手中的筷子拿过去，一只手抓住饭碗，另一只手一边扒饭、一边还咿咿呀呀地说"这样？这样？"，就在这时候，突然雏子"哇——"地大叫一声，手抓着饭碗就仰面倒地了。这两个孩子性情本来就特别急躁，癫痫病屡屡发作。特别是男孩，有些极端，看到拉门被关上都会哭闹，然后就一下子癫痫发作。次数多了，大家对此也习以为常了。只要朝脸上拍点冷水，就会一口气回过神来，方法十分简单。雏子以前也犯过四五次，也是采取的这种方法。所以，这次倒地，保姆并不惊慌，心想着"又发作了"，然后很有经验地朝脸上喷水，但不知道怎么回事，这次没有像平常那样很快苏醒过来。

当时，我正在和其他的孩子一起在餐厅吃饭。听到隔壁房间的骚动和平时没什么两样，所以没放在心上，继续吃饭。但后来发现这次时间特别长，不由担心起来，起身过去看到底怎么回事。而这次癫痫，不管是喷水，还是喊她、摇她，雏子整个人软绵绵的，眼睛翻白，用尽一切办法全都不管用。眼看就凭我们几个无法解决，赶紧去喊了就在家前面的医生过来。

医生匆忙赶来，马上给孩子进行注射，可依然没有反应。眼看情形怪异，又说马上洗肠试试。准备洗肠时才发现孩子的肛门全开，不由大吃一惊。"这样子可不行！"医生说。催促我们赶紧去喊平时负责给孩子看病的医生过来。

这个时候，中村古峡来访，正在书斋和夏目说话。让人去喊夏目，告诉他雏子出问题了。而夏目以为就和平时一样，所以根本不在意，喊他半天也不过来。最后我只好亲自将他拽了过来："你快来！不好了！"这个时候平时负责给孩子们看病的丰田也来了，采取各种手段、用尽各种方法，但注射也好、人工呼吸也好，全都无济于事。这个毛病原本就没用过药，灌芥子汤也没用，完全无能为力。当最后不得不放弃时，我整个人完全呆了。这件事发生在一瞬间，我们都无法相信这是真的。大家精神恍惚，像丢了魂一样。至今为止这么多孩子，一个个好好地发育成长，因此首次面对这样的不幸，越发难以接受。怎么想都觉得像在做梦一样，怎么想都无法相信刚才还活蹦乱跳的孩子，突然就没了。

可是孩子确实没有了。即使感觉像场梦，内心充满哀叹，都已经无法挽回。哪怕只是个形式，也必须给孩子办一个葬礼。如此就遇到了一个麻烦：我们和父母都是分了家的，还从没办过葬礼，家中既无牌位，也没办过法事，更没有已经决定好的菩提寺[1]。夏目的本家，代代都是净土真宗的门徒，在小石川小日向叫作本法寺的名刹里，从先祖开始就拥有墓地。但夏目不太喜欢真宗，也没打算成为本法寺的施主，怎么办呢？这种情况下，只能先拜托夏目的哥哥，获得哥哥的同意后，决定将孩子的墓就安放在本法寺。

关于葬礼，夏目说不要办得过于夸张热闹，毕竟是孩子；也不喜欢那种平常的供品鲜花之类，总之安安静静就家里几个人送葬就好。这么说起来，想起他以前在西洋时，看到过那边的葬礼仪式，还有些印象。记得西洋人是不分彼此，全家人一起去送葬的。夏目说这种方法最好，极为简单。因此葬礼当天，全家人都乘上马车去了本法寺。

灵前守夜时，本法寺来了守夜僧人。夏目说：守夜之类我一点也不喜欢，大家都回去睡觉不行吗？我说我们这是为了守护遗体，因此大家继续守夜，而夏目则估摸着时间差不多时自己去睡觉了。

1　日本人死后，骨灰都埋葬在寺院。代代归依、埋葬祖先遗骨的寺院，称为菩提寺，也称作菩提所、菩提院等。——译者注

当时，夏目曾这样说："我死了之后，你们可不要为我守什么夜。"

我母亲回答道："可是大家都是这样做的。第一是为了跟死去的佛依依惜别，因为到明天就要和大家分离。此外也是为了守护遗体不要遭老鼠啃。若是轮到你，谁也不守着你的话，被老鼠啃掉鼻子怎么办？"

夏目听了，就自我打趣道："若是这样，因为太疼，我说不定就疼得活过来了。"

一句话惹得大家忍不住笑起来。

那晚来的守夜僧人俗不可耐，早知道不如不要的好。抓住我们的痛处喋喋不休：

"我们寺庙什么都收。去世的佛生前的东西，放在家里大家都会心里不舒服，可以交给寺庙。而且，按各家不同，当成一种供养，也有将遗物捐献给寺院的。"

说完又道："无论如何，如果有这类需求，请千万不要有顾虑。"

一副关怀备至的样子。那架势，恨不得现在就去将能拿的东西全部拿走才好。

又继续道："比方说，盖在棺材上的白布，那样的东西我们也收。"

听得夏目终于厌恶起来，非常冷淡地将头扭向一边，回答说：

"不行，那是从殡仪馆借来的。"

就这样，我们将棺材抬到本法寺，请寺院诵了经，然后抬去落合的火葬场火化了。

骨灰一开始放在家里。但家里地方小，最主要是孩子多，总归不放心。所以在埋葬之前，还是先将骨灰寄存在寺院里。但埋葬书单独放着，我又担心会弄丢，于是也放在骨灰盒里，一起都寄存在寺院。

没多久，我们在杂司谷买了墓地，准备葬在那儿。可是去寺院取骨灰盒时，寺院却不肯将骨灰交还给我们。看得出寺院的企图，就是希望我们出钱在寺院里买墓地，不管我们这边派去的人如何跟他们讲道理，都不肯将骨灰交还给我们。而且连埋葬书也放在骨灰盒里被他们扣着，一点办法也没有。我们一开始并没有要在本法寺建墓地的想法，但他们做得如此露骨，我们自然更加厌恶，反而越发固执地想要早些将骨灰取回来。后来又派了一个更合适的人过去跟他们交涉，但对方仍是不给。没办法，我只好委托我弟弟，通过弟弟的朋友矶部尚律师写了控告状，这样才终于要回了骨灰。骨灰最后埋葬在杂司谷的墓地里。夏目写了一个小小的墓标。

后来想建一个墓，还拜托过津田青枫设计墓地，但最终这个墓并没有建成。

事已至此，我们还是不明白孩子的死因。当时我想到可以进行解剖调查，但又感觉太残酷，所以一直不曾开口。直到后来，所有后事都料理完毕，我才跟夏目说起这个念头。夏目听了觉得极为可惜，回答说："当时若解剖就好了，这样就能详细查明死因。一点也不残酷。可惜我当时怎么完全没想到这一点。"夏目去世的时候，我之所以主动提出要求解剖，正是因为想起这时候他说的话。

初次体会到失去孩子的悲痛，而且又是最令人怜爱的小女儿。甚至都不曾照料过一天，就被生生夺走了。最初，夏目只是呆呆地坐着。虽然一声不吭，但看得出他相当克制，内心深处极度悲伤。后来每逢想起，总是痛切地再三叹息："孩子去世这种事，真不希望发生啊！"

他精神状况良好的时候，对孩子们是相当溺爱的。不管孩子们干什么，他都会微笑着注视他们，或者和他们一起玩。无论孩子们怎么闹，他都可以若无其事地坐在他们中间，毫不在乎地看书。比如说，长女站在最前面，扛着扫帚发号施令，其余的孩子马上全部整齐列队跟在后面，大踏步地在书斋的走廊下操练时，他一样满脸心平气和地读书看报，不会责备一句孩子们太吵。以前在西片町的时候，孩子们在二楼，吵得整幢楼都要塌下来，他也不在意，最多漫不经心地说句：这是怎么了？那可不是一般的吵闹，除了我们家这一群孩子，还有外面来玩的孩子，全聚在一起大吵大闹，不可开交。夏目外出散步回来时，从大路拐弯朝家的方向走，走到离家还有两三条街远的拐角，家中孩子们的吵闹声，就已经清晰得如在耳边。另外，即使他精神状况不佳时，只要不故意找茬儿，也一样悠闲平和。

关于雏子的猝死，他在收录在《春分之后》中的《下雨天》这篇小说中很详细地写过。这篇小说是他从失去孩子的悲痛中逐渐恢复过来后，从 1 月到 4 月写给《朝日新闻》的连载。这篇小说可以说是对逝去孩子的一种追忆。因为他动笔开始写《下雨天》的那天，正好是 3 月 2 日，雏子的两岁生日。这篇小说大约花了一百天的时间，一直到 7 月才写完。因此，后来他给雏子猝死那天恰巧也在我家的中村古峡写信说："这其中也许有什么因缘，对于孩子，这是最好的祭奠了。"他以前从未说过什么"因缘"之类的话，可见他对雏子之死，相当刻骨铭心。

我是个凡事迷信的人。讲究日子好不好，方位对不对，到处求神拜菩萨，抽签算命样样都做。夏目对此从来都是予以嘲笑和贬低。因此看到他信里也谈起了"因缘"，总觉得有些奇怪。但如果对夏目说起，一定会反过来被他说一通，拿我的迷信说事，说："你看看！你看看！"想到要被他抓把柄，所以我也没有多说什么。

不过，可以说他是个感受力很强的人，又或者说是个很胆小的人。从理论上看，他虽然总是将一切迷信贬低得一文不值，但一听到怪谈类的因果故事，又总是害怕得不行。睡觉前若是跟他说起这些，他总会败下阵来，喊着："不要再说了！都没法睡觉了！"。

有过一件这样的事。亲戚铃木的兄弟，在四日市得了伤寒。到年底的时候，病情加重，家里人都担心得不行。正好是大年夜，也就是元旦前一天的晚上，铃木的父亲睡着之后，看到这个病人，身穿长大衣坐在枕头边跟他说话。父亲心里奇怪：不是在生病吗，怎么回事？又转念一想：呀！对呀，过年了总得回家看看。父亲这样一想，正准备打招呼时，人就醒过来了。心里倍感怪异。果然，第二天元旦一大早，就传来病情恶化的消息。父亲想起自己做的梦，心里牵挂，马上就赶到了四日市。结果第二天，这人就去世了。

如此看来，大年夜晚上那个梦，是病人来跟父亲告别。父亲说起自己这个梦时，照顾病人的护士就说起一件不可思议的事。31号夜里，病人的病情严重恶化，迷迷糊糊地躺着，半梦半醒地喊护士的名字：XX小姐，XX小姐！要护士帮他将长大衣拿出来。护士心想：估计是发烧在说梦话吧。就回答他说："不行，你现在是病人，等你病好了再拿长大衣给你。"病人道："啊！是吗？"之后就一直沉默着，再没有说话。接下来又过了一段时间，病人又喊："XX小姐，帮我拿长大衣出来！"护士当时心里觉得非常奇怪，现在听父亲说起做梦的事，联系在一起就明白了：病人要她拿长大衣时，正好是父亲梦见病人穿着长大衣来告别的时候。

我跟夏目说起这事时，夏目听得满脸恐怖，连说："不要再讲了！没法睡觉了！"你看看，他胆子其实就这么小！

// 四十九　我的迷信

　　这是埋葬雏子的骨灰之前的事了。因为我总是在意日子的凶吉，正好那时候我妹妹要嫁去外地，所以我常回娘家去。那天也是从娘家回来的路上，出了娘家门我就在心里盘算着，要去常去的天狗屋占卜一下。走到小石川的白山附近时，碰巧遇到了森卷吉。森卷吉正好也去我家，于是同路。同走了一小段后，我忽然想起本打算去天狗屋的，就跟森卷吉说：对不起，我有事失礼了。请您先行一步吧，我随后就到家。说完就在岔路口分开了。

　　请天狗帮着算好了日子之后，一到家就见森卷吉正跟夏目在说话。一看到我，夏目就说：

　　"你刚才路上遇到了森，却比森晚到了许多，是去了矢来（哥哥的）家吗？"

　　我老老实实地回答说，去了一趟天狗屋，让天狗帮我占卜一下雏子的骨灰哪天下葬为好。夏目听了，一副"果然如此！"的神情，对身边的森卷吉说：

　　"这家伙真是奇怪！比起丈夫，她更信赖那个天狗！真是讨厌呀。"

　　听得旁边的森先生哈哈大笑。

"这家伙还真可以呀！"

他精神状态好、心情不错的时候，这类事也就当成一个笑话，笑笑就过去了。加上自从他患过一场大病之后，大概也认为对于这类事老是指手画脚有失风度吧，最主要的，是他变得心平气和起来。他出门旅行的时候，我给他准备好护身符放着，他也不会多说什么。反倒来告诉我："你给我准备的护身符，给绕到身后去了，正好就在屁股底下垫着，这样岂不是白费了功夫？"后来那个护身符，被同行旅伴带去的艺伎看到，觉得很不可思议，问他怎么回事，他还开玩笑说："这是我妻子给我准备的'驱除女祸'的护身符哦！"不过，只要他的神经衰弱加重，可就相当悲剧了，会对我的迷信横竖都看不顺眼。这反倒让我变得更加迷信起来，为了让他快好起来、平静下来，我悄悄地瞒着他捣鼓了不少事，后来想起来都有些滑稽可笑，可当时我那么痛苦不堪，无奈中唯有拼命地求助于神明了。

比如大正二年，从正月开始夏目的神经衰弱就犯了。虽然不像刚刚留洋回来还住在千驮木时那么严重，但也常常怒气冲冲，让人束手无策。我听说在牛込的穴八幡宫入口处，有一种特别见效的"封虫签"——也就是类似于骗孩子的符咒，但我也去讨了一枚回家，然后钉在孩子们住的6叠和室里朝南的柱子上，长钉子钉在写着"封"字的符正中间。这个每天都必须用锤子敲打一次，我想等夏目外出的时候再敲钉子，可是他神经严重衰弱的时候，几乎整天闭门不出，甚至也不再出门散步，想敲钉子但根本没有机会。因为我很清楚：如果他在家的时候敲，一定会被他怒斥，这事也会被他弄砸。好在他那时候在写小说，写完一篇连载，就封进信封，自己投进街角的邮筒里。每天如此，这是他一天中唯一的一次外出，我就利用这不到五分钟的时间，赶紧去敲钉子。他前脚刚一出门，我就麻利地拎起锤子朝着钉子头部敲几下，敲完之后再摆出满脸若无其事的样子。

可是，有一天夏目写好稿子，照例出门去邮寄，人都走到了玄关。本来，我若是将他送出门，然后估摸着时间，放心大胆地敲钉子就挺好的，可是那天他人还在玄关，我就匆匆忙忙跑到了六叠和室里去，"咚咚咚"地抡起锤子敲打起来。夏目听到了，马上就进了六叠和室里，气势汹汹地问："在干什么？"紧接着，我辛苦讨来的"封虫签"被他乱七八糟地一顿狠砸，然后团成一堆扔进了垃圾桶。后来我觉得可惜，又想去捡起来，闹得不可开交。总之他脑子出问题时，耳朵就会变得异常灵敏，会感觉到我一定在捣鼓什么，所以容易造成意想不到的后果。但非常奇怪的是，越是这样，我就越发戒不掉这个"封虫签"的符咒，后来我将这个符咒放到矢来的哥哥家，我自己每天过去敲一次钉子。如此一来总算皆大欢喜。

还有这么一件事。据占卜师的忠告说：他的脑袋变成这种近乎癫狂的危险状态，是因为毒性上升到了脑袋，将毒性压下去就自然痊愈了。我一直看着他遭受折磨，终于决定听占卜师的。想到他每次饭后都要服两次药，心想在那些药里混入"扫毒丸"，一起包在糯米纸里让他服下去应该不会错。这是一个外行所能想到的好办法。于是我就将扫毒丸混在其他药中包起来给他服下去。一开始我还担惊受怕，只敢在药里掺杂一点点，慢慢地胆子越来越大，掺杂药丸时也越来越草率。长女一直负责干这件事，早就习以为常。本来好好地掺杂在粉末里就完全不会有问题，可有时候就这么露在外面给他拿过去了。最终被他发现了，被狠狠地责骂了一顿。当时实在是过于痛苦，因此干了不少现在看来十分愚蠢的事。

但这都只是他神经衰弱极为严重的时候。

雏子夭折之后不久，他想着要对其他的孩子们好一点，提议说全家人一起去什么地方度假吧，这在以前是从未有过的事。因此一家人一起去过月岛赶海。那是夏目率先提出来的，说还没有赶过海，全家一起去。

孩子们听了开心得不得了，因为还没有跟父亲一起出过门。可惜很不凑巧的是遇上大风，无法出海。没办法，只好观看其他来赶海的人们饮酒作乐。那些人也是因为大风无法出海，于是将船只停在靠近入海处的河岸边，大家在船上喝着酒，唱歌跳舞，自娱自乐。船与船是连接在一起的，孩子们便在这边的船上观看，看得津津有味，夏目也看得很高兴，说，比起赶海，看看这些反倒更有趣。

可是不久就雷声阵阵，下起了倾盆大雨。幸亏没有去赶海。不过大家都被淋透了，狼狈不堪地逃回了家。

也是那时候的事。全家人一起去了井之头。那天夏目心情特别好，躺在长椅子上，自始至终微笑地注视着在大池塘边开心玩耍的孩子们。

比这稍早一些的时候，经由夏目的介绍，长家节的长篇小说《土》刊登在了《朝日新闻》上。因为这个机缘，长家常来我家玩。接下来长家因为喉头结核，要去九州请福冈大学的久保猪之吉博士治疗，夏目还帮她给久保博士写了一封介绍信。

长家的《土》似乎令夏目极为感动，夏目还给这部小说写了序文。序文里写：希望自己的女儿也读读这部小说。可是，他原本并不喜欢让女儿们看小说，基本上是严格禁止的。之所以如此，是因为他说无法忍受孩子们去读那些一知半解的文学题材。更过分的是，他还经常挂在嘴边说：若是女儿们也变成常来家里的女作家那样，可绝对受不了。他极讨厌女儿们看小说，不管是自己写的还是别人写的，直到后来女儿们长大了，也根本不让她们看。

关于长家还有这么一件事。她的《土》在《朝日新闻》刊登出来之后，得到一笔相当丰厚的稿费。当时在朝日社做文艺栏目编辑助理的森田说，长家来拿稿费的时候，他满以为长家拿到这么一大笔稿费，一定会对他说："给您添那么多麻烦，今天请您吃饭吧。"谁知道长家看到那笔钱后，当即委托他说："麻烦将这笔钱原封不动地汇款到我乡下的家里吧。"说完拿出一串用旧报纸包起来的香蕉送给他作为感谢。如此出乎意料，令森田目瞪口呆。期待落了空的森田因此猜测说：

"长冢那家伙，一定是拿了那笔钱去买土地了。"

长冢的节俭早有传闻。当时她也来我们家表示感谢，记得拿来了一个大约五六十钱左右的、半腐烂的水果篮。

笹川临风和横山大观等人来邀夏目去喝酒，记得也是这个时候。之前有一次发出邀请时，夏目正忙于写稿没能赴约。感觉有些失礼，所以后来夏目一个人去了大观那儿。但在门口做传达的学生跟夏目说："老师不在。"于是夏目让学生代为转告问候之后，便转身离去。正往回走时，刚才那学生从后来追上来，说："老师要见您，请您留步。"夏目听了，很听话地又跟着学生往回走。原来，大观绘画时是拒绝见人的。做传达的学生顾及他这个习惯，所以有人来访都佯称不在。大观知道这事之后，还特意请夏目吃饭表示歉意。后来夏目收到横山赠送的尺八柳绘。夏目也依大观所愿，用全纸写了一幅自己创作的诗作为回赠。这首诗在书写的时候，夏目花了不少工夫练习，失败过多次才终于满意。

也是这个时候，桥口五叶的哥哥桥口贡，作为外交官在中国做领事，经常送来那边的古董。大都是一些零零碎碎的文具用品或托本。关于桥口，早在我们还住在千驮木的时候，就常来我家，并且一直和夏目交换明信片。夏目对中国的古董又特别珍爱，经常会依照物品不同，或摆放在书桌上观看，或动手抛光打磨之类。而且，仅有这些送来的礼物，还远远无法满足他。因此，他还会自己主动开口找桥口帮他代买想要的东西。不过那也都是些 3 元或 5 元，最高不过 10 元的东西。但也足够他满心欢喜，还说中国的东西又好又便宜。

// 五十 悠闲旅行

夏天的时候打算让孩子们去镰仓海水浴，委托在镰仓的菅先生租房子，为此我自己也专门去了一趟。菅先生特别谨慎，说这个房子有得肺病的人住过，不行，那个房子又如何如何，也不行。总之很难做决定。最后在材木座，也即我年轻时常去的大木先生别墅附近，租了一处只有两个房间、而且还紧挨着厨房的小房子。记得是一个夏天 120 元。

七月底学校刚一放假，孩子们就集合起来，由当时还是文科大学学生的冈田（现台湾高等学校教授林原耕三氏）率领着去了租借的小房子里。没隔多久夏目也过去了，被小房子的拥挤给吓了一跳，到晚上大家都躺下睡觉时，整个屋子里就找不到可以抬脚的地方。夏目因此感叹：若是在这种地方修身养性，以后不管多穷也能做到处变不惊。那个夏天他和孩子们一起去大海游泳。

接下来，孩子们都在镰仓，我们在东京的时候，收到紧急电报说最小的男孩得了猩红热。等我惊慌失措地赶过去时，孩子已经被送进了医院。因为生病的孩子需要照料，所以我就留在了镰仓，东京的家委托我母亲照看。不久，孩子逐步康复，夏目也前来探病，之后顺道去了长谷的中村是公的别墅。好像就是这一次，他们两个人事先商量好准备一起出门旅行。

夏目在和中村一起去善光寺旅行之前，过来接我回家，说："你不在，没法收拾行李，回家一趟吧。"孩子的病也好了，所以我就跟着夏目一起回了家。给他收拾好行李，眼看明天就要出发了，可就在前一天晚上，我突然剧烈地腹痛起来。正好松根东洋城和森田草平来了，帮了不少忙，因此一切都还算顺利。不过夏目仍不放心，心里想着明天的旅行该怎么办。最后他还是决定将出发时间推迟一天，先看看我的情况如何再说。如果没大问题就按计划去旅行，反之，就只好取消这次旅行计划了。想到中村也在做明天出门的准备，必须赶紧通知他。女佣是个乡下人，派不上用场，因此夏目自己抓着一枚五钱的硬币，去投币电话间给中村打电话。

打完电话回来，夏目说自己被接线小姐骂了。大家一听很好奇，忙问怎么回事。原来，夏目在电话铃"丁零零——丁零零——"刚一响起来，接线小姐还没来得及接听的时候，就飞快地投入了五钱硬币。因此，当接线小姐在电话那头指示他按程序先投币后通话时，他手头的硬币早已经没有了。没办法，只好解释说硬币早就投进去了。结果对方完全不原谅他的错误，反复跟他讲解投币电话该如何使用，态度虽然亲切，但对夏目提出忠告说：这次帮他接通电话，可以后必须小心，下不为例。下次再这样，即使投了币也是无效的。接线小姐在电话那头谆谆教诲，夏目在电话这头毕恭毕敬、连连称是。好不容易才挂上电话回了家。

"接线小姐不错，老师您也相当大老爷们呀！"

松根他们听完后大笑着说。

还好我的腹痛没什么大碍，夏目推迟一天出门旅行去了。他们先去了盐原，然后是日光，再从日光到轻井泽、上林温泉、赤仓等地。8月31日那天，在出门旅行了十六七天后回家了。

这是一次极为悠闲的旅行。中村带上了他熟悉的新桥柳桥一带的艺伎。说是有夏目同行，中村家人也放心些，所以中村才一定要邀上他一起去。换言之也就是利用他做个幌子。除了夏目之外，还带着女人，想来这事对中村家人是完全保密的吧。还有一件很好笑的事：中村要给他熟悉的茶屋老板娘和女佣们邮寄信件和明信片，便将这事推给了夏目，说"你的字写得好，再说这又是你的专长"，让夏目代笔。夏目也不拘小节，加上以前也没写过这种半是凑兴的明信片，因此写得随心所欲。例如，写上一句"此大佛是位好男子"之类。不过，唯有邮寄给中村夫人的信件，没有让夏目代笔。夏目说："那个懒散的家伙，给夫人的信，倒是自己动笔写得挺工整的。"

这次旅行一路都极为悠闲，但是不管到哪儿，依乡下人的习惯，总是要求他们挥毫写点什么。中村是"满铁"总裁，来求他写字的人自然很多，每次笔墨摆在眼前，中村就推给夏目："让这个人写！这人字写得好。"他自己溜走，将这些活儿都推给了夏目。盐原妙云寺的平元德宗师也在，夏目依其所愿，回东京后写了一首《妙云寺观瀑》的诗寄了过去。

这个时候，在矢来的哥哥失去了工作，仅靠一点微薄的失业金生活，因此我们必须每次给他一些补贴。另外，从很久以前开始，还必须定期给我娘家补贴家用。这样持续下去，两边都会没完没了。我弟弟已经大学毕业了，也想能拿份月薪，这样起码能补贴家用，因此四处找工作。正好这次旅行夏目跟中村一起，于是就拜托了中村，也算寻得了一个好门路。

也是在上林的温泉旅馆，当地的权威人士想跟中村总裁见面，来访时旅馆的人将大家请进一间全是女人物品的房间里。中村顿时很为难，心想这些人若真做出什么不好看的事情来，可就麻烦了。看得夏目乐坏了，特别恶作剧地说："什么呀，除了中村夫人，其他人都知道的，可那家伙还真以为谁都不知道，这个傻瓜！"总之，这次旅行真够优哉游哉的。

旅行回家之后，说是对方要求的，给一起同行的艺伎，不知道是叫葭町还是叫柳桥，画了两三幅画送去。画的都是菊花，记得每幅画还配上了俳句。

进入 9 月，他的痔疮再次恶化，因此去了神田锦町的佐藤医院。不巧我头昏沉沉的，在卧病休息，而他自己去了医院后就没回来。多半是因为又得动手术，为此必须在医院先清洗干净肠胃，还只能食用流质物，加起来要住院一个星期。估计是他自己希望马上住院，所以去了医院就没再回来。我很想去看看他到底怎样，但自己也在躺着，只好委托森田去看看。森田看完回来报告说：

"先生在老老实实地睡觉呢。"

一个星期之后他如期回来了，但只能躺着见客。他自己后来说：躺着跟人见面，感觉自己好像变成了一个架子十足的王爷。

夏目总在生病，而我的话，在 30 岁之前一直很瘦，到这个时候却慢慢发胖了，胖得像变了个人似的。因此经常被夏目取笑说："现在一个人连厕所也上不了，得劳驾丈夫帮忙了吧。"不过，在他去世前，我在他身边守护了整整二十天，因此消瘦了许多。但过完那段时间之后，又像以前一样变得特别胖了。

关于戏剧，他一直到去世之前都会去看，但总的来说，谈不上有多喜欢。不过他很喜欢义大夫。前面提及过他喜欢吕升。这年冬天，文乐的越路来的时候，我们常一起去看。此外我母亲或小宫也会邀请他，接连几天都去看戏。而每次他都会说借给某某的钱，已经还回来了。这些钱都是花在越路身上的，当然都不是什么大数目。

长女笔子开始学习钢琴的时候，夏目经常陪着一起去参加音乐会。看戏剧时，他眺望栈敷[1]的时候更多一些，但音乐会的时候倒是规规矩

1　日本的剧场或演艺场内离舞台最远、位于最高处的观众席。——译者注

矩。据他说是因为曾经有一次跟笔子一起去音乐会时，只是回头朝后面看了一眼，就被女儿狠狠批评了一通。这种时候，不好好守规矩是绝对不能原谅的。因此，从那之后他去听音乐会时都一丝不苟，绝对不允许有任何散漫失礼的行为。

也是那段时间，前几年失去了夫人的大冢，开始考虑续弦的事。有人给他介绍，但大冢拿不定主意，喊了夏目同去。夏目去过之后回来说："那样的女人怎么可以？！"还很过分地说："真拿学者之类的家伙没办法，除了看书之外，偶尔出个门，也只是从西片町到大学之间的距离，而且就是走这么一段路，眼睛都还是盯着地面。旁边有些什么女人，完全一无所知，相当麻烦呀！"说到看女人，他自己倒是相当有心，走在路上也好，进戏园子也好，他随时随地都能一眼发现漂亮女人。而且还不仅仅是女人，进旧货店时也是这样，不管看什么眼光都很敏锐。

还有一件与女人相关的趣事。在家附近的大路边，有一家纸店。纸店的老板娘在那一带商家里，少见的苗条白皙。夏目因此特别中意。当然，他并不会有什么其他想法，但每次散步的时候，就要溜过去悄悄瞧上几眼，回家后就说今天又看到了，如何如何。然后，也分不清他是开玩笑呢还是当真，跟孩子们说："那个老板娘是你们的父亲大人喜欢的女人，你们路过她店门口的时候，要记得恭恭敬敬鞠躬敬礼。"他说这话时的口气倒是全无愧疚感，这件事，不仅是对孩子们，对门下弟子也大言不惭地吹嘘过。即使我跟他说："吾辈之流虽说算不上美人，但你这样说话，我岂不是跟个幽灵一样，被你视若无物？"可夏目照样回答说："就是喜欢那种类型的嘛！"那个女人，几年前也去世了。

// 五十一　第二次危机

　　他心情好的时候，总是笑嘻嘻的，但从年底开始，脸色又开始奇怪地变得像火烧一样。坏了坏了！我想：他神经衰弱的老毛病又犯了！正好与以前最严重的一次相差十年。接下来，从翌年正月开始一直到 6 月，他的状态都特别糟糕，并且到最后连胃也开始不舒服，整个人卧病不起。以前他胃变坏时，神经衰弱的毛病就会变好，但这一次，胃和脑子同时出了问题，相当糟糕。

　　大概是这年正月初二或初三的事。女佣自言自语，好像说了句"奇怪了"，他就开始张冠李戴了，冲着女佣发脾气，让她少说这种话。但女佣原本就不是在说他，因此满脸不解地答道："我并没有说什么啊。"他听了虽然没再吭声，但脸色愈发变得难看起来，后来满脸不高兴地对我说：

　　"我被别人那样说可是相当难堪。"

　　看他脸又开始发烫，说话前言不搭后语，凡事都竖起耳朵听，我直觉感到他的老毛病再次恐怖来袭，因此警告女佣和孩子们：千万少说话，不要招惹他。可孩子到底是孩子，遇到什么好玩的事，转眼就将我的警告给忘了，嘻嘻哈哈捧腹大笑。夏目马上就认为这是在笑话自己，顿时发作起来，将孩子们叫过去好一顿训斥，而且最后总要轮到我头上。孩子们砰砰砰地敲钢琴，也令他不高兴，又被他一顿吼。这样反复了几次后，家里突然变得鸦雀无声起来，大家都担心踩到老虎尾巴，一个个踮起脚尖走路，不敢发出一点声音。谁敢发出一点响声，就会被他一声大喝给吼回去。

我们如此提心吊胆，谨慎至极，丝毫不敢惹是生非；而夏目则拼命竖起耳朵疑神疑鬼，在脑子里虚构种种妄想，刨根问底猜测着种种无稽之谈。用他那对极为敏感的耳朵，搜罗所有的声音，然后再给它们添加上种种离奇的想象，无止境地在脑子里描述各种异想天开的事。若仅仅如此倒还好，令人难以接受的是，他还非要将自己制造的种种妄想，强加到我们尤其是我的头上。

例如，他若是怀疑女佣在背后说他的坏话，会认为要么是我放纵的结果，要么是我教唆女佣，然后越想越信以为真，跟我生气抬杠。我知道他又犯了老毛病，尽量回避，不跟他较劲。结果他火气更大，说："你以为你不吭声就行了？你让我一个人唠唠叨叨，你这是拿我当傻瓜。"

这种时候，他经常会提出各种无理要求。虽然他自己说出口时，也知道没道理，也明白总是没完没了会很难看，但他就是想要逼到你感觉痛苦。我很清楚，反正不管怎样他都不会满意，所以才不上他的当，不管他说什么我都不予理睬，泰然处之。这让他又有话说："你明明知道你丈夫不好，在无理取闹，居然还一声不吭，你这是什么意思？难道你不知道给你丈夫一些忠告，纠正他的人格，才是你的本分吗？"他自己什么道理都懂，但就是要欺负你，没话也要找话来刁难你。

但即便如此，他仍然认真地写着小说。小说写完，脑子和胃都不堪重负，只好暂时休笔。大概因为是他在这种状态下写出来的小说，所以《行人》这部小说里的人物，对一切都充满怀疑，打量世人的目光也极其怪异。而且，那个时候小宫打电话给我，他会亲自去接，在电话里将小宫臭骂一通，说："你打电话给别人的妻子是想要怎样？"还有森田草平、铃木三重吉等人，也都被他骂得狗血喷头。拿他一点办法都没有。

他脑子不好的时候，电话就彻头彻尾成了一个大问题。那个时候家里已经装了电话，因此他对电话铃声敏感得不得了，有时候会自己去接听。有一次，他接电话的时候，对方问："喂，请问是夏目先生吗？"他答了句"不认识"，就将电话给挂了。总之无缘无故就会火冒三丈。

他对电话的火气这么大，所以若是不小心有电话错打进来，情况会越发严重。他会亲自拿起电话，传呼接线员，大声质问："为什么会有电话错打进来？怎么可以出现这种错误？给我说说理由。知不知道这很打扰人？你们当人是傻子吗！"虽然他平时并不是这样说话的人，但这种情况下，会不管不顾不问缘由地啰唆个没完，我在一旁听着，都替他捏把冷汗。后来他认为这种错打的电话根本没必要接听，吵死了，因此将话筒搁到一边。再有电话进来时，怎么也打不通。电话局的人还以为我家电话出了故障，赶紧过来检查，看到话筒被搁在一边时，还训斥了我们一通。可等电话局的人一走，电话"故障"又开始了，于是电话局的人又再来检查。电话局的人一来，他就将话筒放回原处，人家一走他又将话筒搁起来。总之，在他神经衰弱的时候，电话特别容易干扰他，令他心烦。一直到他死之前都是这样。最后我只好将电话换地方，尽可能离他远点。

天气还很冷的时候，女佣咽喉痛，嗓子哑了，说话时声音嘶哑，显得特别奇怪。夏目对此相当在意，说："为什么这副声音？你给我说大点声来听听。"不管嗓子多么嘶哑，吊起嗓子大声说一两句话也不是什么难事，因此女佣发出的声音相当大。夏目一听，顿时就怒了："瞧！明明可以大声为什么要假装不行？你这家伙是在撒谎！居然捣鬼，岂有此理的家伙！"他不管看什么都觉得人家在捣鬼，只要神经衰弱，他就会出现这种怪癖，然后对那些"捣鬼"行为极度憎恨厌恶。

在他神经衰弱最严重的时候，有一次，我不在家。我外出的时间里，他规定不可以让男孩到外面去玩。可是不知道什么时候，男孩们居然就溜出去玩了，夏目顿时怒不可遏："说了不能出去，为什么还出去？"并将其中一个男孩推倒跌落在走廊下，另一个男孩则被他追出了门，一直追到路边，当着路人的面，砰砰砰就是一顿狠揍。两名女佣顿时也怒了，说就算你是一家之主，但这也太过分了！你在没人的地方揍孩子，我们也就忍住算了，你如此毫无顾忌，接下来还不知道要干出什么事来。这地方我们一刻也不想再待下去了！两名愤怒的女佣，在我还没回家之前，居然就不辞而别了。长女笔子看到这一切，流着泪悲愤地说："即使是父亲，但这种做法也太无法无天了！"没多久夏目走过来问："女佣们走了？这些家伙真是岂有此理！"笔子愤然为女佣们抱不平，说："她们为什么走，还不是因为你太过分！"这下，夏目可受不了了，朝着笔子脑袋"砰"的一拳，怒吼："你说什么？不知天高地厚的家伙，居然敢跟你父亲顶嘴？"等我回到家时，女佣已经走了，笔子正哭得伤心，夏目也满脸愤慨，冲着笔子骂骂咧咧："这家伙真是岂有此理！不像话的家伙！"女佣不在了，笔子就成了他的眼中钉。眼见这情形，说不定连动刀的事都干得出来，相当危险。我想只要不在他眼皮子底下，这件事自然会就此平息。于是让笔子躲到矢来的哥哥家去了。这件事后来也就这样过去了。但女佣被他气走了，厨房里没人做饭，特别难办。后来笔子到厨房做饭，这又让他担心起来，时不时跑到厨房探头探脑，问："今天做什么菜定下来了吗？"啰里啰唆地特别烦人。

最可笑的是，因为没有女佣，书斋的走廊也无人擦拭。看到灰尘他自己想必也不舒服。这都是他自作自受，我也使性子懒得理会他。其实原本我是想自己擦走廊的，可他意气用事，大声呵斥"不用擦"，那我就干脆概不伸手。后来他大概实在难以忍受，一个人进了浴室，嘴里还骂骂咧咧，没过多久他穿着条裤衩、手提着水桶出来了。想干什么呢？定睛一看，可不，正抓着抹布在走廊擦地板呢！看到他那副可笑的样子，我和笔子四目相对，忍不住捂着嘴偷偷乐了好久。

他状态不好的时候，经常大清早四点半或五点就醒来了，起床后就去开门开窗，然后大吼一声"起床"，一家人顿时全被他惊醒了。他不吼的时候，就跑进浴室，抓着安全剃刀在自动磨刀带上霍霍地磨来磨去，每次听到他霍霍的磨刀声，一家人又都被他吓得跳起来，一个个心情紧张地各自收拾被褥，而他则像个监工，神气活现地四下环视，若看到哪个孩子在磨蹭，就走过去一边训斥一边帮着收拾，将被褥团成一大团，不由分说地就朝壁橱里塞。蚊帐和被子都散乱着，眼看要从壁橱里掉下来他也不管，"砰"的就用力将壁橱门强行拉上了。

这还是女佣离开之前的事。最小的男孩是个爱哭鬼，动不动就哭。其实主要是因为他神经衰弱的时候，那张脸会特别吓人，小孩子看着当然吓得要哭。但他却说是照顾孩子的小保姆掐了孩子的屁股，最后连这个小保姆也被撵出去了。

以后这孩子再哭时，他就说是因为大家都欺负他。每次孩子一哭，他就从书斋出来哄孩子，说："好孩子，好孩子，父亲在身边保护你，不要怕，不哭不哭！"后来慢慢地才发现，因为他自己是家里的小儿子，从小被欺负，也从未得到过父亲的怜爱。所以他想当然地认为：这个爱哭的小儿子，也是被大家欺负，所以才经常哭的。但这个小儿子，有他这个父亲在，他会保护儿子，不许别人欺负他。可是那个爱哭鬼，每次看到夏目那张可怕的脸，总是哭得更厉害，他完全无济于事。

这种时候，他还会旧事重提，闹着要跟我分开。说："现在要你从这个家里出去，你也没地方可去，那就分居好了。你要是不喜欢出去住，那我出去。"我回答他："分居什么的，我才不会答应，不管你到哪里，反正我都跟着你。"我根本不理会他的话。虽然他每次提出分居，最后都是不了了之，但他总说这些也特别招人烦。这样闹腾之后，他的胃又出问题了，开始卧病不起，凝聚在我家头顶的乌云也自然而然地烟消云散。总而言之，是他的胃病拯救了他的神经衰弱。

这段时间他的神经衰弱很严重，但与刚从海外回来后发作的那段时间相比，要缓和得多，而且周期也短了许多。后来在他去世那年，这毛病也发作过，但跟这段时间相比，要缓和一些。一直到他去世之前，他这个毛病，纯粹是凭着性子，时不时发作一次。

前面说起过他只要神经衰弱，就会画画。这段时间也一样，画了不少画。他这个病一犯，我们这些人自然备感煎熬，但最痛苦的还是他自己。而他逃避这种痛苦的方法，就是画画。因此与其说他是写生，倒不如说他是在将自己脑子里的东西随手画出来。所以，他的画，不管是风景也好，还是人物也好，全都是远离现实的充满想象力的作品。

这一时期他常画的画，既不像日本画，也不像水彩画。他总在MIZUE 的画纸上，画一些很奇怪的东西。我不懂这些，估计使用的颜料应该是水彩。他使用日本的画笔，画出像日本画那样的线条，而且非常有耐心，每次总要画好多张。他的神经衰弱恢复得差不多的时候，有一次，他跟笔子说："这些画给你们，你拿去分给大家。但不可以送给外人。"孩子们特别高兴，拿到他们的六叠和室里，用扣针在三面墙上钉成一排装饰起来。后来，家里的亲戚，比如孩子们的表兄弟来玩的时候，觉得那些画有趣，央求着想要。我们也觉得少一张两张的他也不可能察觉，就送了人。如此一来，那些画越变越少了。有一天他走进六叠和室时，发现给孩子们的画少了许多，顿时大怒，质问为什么要给人，然后将余下的画从墙上一一揭下来撕掉，再全部揉成一团扔进了字纸篓。

他画好一张画之后，会用扣针将画固定在纸拉门上，花一个月时间每天审视、眺望，听从旁人的批评做添加或修改，这样天天看还不觉得厌倦的话，才开始拿到裱画店裱起来。因此他的画每天都不同。昨天还是一片松林，今天就变成了山脉，一座座山峰原本是分开的，不知道什么时候又变成了一座大山，还多出许多鸟。你刚在心里暗暗点头，转眼那群鸟又变成了一只貌似天鹅的大鸟。可第二天再看，大鸟又变成了家养的麻鸭，总之到最后完工之前，他的画真可谓千变万化。因此画成之后，只要细看，就会发现画纸上有许多反复修改的线条痕迹，沟壑纵横，十分凌乱。但他就是这样，不到满意为止，他会始终无法安心。当然他也总是受到周遭恶评家们的批评，说："好惨的一幅画呀！"他并不是个轻易接受批评的人，但对于在这方面有心得的人或权威人士，他会相当直率地寻求对方的批评与建议，然后进行修改完善。这一点，不仅仅是画画，其他各方面都是如此。

// 五十二 醉汉和女客

在二三月夏目神经衰弱最严重的时候，森田草平在会面日那天晚上，第一次领着小栗风叶来了。不知道那天是怎么回事，小栗风叶醉得厉害。小栗风叶和夏目是初次见面，此前也从未打过交道，而且那时夏目对陌生人的来访完全提不起兴致。因此，不知道小栗风叶当时借着酒劲说了些什么，我不在场，不清楚具体怎么回事，总之夏目似乎相当恼火，隔着很远都能听到他难以忍耐的大声怒吼：

"滚回去！"

出什么事了？看起来还非同小可。我正心中诧异时，就看到森田领着小栗风叶慌慌张张地回去了。但夏目的怒火依旧没有平息，还在骂："就为了跟我说这种话，故意领着那种家伙来，森田这小子简直岂有此理！"眼见形势特别严峻。因为夏目发那么大的火，那之后森田都很难再跨入我家大门一步了。而且夏目盛怒未消，依我看，这种时候若是去跟他道歉，反而自寻烦恼，会将事情弄得更糟。所以我劝森田说："稍微再忍一忍吧，等他心情好转了再说。"总之对这件事，森田也是伤透了脑筋。

小栗在很早之前就拜托过森田，希望森田能领他去见夏目。正好那天是周四的见面会，于是森田领着小栗出了门。两个人走到榎町的鳗鱼屋时，决定先进去吃饭，吃饭的话又不能不喝点酒，于是喝完一两瓶酒之后，小栗嗓门也大了起来。森田当时心里就想：这下麻烦了！但事已至此也没法打退堂鼓，心想倒不如还是去见夏目的好，因此拽着醉醺醺的小栗就来了。而小栗则表现得特别亲昵，才头一次跟夏目见面就无所顾忌，刚走进夏目的书斋，就一副神气十足的样子，站得笔直连句问候都还没说，就借着醉意，似是真心、又似是想要表现得自己很豁达的样子，冲着夏目喊了一声：

"喂！夏目君！"

小栗这副腔调，让在一旁看着的森田捏了把冷汗。可小栗却浑然不觉，依旧滔滔不绝地说些无聊透顶的话。若是平常，夏目估计最多是懒得搭理，客套几句就过去了。但这次正遇到他情绪不佳的时候，这就难以忍受了，最后一声怒吼把人家撵了出去。对森田来说，人是他自己带来的，因此完全是场意外的灾难。

后来一直到五六月，这时夏目的神经衰弱缓和了许多。又到了周四见面会的晚上，森田不敢从玄关进来，绕到厨房后门偷偷问我："今天情绪怎么样啊？"我回答说："现在情绪正在好转，若要挨骂你就受着点，跟他说这次事情是自己的责任，自己负责调停。不用那么郑重其事地打招呼，就这样坐到大家中间去好了。"听我这么一说，森田松了口气，进了夏目的书斋，找了个位置坐了下来，也没有跟夏目正式道歉，只是跟以前一样，和大家一起谈笑一起闲聊。而夏目也没有质问他："你跑来干什么？不像话的家伙。"一句生硬的话也没有说。这件事就这么过去了。

这一时期还有不少女性来访。这里介绍两三件比较特别的事情。

夏目在《玻璃门内》这本书里也写到过，有位想自杀的年轻女子经常来访。她在我家附近的喜久井町租了住宿的地方，早上出门时就跟老板娘说：今天说不定就死了，就回不来了。若是没回来，就麻烦您帮忙料理一下身后事，须得如何如何。每次都要这样叮嘱一番才能出门。就是这个许多方面与众不同的女子，经常找夏目谈她自己的身世处境。而夏目又是个对别人关乎生死的不幸遭遇备感同情的人，每次回家后，说起来就同情得不得了，说可怜呀，有没有什么办法呢？一副特别发愁的样子。后来，夏目情绪好些，再说这话时，我就对他说："你不觉得有些奇怪吗？首先就不可能有人天天到处做广告，说要去死要去死。也不会有人一天到晚跟人商量，问人家自己死了会如何。那么想死，就只管自杀好了！可到现在也看不到一点要自杀的迹象，也没听说过她什么时候尝试自杀过，真是奇怪！"后来，我在一本杂志的六号活字栏里，看到了他写这个女子的事。当然，这种不管真假全都搜罗过来的六号活字栏并不值得信任，但看那上面写的，说这个女子相当不好惹，想尽各种手段去骗夏目，但毫无效果。所以最近换了地方，开始经常去找佐藤红绿了。"你看看，你看看！"我当即拿给夏目看，"就说了是个骗子吧！"夏目满脸厌恶，一声不吭。

说到这里，我还想起一件事。当时经常有女大学生来找他，跟他说：下次我想单独和先生两人去杂司谷散步，还跟他说：先生，您躺下，我帮您按摩。夏目想：我又不是独身一人，这都是在说些什么呢！心里便突然厌恶起来。

后来又来了一位研究数学的女子，也跟他说要一起散步。夏目因此很不高兴地唠叨："当我是老头子呢，老有些奇怪女人找上门来。"对此也是毫无办法。

大正元年的时候，有人推荐给我当时流行的冈田式静坐法。我第一次试，自我感觉非常不错。冈田先生也说像夏目这样的人，练他的静坐法一定有效果。可夏目对此不感兴趣，而且他的性格本来就不喜欢干涉别人，只要我觉得好，他就由着我去练了。

// 五十三　自费出版

　　岩波[1]开始经营书店也是这个时候。现在的岩波书店，无可否认已经是全国闻名的大出版社了，但在创业之初——我这样说可能有些失礼，那时岩波书店的确是微不足道。因此那时候岩波书店还经常找我们帮忙融资。

　　有一次岩波来找夏目，好像在谈论什么。岩波走后，夏目突然把我叫到书斋，没头没脑地跟我说："你拿出三千块钱的股票借给岩波吧。"听得我一头雾水，不明就里，只好开口问："请问要股票是派什么用场呢？"夏目答："行了！要跟你说得那么明白，太费口舌。""那可不行！"我说，"必须先问问清楚。"如此，他才跟我说明事情原委。

　　事情是这样的：那个时候岩波一手包办了不知道是哪家大图书馆的订购项目，各类图书已经全部准备停当，这笔生意非常可靠，做成后肯定可以大赚一笔。但问题是，最重要的资金却没有着落。因为这笔生意稳赚不赔，所以岩波就来找夏目商量，问能不能暂时借三千块钱给他。夏目回答岩波说：既然如此，钱借给你没问题。但我家里也没有现金，

1　岩波茂雄，岩波书店创始人。——译者注

只有一些不多的股票，你拿去通过银行担保就可以筹措资金了。

那时候我们家刚刚从长期的困顿中解脱出来，而且这几年又不凑巧，夏目大病小病不断，加上家里孩子又多，因此开销相当大。但好歹还是余下一些钱。当然，不可能是什么大数目。而且，虽然夏目的书十分畅销，但那个时候出书，发行量并没有现在这么大。而且，我们余下的那点钱，存入银行也没什么利润。因此有人教我：不如去购买信用度高的公司的股票，这样自然能钱生钱。我原本对这些漠不关心，但被人这么一说，认为非常在理。正好小宫的叔叔、也就是夏目在伦敦时认识的犬冢，这时在银行担任要职，说是帮我们照应着，这当然是好事一桩。因此，每次余下来的小钱积攒到一定数额后，我就送到犬冢那里，请他帮我们购买股票。我们家里连个小金库也没有，也不知道银行可以代为保管，所以就把股票搁在家中小柜橱的抽屉里。

因为这些原因，在了解清楚岩波借钱的具体事由之后，我将家里的股票拿了出来，当着岩波的面，认真地说："借钱没问题，但这三千块钱，对我家来说是个大数目。夏目和岩波先生作为当人，者双方都认可的话，当然没问题。但是人和人之间难保以后不会发生什么事，到了那个时候，万一出现什么不愉快的事，大家都会难办。所以，最好委托第三方做见证，彼此签个借款合同。"岩波听了我这番话，一脸的惊讶，大概觉得我这么做有些出乎意料。而对于这些事，一向漫不经心的夏目，看到我如此郑重其事，可能心里也感觉过意不去。他当即对岩波说："并不是对你有什么怀疑，她话都说出口了，要求签合同，那就签好了。"接下来，岩波在办理好相关手续后，我便将股票交给了他。

因为有了这个先例，后来再有大笔订单，需要周转资金的时候，岩波会再来找我们，说明缘由后，我们以同样的方式借钱给他。有一次借钱给岩波，到了归还期限时，岩波还了一张支票，记得是三千块。我收下之后就放在小柜橱了。那一直是我们放钱的地方。支票放好之后我便出门了，上面几个大些的女儿也不在家，正好有人过来，夏目要拿钱给人家，而他自己的钱包里又没有钱。后来，等我回到家，夏目就跟我说，他在小柜橱里拿了钱。我回答说"知道了"，话音刚落，低头就看到地炉边掉落了一张小纸片。是什么呢？我好奇地捡起来一看，居然是岩波刚刚还给我们的那张三千块的支票。顿时大吃一惊，问夏目："这是怎么回事？"夏目答：大家都不在，不知道家里的钱放在哪里，只好去问最小的女儿爱子，爱子就告诉他：在那个小柜橱里呢！他便去取了需要的钱。他根本不知道家里还有支票，就算掉在地上，他也不过以为就是一张没用的小纸片。对这方面他真的是漠不关心。幸好我发现及时，不然若是掉到地炉里烧掉了，免不了又要引起一场骚乱。

总之，在钱的问题上他相当漫不经心，前面也说过，我时不时会往他放在桌子上的钱包里塞些钱，而每次那些钱积攒起来后，大多会被人借走。这其中有两三位脸皮相当厚的人，再三地借，而且手法相当可耻，最后连夏目都生气了，后来便不再往来。因此，夏目有时候会发牢骚说：身边都是些这样的家伙，我就是高枕也做不到无忧啊！他有段时间还记过账，借给谁多少钱，记得相当认真，现在那个账本还留着。虽然记账的时间相当短，但翻看一下，可以想见当时他的"借钱事业"相当兴隆。而每次请客聚餐时，他都会提议各付各的，严格分摊。也是因为这个原因，想到自己若是带着钱，难免又会想买些什么，因此身上从不放钱。除了我给他钱包里放点零用钱之外，每次他买价格比较高的东西回家时，都要事先知会我："这个可是零用钱之外的哦。"

就像前面介绍的那样，他拿自己的钱帮岩波筹措资金，而且他又是个对钱特别不关心的人。有时候银行里刚刚有了一点定期存款，他也会要我中途取出来借给岩波。中途取出定期存款，会出现什么问题，有什么损失,他一概不闻不问。我跟他说明,他也顶多心不在焉地答一句"是吗"。

因为跟岩波之间的种种关联,记得是大正三年(1914)夏天的时候,以前打交道的几家出版社都说过要出版《心》这本书,但岩波也希望能出版这本书。最后就以自费出版的方式,将这本书交给了岩波书店。在这之前,出版相关事宜都是全部交给出版社操作的;而这次出版,虽说也是都交给岩波处理,但当时的岩波茂雄还是一位刚刚创业的外行,凡事必须一项一项跟他商讨,相当劳神费力。而且岩波又是位理想主义者,不管哪方面,都想用最好的,想做出最美的书。这本身当然是很美的事。但这样一来,书的定价就高了,最终结果,一定是卖不出去,陷入亏损的困境。夏目因此责怪岩波,说:"像你这样什么都想用最好的,很不合算。如果封面用好纸,内文纸可以次之,内文纸用好纸,函套又可以稍微节俭一点,这样各方面多花点功夫,也是可以做出一本好书的。如果不计成本,完全不考虑书也是一种销售物品,结果岂不是大家都赚不到钱?"可岩波这个人,不管你怎么责怪他,他都听不进去,一心想着要做最美的书。夏目只好见他一次就唠叨一次。

《心》这本书的装帧是夏目自己动手做的。封面封里都按他自己的意思做的设计。封面使用的是桥口贡送给他的中国古代石鼓文拓本。他去世后,准备出版他的全集时,关于全集的封面,大家讨论来讨论去,最后一致认为夏目自己动手装帧的《心》这本书的封面最合适,于是完全照搬。以前出版的全集、还有这次出版的普及版,全都借用了《心》的封面。后来《玻璃门内》这本书,也是他自己从印花布中取样装帧的。

因为是自费出版,所以最初费用都是由我支付的。后来慢慢开始盈利之后,岩波书店按合同归还借款,每年结算两次,每半年一次对半分红。这种相当繁琐的操作方式,一直持续到夏目去世为止。夏目去世之后，我觉得这种做法太麻烦了，后来就改为普通的出版方式。

岩波大概认为自己得到了夏目的许多帮助，因此，有一次不记得是孟兰节还是过年的时候，他特意背过来一张半叠榻榻米大小的桌子，夏目一看，觉得特别俗气，大概他心里想着既然要送，倒不如索性多出点钱，送张紫檀桌子嘛。总之夏目当时毫不客气地说了许多话表达对那张桌子的不满。听到夏目那么多牢骚，岩波倒也干脆，回答说："先生，我好不容易背过来，可您居然这么不喜欢，那我就再背回去吧？"夏目估计心里也想：不要也是损失啊！当即改口说道："哎呀！倒也没有讨厌到必须再背回去的地步。"听得大家都笑了起来。

// 五十四　戏剧和相扑

大正三年的时候，有一段时间夏目经常去看戏。因为老有人建议他试着写写剧本，大概他也被说动了，又或许怀着别的目的，总之他经常去看戏。而且去的时候，又常觉得一个人去不好，所以他每次要么叫上我，要么叫上小宫同去。不过遗憾的是，戏剧舞台对他似乎没有什么吸引力，因此他的眼睛总是东张西望去看别的地方。例如他会说：

"喂喂！快看快看！那边坐席上有位小艺伎，正在用生鱼片下饭呢！"

我就说他："这有什么好看的？别看了。"

"可是看都看见了呀，我也没办法。"

他这么一耍贫嘴，小宫也跟着起劲：

"先生，快看那边有个很漂亮的艺伎哦！是时藏[1]的老相识，名字写作一个'鱼'字，但要求读作'陀陀子'[2]。"

夏目听了，便道："还有这种蠢事！这样的话，我写一个'米'字，

---

[1]　指歌舞伎世家中村时藏。——译者注
[2]　"陀陀子"是音译，在原文中写为假名"とと子"，源自日文"鱼"的幼儿用语"とと"。
　　——译者注

也能要求人家读作'麻麻子'[1]了。"

夏目就是这样，对舞台上的戏丝毫不感兴趣。但一回到家里，他又会唠唠叨叨说旧戏如何不合理，满腹牢骚。

有一次，高田的森成医生时隔很久来到东京，夏目说找个晚上一起去看戏吧，还亲自买了戏票。自己去买票当然挺好，但问题是，去看戏时找到座位一看，居然在戏院二楼特别靠后的地方，离舞台很远，几乎看不清楚。问他："为什么买这么靠后的座位啊，难道没有别的座位了？"他答："才不是，靠前的座位多着呢！可我是老花眼，坐靠后点，看舞台就很清楚。"

那次表演的正好是《千代萩》，回到家之后，夏目就说："我真讨厌这一类戏剧，小孩子'吱吱'的声音太老成了。"又很愤慨地说："切腹之后还要再跳会儿舞！这类不自然的地方太多了！"夏目这么一说，当医生的森成也跟着附和："完全如此！切腹那一段，那种情况下，毫无疑问是应该注射盐水的呀！"听得夏目忍不住笑出声来，原本一肚子愤慨，瞬间便烟消云散了。他就是这么一副腔调。

菊五郎和吉右卫门先后来访，也是这时候的事。记得菊五郎是由长谷川时雨领来的，邀夏目做狂言座的顾问，请他写剧本。他似乎对做顾问不感兴趣，当场就拒绝了。

吉右卫门是小宫带来的。当时的小宫，不知道该说是对吉右卫门的偏爱还是崇拜，总之在小宫眼里，吉右卫门非常了不得。小宫认为只有吉右卫门才是不分昼夜努力钻研戏剧的人物。现在这个社会，都以为演戏的没文化，什么都不懂，若听凭世人都这样想，不加以改变的话，好

---

1 "麻麻子"是音译，在原文中写为假名"まま子"，源自日文"米"的幼儿用语"まま"。
　　——译者注

不容易出个名角，岂不给白白糟蹋了。所以小宫劲头十足地将吉右卫门领过来，说要到夏目这里来，大家一起接受新教育。又当着众人的面，信口狂言道："吉右卫门人年轻，正是争强好胜的时候，同样是来夏目这里聚会，受不了那些年纪小不懂事的。"所以，他领着吉右卫门来的时候，这些碍事的家伙最好回避，就他自己、森田或铃木等几个一起受教育就好。夏目是极为讨厌将人分高下的，当即就朝小宫迎头棒喝道："什么？难道就你们这些家伙了不起？"完全不吃小宫那一套。

因为夏目对戏剧不感兴趣，菊五郎和吉右卫门之后就再没有来过。

关于戏剧就是这样，夏目说不合自己的兴趣，到最后都无法真正喜欢上。但每年的相扑比赛他倒是常去看，他认为戏剧是用谎言编造的谎言，但相扑不一样，除去那种预先决定好胜负的伪比赛，都得彼此尽自己最大力气去拼搏。这是没法造假的竞技。换言之，相扑比赛单纯地道、货真价实，因此令人情绪愉悦、心情舒畅。所以，有相扑比赛的时候，他定会出门去看比赛。

正好那个时候中村是公预定了看相扑的坐席，便邀他同席，因此看相扑时常和中村一起。又因为是人家预定的坐席，所以他绝不会带上家人，每次都是一个人出门。回来之后，看了些什么，我也不问他，他也不主动提起。第二天他又独自出门了，似乎兴致极高。所以，我完全不知道他看相扑的时候，究竟是怎样一种表情。倒是通过冈本一平刊登在《朝日新闻》的漫画，才得知一二。

因为是别人订的坐席，所以绝不带家人孩子同去——他这方面的规矩，是相当"夏目式"的。你可以认为他是礼节周到，也可以认为他是顾虑过多，太小心谨慎。总而言之他这些方面，讲究规矩到近乎死板的程度，界限极为分明。

大正三年十月，他的胃病又一次恶化，差不多卧床了一个月。幸好没出更大的问题。这段时期，他每年至少要卧床休养一次，已经形成了一种惯例。因此他自己也很小心，相当注意，虽然需要卧床休养，但病情倒没有特别恶化。自从修善寺大病之后，一年四季他就没离开过药。

从这一年到下一年，他出版了不少缩刷本。最开始是大仓书店出版的《我是猫》缩刷本。《我是猫》原本是菊判本[1]大小的三册，但这种尺寸的书变得滞销，因此书店提议改版为可以放入口袋随身携带的文库本。改版之后果然销路不错，于是接下来一本接一本地都改成了文库本。其实夏目认为这种改版倍加丢脸，但事已至此，就闭起眼睛随它去吧。所以听从书店的建议，认可了文库本，接二连三地出版发行。众所周知，和现在 32 开本的全盛时代不同，夏目的书，除了《玻璃门内》和《切拔帖》的初版比较特别外，其余的书几乎都是大型的菊判本。这些大型本突然变成可以放进口袋里的文库本，当然极受欢迎——因为这个时期，普通阅读阶层也开始流行袖珍读本。

1　尺寸为横 152mm× 纵 218mm，明治时代自美国进口的纸张，因带有菊花商标，称为"菊判"。——译者注

　　这段时间他常作画，画的大多是处于水彩画和日本画之间的"混血画"，还孜孜不倦地绘制大幅的南画，甚至还尝试过油画，买了油画的颜料盒练习写生。他基本上是使用画板的，写生纸和画板大小相当。最开始的时候，夏目会画出整片如同雾霭般的蓝色，层层颜料涂抹得极为紊乱，分不出他画的是什么。后来很耐心地画了四五张之后，我们终于能看明白他所画物体的形状了。他绘画的切磋对象是津田青枫。两人经常一起练习静物写生。但他的油画，连外行都看得出来的确有点糟糕，他自己画起来也感觉不好，终于不成气候，买回家的颜料还没好好使用，就彻底放弃了。说起来也是他跟油画性情不合吧。

　　他很早以前就与津田相识，加上他自己热衷于绘画，因此与津田更是分外亲近。文库本的装帧等都出自津田之手。而且除了绘画之外，津田那种话虽不多、但会不经意地突然出现的性格与行为方式，想必是他非常喜欢的吧。

　　有一天津田来了，我说夏目在书斋，津田便径直去了书斋。可是，眼见他进去了半晌，也没听到他们互相打招呼，甚至都没听到他们的说话声。我顿觉奇怪，过去悄悄瞧了一眼，就看见夏目跟平日一样，十分放松地躺着，头枕坐垫正在午睡。津田则在夏目旁边正襟危坐，百无聊赖地等待着夏目醒来。夏目习惯这样一骨碌躺下来睡午觉，躺在书斋或是走廊一侧的话，很容易就迷迷糊糊地睡着了。

等夏目醒过来看到津田的脸时，不由大为惊异："咦？是你呀，刚才听到脚步声走近，还以为是妻君有事进来了。因为迷迷糊糊地正感觉舒服呢，所以继续装睡来着。早知道是你，我就起来了。抱歉啊，失敬失敬！"眼见他们在这种情况下也毫无隔阂，不用那么敏感，真的很好。这段时间夏目经常画南画，而津田也是在这个时候，除了西洋画之外，也和夏目一样开始创作日本画。因此夏目的画完成之后，总是要拿给津田看，请他提出批评意见；津田的画，也同样会拿给夏目点评。

大正四年春天，津田搬去了京都的桃山后方。津田从东京动身之前，我拜托他说："最近几年夏目一直生病，神经衰弱导致他脑子有时候也不太清梦，您去了京都之后，邀他去京都旅行，让他到京都去散散心吧。在不同的环境里，过得悠闲宽心点，相信无论对他的身体还是精神都会有好处。拜托了！"津田当即回答我说："好，等我在京都安定下来，就邀他过去。"

不久，津田就发来了邀请。夏目似乎也萌生了拜访津田的想法，我极力赞成他去。出去看看当然好，可他又觉得出门是件麻烦事，态度消极，有些犹豫不决。直到进入春分他才终于下定了决心，从东京动身出发了。因为这次去京都没有任何目的，只是想优哉游哉地散散心，所以没有通知京都大学的友人，以及在关西的朝日新闻社的各位。因此他也提议说，若能住在不为人知的静僻之处最好不过。恰好津田的兄长西川一草亭给他介绍了一家开张不久的旅馆。旅馆位于木屋御池北面，叫作大嘉，他便在那儿安顿了下来。这次本就是去京都游玩的，所以由津田和西川领着，观看了一力的大石祭¹，又参观了各位的别墅，下雨天的话，就待在旅馆里，大家聚在一起写字绘画娱乐。他从东京出发之前，现在已经离世的芝川照吉跟他说，京都祇园有位名叫多佳的艺伎，非常有名，现在是叫作"大友"的茶屋老板娘，推荐他一定要跟这位女子见见面。夏目也很感兴趣，到了京都之后，就跟西川说起这事，西川便道："马上就喊多佳过来，她一定会非常高兴。"果然很快就将多佳领来了。多佳谈吐风趣，特别擅长"一中节"。² 她有时间就常到夏目的住处来玩，跟夏目聊天，唱一中节给他听。想来应是极好的玩乐伙伴吧。

艺伎阿君和艺伎金之助是一对好友，她们将前辈多佳叫到旅馆的玄关，恳求说："著名的夏目先生到了京都，我们非常想见他一面，哪怕只看一眼也好。若是看一眼也不行，那就隔着隔扇只听听声音也好。"她们三人是典型的京都式一问一答，不厌其烦地兜着圈子。一方说这种事我可没法做主呀，另一方则说无论如何也请您帮忙了，又说如果实在无法见到夏目先生，这儿有我们带过来的诗笺纸，能不能麻烦您请夏目先生题字呢。如此一番交涉之后，多佳只好服输，说既然如此，我先去问问夏目先生。多佳回到夏目位于二楼的房间，跟夏目一说，夏目十分爽快地点头应允，说："让她们上来吧。"两人顿时欢天喜地。夏目的玩乐伙伴，从一个人增加到三个人，那之后每天都十会热闹。

三个人中，叫金之助的艺伎是位性情直爽的滑稽家，极其擅长应酬周旋，有她在自然更是热闹。另一位叫阿君的，则正好和金之助相反，

1　每年 3 月 20 日京都祇园的茶屋一力亭为大石良雄举办的祭祀活动。大石良雄是日本江户早期的武士，元禄赤穗事件中赤穗浪士四十七武士的头目，因忠诚为其藩主浅野长矩复仇而闻名于世。其事迹后来被改编成戏剧《忠臣藏》。故大石良雄又名"大石内藏助"。3 月 20 日是其忌辰。——译者注
2　净琉璃的一种。——译者注

很少说话，是位贵妇型的艺伎。阿君是金光教的大信徒，曾凭着虔诚的信念，摆脱连医生都束手无策的绝症，救回了自己的性命——无怪乎她身上有种凛然的气质。和东京女子不同，这三位京都女子，各有特色。她们时不时来夏目的住处玩乐，倒也悠闲自得，随意尽兴。

如此这般在京都待了一个星期左右，夏目的胃又开始出问题了。因此他连津田邀他去奈良观光的行程也取消了，一心想着趁胃痛不严重的时候，赶紧回东京的家。可不巧的是，原本时运不济的高田的姐姐（夏目的姐姐），突发脑溢血去世了。那边通知了夏目，但他当时无法回东京，只能我一个人去帮忙打点一切。葬礼刚刚结束，京都那边就发来了"急病，速来"的电报，我又急忙赶到京都。

这还是京都发急病电报之前的事。夏目心想差不多是时候告别京都了，而自己在京都一直承蒙西川等诸位的关照，作为回礼，想招待他们一晚。招待宴安排在多佳的家里，还叫了舞伎前来助兴。但是钱款不足，通知我赶紧汇过去一百块。他的胃病恶化，就是在他做东招待大家的那天。从他住宿的木屋町御池到祇园的新桥，虽然可以坐人力车，但他想反正隔得近，就步行过去了。后来他感到腹部一点点疼痛起来，最开始还百般忍耐，最后实在忍不住，只好躺下来。多佳和其他人，还从未遇到过这样的事，大家都很惊慌，觉得他不是躺下来就能恢复这么简单。之所以大家这样认为，是因为夏目极度不舒服，不愿意说话，可额头上又满是豆大的汗珠。他就这样悄无声息又痛苦至极地躺着，大家都很担心他会不会就这样死掉，因此随时观察他的动静，而每观察一次，就越发认为他情况不妙。于是开始低声商量得赶紧通知我到京都来。结果这话被躺着的夏目听到了，劝阻说："不用了，还用不着叫我家内人来。"问他为什么，则回答说若是让内人见到自己现在这副样子，难免又要被埋怨说胃怎么又不好了……各种没完没了的唠叨，想想就害怕。

可大家对夏目的话不以为然，总觉得他看起来状态那么糟糕，若是不通知家人，万一出什么事可怎么办？因此津田说："夏目若是生气，由我来负责。"说完便给在东京的我发了电报。

我到京都时，夏目已经从大友（多佳的家）回到了旅馆卧床休息。眼见他只是平时的老毛病，不会有什么大碍，我当下就松了口气。接下来的日子里，大家都借探病之机聚在一起，极为热闹。

既然是老毛病，也就按老办法处置，只要好好静养就会慢慢恢复，因此接下来他一直都躺着或半卧着，等待身体自然痊愈。没什么高深的书可读，他的心态也特别闲散，因此身体稍好一点，就坐在病榻上作作画、写写俳句。他身边有不少画帖，卧病时间反正也是闲着，便随手抓过来涂涂抹抹。

这段时间里，西川一草亭来探病时，都会带来他最拿手的插花送给夏目。每一种都造型各异，与众不同。此外西川还带来不少画帖和白绫，让夏目写字或作画。据说以前西川在浅井忠[1]身边时，从来没有这类念头，总想着随时随地都可以请浅井忠给自己画一幅，不必着急。他就是这种不急不忙的心态。谁知浅井忠却突然去世了，结果西川手中没有一件浅井忠的作品。因为有了这种追悔莫及的教训，所以他将夏目因病静养看成一个机会，心想要趁着夏目能写能画的时候，尽量请他多画多写。借了西川的光，多佳、阿君和金之助，也都拿到了夏目的字画。我心里原本从没有过这类念头，毕竟想要夏目的字画，对我来说是轻而易举的事。不过当时看到大家都这样，加之被人怂恿，便也请他画了把扇子，但最终还是被其他人要走了。结果我在他身边光是看着他给别人写，却一次也没有写给我。现在想来觉得非常可惜。他身体多病，但我从未想

1　1856-1907，明治时代著名洋画家。——译者注

到过他有一天会死去，反倒以为他会一直活着，所以我也总是从不着急。想起来，人的许多感受其实是靠不住的，许多以为不会错的东西，其实是错的。

从京都回来后，他也常常写写画画，加上大家又送来了三四本画帖放在手边，因为是自己喜欢的事，所以他极有耐心地画花卉、画风景，或是题诗写俳句，画好之后再给大家寄过去。他这个时候的字画，大概是生病的缘故，都是慢悠悠一点点画出来的，我们都觉得他这段时间的书画趣味十足。

他听多佳唱一中节的时候，尤其爱听"道行"[1]只要问他想听什么，他就会说"道行"。我就说他："又是道行！别再听了，特别不吉利，就算是你自己想唱道行，也不可以。"可是，我说的时候他会妥协，但过后他还是要听道行。

多佳总有说不完的俏皮话。而夏目原本说话就诙谐，更是不服输地一句接一句。我忍不住笑他们："旁边的人都听不下去了！"而实际上他俩一唱一和特别对口。听说我要去京都时，夏目还跟凡事都爱开玩笑的多佳说："家妻可是很讨厌开玩笑的，你说话若是太不正经，她可是会生气的呢！"而他自己在家时，经常用这种方法作弄我，每次我都认真听，听到最后才发现：什么呀！他居然又在耍滑头。实在太可恨！比如，我跟夏目说想去旅行，因为不管是伊势还是高野，我都没去过，因此跟他说："什么时候带我一起去吧！"他就会说："瞧，你现在不行呀，等纯一（长男）长大点，你跟他说，让他带你去。""为什么呢？"我非常认真地问他，"这有什么缘由吗？"他答："不是说有句老话吗——'紺屋の明後

---

1 净琉璃中，"道行"多用于男女私奔或情死的场合。——译者注

日'1？"一句话就将话题巧妙地岔开了。

现在已经去世的夏目的姐姐，生前在夏目修善寺大病的时候，曾去深川不动堂许愿，求不动明王保佑夏目的病早日康复。又承诺说：如果病好了，即使他本人不能来，但他的妻子等家里人也一定会前来感恩致谢。所以，后来我要去深川不动堂谢恩时，夏目说："行了行了，不用去了。"我回答："那怎么行，在菩萨面前许了愿的。"夏目便说："既然如此，那就给菩萨寄张明信片去致谢吧。"他心情好的时候，就是这副腔调，总是随时随地有俏皮话从嘴里蹦出来。

他的身体基本恢复之后，有一天，西川领我们去南禅寺那边看别墅。夏目坐在人力车上，我和津田也一起去了。拜见了一两处之后，西川问我："还有一处极好的，要去看吗？"我回答说："估计夏目有些累了，还是就此回去吧。若是跟他说还有一处，他肯定会说要去看。但我担心他身体吃不消。"这样跟西川一商量，便决定回旅馆去。往回走的路上，津田跟我说："回去这么早，晚上两个人一起去看戏吧。"

可是回到旅馆，津田一时起劲，一不小心说漏了嘴："其实还有一处很不错的别墅呢……"最后将刚才约好看戏的事也说了。夏目一听，顿时心情就坏了，很生气地问："这是怎么回事？"这时，去看戏的时间也快到了，可是我和津田都感觉特别尴尬，无论如何也无法动身出门。于是试探着问他："要不你也一起去看戏吧？"可这一问反而自讨没趣，又被他一通骂。结果那天我们特别不知所措，尴尬至极。

1　这是一句日文谚语。"绀屋"是指"染坊"，"明後日"是指"后天"。染坊的工作受天气左右，总是无法按期交货，一拖再拖。每次客户来催，都回答说"后天"。因此说"染坊的后天——靠不住"。而日文中，"绀屋"与"高野"发音都是"こうや"。夏目用这句谚语作弄镜子夫人：你想要我带你去高野旅游，那就等后天吧。高野的后天——靠不住。——译者注

关于别墅还有一件事。大阪的实业家加贺正太郎，在离京都两站路、往大阪方向的山崎建了幢别墅，看了风水，设计也大体上完工了。因此由多佳陪着来找夏目，邀请夏目去他的别墅看看，并帮忙给别墅选个好名字。夏目询问过后，才知道别墅在山上，考虑到自己这样的身体，便回绝说恐怕是去不了。我在旁边听着也很担心，自然附和夏目的回绝。可加贺有多佳做援兵，说："您话说得不错。所以请您务必一直在京都静养到完全康复为止。但无论如何还是很想请您去看看，我们用汽车一直送您到山脚下，上山的话我们准备好轿子。"加贺的话都说到这个地步了，因此，在回东京前的第二天还是第三天，夏目、我、西川、津田、多佳等几位全都一起去了。从山崎的停车场爬了五六丁¹的陡坡道才到，换言之，别墅在天王山的山腹部。

　　接下来别墅要准备动工了。这地方的风景真是不错，而且山上还星星点点地残留着些晚开的山樱。在山上，承蒙加贺的款待，品尝了他们做的御田，度过了半日悠闲时光。在与别墅所在地背靠背的地方，有一座古老的三重塔，以前听落语²时，听谁说起过关于这个宝寺的故事，说是这座古塔的位置，原本在山里面，是丰臣秀吉在现在的地址上一夜之间造了个一模一样的，在山崎合战时当成瞭望台使用——故事里的三重塔指的就是这座塔。

　　这个宝寺最有名的就是大黑天了。宝寺里有万宝槌，若是去寺里领一个姜黄色钱袋，请寺院做完祈祷并用万宝槌敲打过后，再一言不发手捧钱袋走出山门，据说就可以成为大富翁。因此不用说京都、大阪一带，就连很远地区的人，都有为了领宝寺的钱袋特意前来的。但领了钱袋之

1　1丁约等于109米。——译者注
2　类似中国的单口相声。——译者注

后，一直到走出山门之前，都是绝对不可以说话的。我们正觉得这事儿特别有趣的时候，就听到夏目对我说："你去领个钱袋吧。"可是我一个人的话，怎么也不好意思去，于是便叫多佳一起。两人领了钱袋，又接受了祈祷，敲过了万宝槌，接下来就是手捧钱袋的"无言之行"了。可越是规定不许说话，就越是心里痒痒地想笑，感觉怪异得不行，只好拼命忍住笑意，满脸严肃一言不发地朝山门走去。走近山门时，就见山门外西川和津田一副严阵以待的样子。这次实在忍不住了，才出山门，就捧腹大笑。

回到东京之后，夏目想了不少别墅名给对方送过去，但对方似乎都没有满意的，最终没有使用夏目想的名称。夏目觉得这样很没意思，说："若是觉得名字不好，就直接跟我说，让我再多想些别的名称不就好了吗！"后来别墅主人要送刻图章的印材作为谢礼，但夏目说受之有愧，终是回绝了。不过对我而言，大约也是缘分，那之后我几乎每年都去京都，去参拜宝寺时，也总是按惯例去领了钱袋，从寺院本堂默默无语地一路走出山门。

这回还是我头一次去京都，游览了不少地方。接下来估摸着夏目坐火车应该不会有问题了，我们便返回东京。算起来正好在京都待了差不多一个月。

// 五十六　孩子的教育

从京都回家之后过了没多久，大概是 6 月，夏目开始在《朝日新闻》连载《道草》。题材源于我们住在千驮木时发生的一件小事，并结合了他对过去的回忆，也即所谓"自传体小说"。在这部小说里，写到了以我为首的家中的亲人们。在这之前的《玻璃门内》，也写了他过去的事情，因此很自然地涉及他在矢来的哥哥。矢来的哥哥当然有点不满，说："你那样写当然是可以，但你们的孩子都会长大，你在书里写得那么透彻，在孩子面前不好看吧。"因为也写到了我，所以我也跟他提起这事，说："在《我是猫》里，我被你写得那么糟倒也没什么，可我并不赞成你写家里的事和人。"夏目听了，便说："说什么呢？亏你们还全都在靠这个吃饭！"他说得一语中的，我再也作声不得。

矢来的哥哥说的话，不知怎的被第四个女儿爱子听到了。爱子当时大概是 10 岁，她这样跟夏目说道：

"我说啊爸爸，你别老是写伯父的事和周围人的事呀，稍微再多动点脑子！"

夏目忍不住笑了，捉弄她道：

"这小家伙，说话这么不知天高地厚！你这样说的话，下次就写你了。"

《玻璃门内》的结尾部分，写到烧篝火的孩子们，引来孩子们的阵阵尖叫："哎呀呀，好讨厌！"

爱子特别体贴父亲，夏目爱吃零食，我担心对他的胃不好，就将零食藏起来。夏目在书斋里忙完之后，出来想找一份羊羹做零食，在食品柜里找半天也没找到。孩子眼尖，我将零食藏在什么地方她都知道。大概是同情父亲，便帮着将藏起来的零食找出来，说："爸，爸！在这儿呢！"夏目偷笑着，一边大口往嘴里塞零食，一边说："哎呀，好孩子，好孩子，真是个有孝心的好孩子！"他的胃那么不好，可偷吃零食却那么心平气和。

虽说都是女儿，但最上面的两个女儿，大概因为夏目神经衰弱时留给她们的记忆并不好，所以跟他不那么亲近；而最下面的两个孩子，夏目经常和他们一起光着身子，或是练相扑或是逗弄嬉闹。第二年夏目就去世了，因此两个最小的孩子现在还在说：父亲活着的时候，不仅仅只是跟他们练相扑，有空的时候，还会给他们作画和写字呢。

既然说到了孩子，那也谈谈孩子们的教育吧。

对于女孩，夏目可以说是放任主义，基本上不闻不问，学校也是我给女儿们决定的。上面两个女儿上女子大学的附属学校，下面一个上的是双叶女子学校。夏目对此没有多说什么，只是在女儿们准备开始学琴的时候，对于是学钢琴还是学小提琴，他提出了自己的看法。关于女儿的教育也就这些。但这决不是说夏目不让女儿做学问，他只是不喜欢女孩过于新潮、过于自命不凡。夏目认为做学问要尊重本人的意见，如果有喜欢的、想走的道路他绝不会阻止。

但男孩快上小学的时候，他似乎倒是认真考虑过，说："九段上的晓星不错，学校里的学生教养都很好，从小学开始就教外语（法语），制服也可爱。"为此他自己还特意去学校拿了学习指南回来。看得出他希望孩子们扎扎实实学好外语。

按他的想法，首先在小学学好法语，到了中学再追加一门英语。但是这所学校与其他中学相比，英文水平稍低，所以读到中学之后，他就自己在家教孩子英语。这样到了高中时再学一门德语。如此一来，上大学的时候，就已经懂得英语、法语、德语三国语言了。而他自己，英语自然是他的拿手戏，此外还一直阅读法语杂志和法语书，德语的话据说忘记得差不多了，有段时间为了学习德语，甚至还让小宫朗读德语书给他听。总之他一直很用心地学习外语，从未间断过。因为他自己如此，所以对于男孩们的外语学习，格外上心。

于是按他的想法，首先让男孩们开始学法语，每次从学校一到家，他就将孩子叫到书斋去。可我在隔壁房间听了听，哪里是在学外语，只听到一连串"混账东西、混账东西"的骂声，然后就看到孩子哭哭啼啼地从书斋里出来了。比起教孩子外语，他骂"混账东西"的次数要多得多。我实在看不下去，就对他说：

"我说你啊，我在旁边听着，发现你骂人的次数比教的还多。迄今为止你也在不少学校教过书，做过老师，难道也一样冲着学生大吼'混账东西'吗？"

夏目答："主要是那家伙怎么教也教不会！总之，对我而言，教不会的学生，不管是哪所学校的，我都当成是我的仇敌。反之，那些一教就会的学生，可是特别受欢迎呢。"

我说："可人家还是个孩子！你那样'混账混账'地骂，当然更加学不会了。手把手地和气地教不好吗！"

我这样说他时，他又说那家伙脑子不好之类的。不过自那以后他果然很少再骂"混账"了。说起来他就是样的性格，虽说是这类微不足道的小事，在当时他会反驳你，但只要认识到是自己不对，他就会马上改正。也是这段时间，经常有陌生人到我家的玄关来，请夏目给他们写诗笺。夏目若是心血来潮，会很快走出玄关去给人家写。说起这个想起来了，有些人都到了我家客厅，想请他写字，他都会拒绝。所以我跟他说，他这样做不公平，而且若是写成了习惯，岂不是要一直站在玄关给人家写字？他回答："这种时候看心情。我乐意写就写，不乐意写就不写。"不过从此之后，他断然再也不站到玄关写字了。

这年的 11 月，应中村是公的邀请，他去汤河原待了一个星期。回来后听他说他坐着轿子去了箱根。

这个时候，家里除了以前经常来的所谓"漱石门下生"外，还来了许多年轻人。一时之间，原本感觉有些冷落的书斋，变得十分热闹。和辻哲郎、太宰施门、江口涣、内田百闻、冈荣一郎，等等，他们虽然不是一直都来，但时不时就会来露个面。这中间最热闹的是赤木桁平，声音高亢得像是要穿透屋顶，始终像在吵架般喋喋不休。看到赤木本人是比较靠后的事了，最初只听到声音的时候，我还问过夏目："那是谁的声音呀？"夏目答："那是赤木桁平。'桁平'这二个字，不能读成'行平'哦，会生气的。"又开玩笑说："仔细听他说话，是在片侧町呢，背面是庄稼地。"此外还有每次一来就像做生意一样，总让夏目写字作画的中央公论社的滝田樗阴，也是位与众不同的常客。再往后，芥川龙之介、久米正雄、松冈让等，以及另外一些年轻人也经常登门造访。不过，大部分我都只知道名字，有时候会听到隔壁房间他们说话的声音，仅此而已。真正见面并记住他们的模样，是从夏目去世时开始的。

// 五十七 糖尿病

大正五年正月，夏目迎来了虚岁 50 岁的生日，自从一场大病后，他年年都在生病，这时看起来已经相当苍老，头发和胡子差不多全白了。

往年的元旦，从傍晚开始直到夜里，家里都会来许多年轻人。大家聚集在一起跟夏目聊天，借着屠苏酒的酒劲高谈阔论。这年元旦也和往年一样，大家都聚在夏目身边，非常愉快。到晚上众人散去，夏目和留下来的一位——记得应该是小宫，一起去了旁边的另一幢小房子，坐到孩子们中间一起玩歌留多纸牌。我们居住的这个家，这个时候开始感觉有些狭窄了，房间数量也不够，因此将在同一宅地内的一处小房子租借过来，作为孩子们的书房。这间书房已经使用好几年了，但他一次也没进去过，这一天也不知道怎么回事，他的心情特别好，在那儿玩到很晚。只是他老也抢不到牌，小宫也只偶尔抢到几张，此外就全都不行了。两个笨拙的队友，大喊着"这次绝对中了"，却连一张牌都抢不到，实在滑稽得很。"天津风"[1]这张牌，都摆到眼前了，最后也被孩子们抽走了，夏

---

1 源于平安时代僧侣歌人遍昭的著名和歌"天つ風雲の通ひ路吹き閉ぢよ乙女の姿しばしとどめむ"。中文网络上有无法得知其名字的译者，将其翻译成一首很好的汉诗："大风浩浩起长天，云路归途尽锁严；天女翩翩归不得，暂留舞态在人间。"——译者注

目他们输得一塌糊涂。

正月还没过完他就说有一只手很疼。帮他又是做按摩又是泡热水，但还是一样疼，一点也不见好转。看来估计是神经痛或是风湿病之类的毛病，虽然疼得并不是特别厉害，但感觉到疼之后，就开始种种不方便起来。我建议他去泡泡温泉，于是他决定去汤河原温泉。

他感觉到疼的是好使的那只手，想抓个什么东西在手上都很不方便。去温泉之前，我说我若能跟着一起去当然最好，但又不可能自己出门，只留孩子们在家，所以建议他带个护士同去。他想了想，回答说不用了。我问他，为什么？他说，一男一女去温泉肯定不行。我说那你尽可能带个年纪大的护士去呀，他答：可我自己都是个老爷子了。再说人是一种意外性动物，在特定的时间与场合，很难说就不会干出什么事来。最后他还是自己一个人去了温泉。

他去世后，我有次跟森田草平聊天，说起了这件事。森田便说："先生就是这样一个凡事想得太远，谨慎处世的人。"说这其实是个怪毛病。听口气，森田似乎对夏目从不曾随心所欲而感到惋惜。不过后来森田又深有感触地说："但是，先生有一句话极好，说意外是可怕的。实际上，男女之间，很多时候便是源于意外。"

夏目是1月20号之后去的温泉。很快就到了2月，不知道他怎样了，我想去探望他，便出了门。一路上心里还想：他一个人的话，会很寂寞吧。可到了汤河原的天野屋玄关后，旅馆掌柜问我："夏目先生正在和中村先生等几位在一起，没关系吗？"我这才知道原来中村是公也来了。掌柜将我领到房间时，他们几位正好在一起用午餐。除了夏目和中村外，还有一个和他们年龄相仿的男人，此外照例还有一个新桥一带的妖艳女人。怪不得刚才掌柜问我"没关系吗"，我这才明白问这句话的意思。我一进房间，中村就马上来打招呼："是夫人吧。"而另一个男人则和那女人趁机起身不知躲到哪儿去了。一问之下，不知道是夏目太寂寞，喊了中村过来；还是中村自己跑过来探病顺便休闲，总之两个人在一起有一段时间了。另一个男人据说是"满铁"的田中。因为夏目在说：田中这家伙跑哪儿去了？饭就这么乱扔着。后来中村去找躲在另一个房间的田中，问他怎么回事，问完之后来告诉我：田中跟他说，早知道是夏目的妻子就不会逃走了，中村你既然知道，当场就介绍我认识不就好了？还告诉我：田中听说又来了一位多福夫人，还以为是哪一家的老板娘来了，觉得留下来不方便，所以才躲了起来。原来是这样啊，我心想。而夏目也不跟别人介绍一句"这是家内"，所以我进了房间，不认识的根本不知道我是谁。后来听说那女子是田中带来的。

他在汤河原疗养期间过得极悠闲，不管走到哪儿，都有人请他写字，直到 2 月 15 日左右才回家。回家前还去了镰仓中村的别墅住了两晚。

原本他年轻时就没有神经痛或风湿病之类的毛病，也不喜欢按摩，说是按得发痒。最主要的是，他从来不知道还有头重体沉这回事。而我跟他正好相反，一年到头不是肩酸就是头疼，天气一有变化，神经痛的毛病就会发作。而这一年，夏目也少见地开始神经痛了。说起来，这事是后来才知道的：那时候他已经患上了糖尿病。

大约 4 月初，他的胃又不好了。这次没什么大毛病，很快就可以起床走动了。这时候给他看病的医生，是以前在肠胃医院工作过的须贺医生。夏目一直都找他开药，只要说句不舒服，须贺医生就会马上登门诊察。可是，4 月的时候，须贺医生患病十天便去世了。夏目的胃药倒可以按过去的方子，麻烦其他人调配，但他这样一个不知道什么时候就会出问题的病人，突然失去了一位最熟悉他病状的、令他信赖、安心的医生，确实令人难过和不安，接下来不知道该怎么办。

须贺医生去世前后，以前夏目在松山中学教过他英文的学生、现在在大学负责物疗的真锅嘉一郎（东大医学部教授），两人不知因为什么机会又见了面。夏目跟真锅说起自己的健康状况，真锅便说那我来给您做个检查吧。于是夏目去检查了身体，验尿时发现有糖尿病。从那之后，他一直坚持做尿检，又接受专门的饮食管理，一直听从医生吩咐进行食疗。因为每天都留意糖分摄取的多少，自然就将手疼的事忘了。

接下来他一直遵循真锅的嘱咐，定期接受大学物疗的尿检。这种事情上，他相当守规矩，说他自己就是为了生病而来到这个世界上的，所以饭前饭后按时服药、坚持食物疗法，还有其他这样那样的种种医嘱啊、注意事项啊，他全都不厌其烦地一直坚持下来了。

这样坚持的结果，是他的糖尿病令人欣慰地得到了极大改善。而他的胃一直有毛病，不知道什么时候又会出问题，而且一直负责他的医生又不在了，所以我暗自担心：万一有什么事，可如何是好？以前每年一到夏天，他是肯定要犯胃病卧床的，可唯有这年夏天运气不错，居然十分健康，一直到秋天都平安无事。春末夏初时，女儿们在家旁边的另一幢小房子里学习时，听到有人在家门前嚷嚷着说看到有鬼火从我家屋顶飞出来，因此心里很不舒服。我听了之后心情也非常不愉快。可是看到他的身体状态极为不错，原本忐忑不安的我倒加倍地安心起来。心想这样一来，将家里收拾妥当，然后离开家一个星期或 10 天也不会有问题了，到了 11 月，可以去一趟一直想去参拜的伊势神宫了。因此我还给在名古屋的妹妹写了信，心里也做好了去伊势神宫的准备。这年 2 月夏目去汤河原温泉疗养时，我这个妹妹的长女忽然患恶性伤寒去世了。妹妹的长女正好和我们的长女笔子同年，两个女孩关系也非常好。妹妹因此非常悲痛，所以我想陪她一起去伊势神宫，顺便给她一些安慰。可是，万万没有想到的是，11 月 22 日，夏目却躺倒在他的死亡病榻上。这事后面会谈到。

　　后来回想起这个夏天时，总感觉夏目其实毫无生气，背上又长出了类似痱子的东西，每次泡完澡，都要给他涂抹药粉，一边给他涂药一边抚摩他的后背时，不知道是不是我的心理作用，总觉得他的背在一天天消瘦。最初我并没有特别在意，但后来在意起来，大概心理作用也放大了，就感觉越来越不对劲，用手指尖都能清晰地感觉到他在日渐消瘦。我心里想：是因为苦夏，还是因为糖尿病的食物疗法导致他一天天瘦下去？总之，他瘦得让人心里很不是滋味。虽然我心里在意他的消瘦，但不曾跟夏目提起过。到了 11 月，他更是遽然消瘦得不成样子。现在回想起来，从秋天开始，其实就已经逐渐有了死亡的征兆了。

　　虽然他的身体这样一天天消瘦下去，但创作方面却日渐圆熟起来。6 月开始，他给《朝日新闻》写长篇小说《明暗》，每天上午写完一篇连载的量之后，就自己投递到邮筒里。而且，他说一直写小说，精神会变得俗不可耐。因此上午写完小说后，下午到晚上就写汉诗。这年夏天，他每天都是这样度过的。虽然他没有跟我们说起过，但他跟门下弟子们说，以前在大学任教时写的那本《文学论》讲义，并没什么价值，而现在他觉得自己终于有了叫作文学观的东西，因此为了恢复名誉，他希望能重新站上讲台，再去讲解文学。而且，他对社会上有关《明暗》的评论也毫不在意，用相当自信的口吻说："写得如何，任由评说。"这段时间，他频繁提及"则天去私"，以及"悟"与"道"。很是兴致勃勃。我后来将他当时这些迹象联系在一起，发现许多都能得到印证。

　　他新写的那些诗，大概是想等到《明暗》写完之后，再慢慢誊清吧，因此经常在他写坏了的稿纸上，反复练习书写他作的那些新诗。又说等他这部小说写完之后，要绘制三幅与作品对应的大画。虽然写《明暗》的时候，就已经跃跃欲试了，但估计担心影响小说进度，所以一直不曾拿起画笔。就这样他将全部精力都集中在《明暗》的创作上，却在中途因病彻底倒下，真的是一件特别遗憾的事。想必他自己对此也十分恋恋不舍。

　　正好是在他去世前一年，也就是前年 11 月左右，每周的周四会那天，正午刚过，《中央公论》的滝田樗阴就乘着人力车早早来了，并且每次都带来一大叠纸。进屋之后，他就开始动手研墨，铺好毛毡，展开纸张，一切准备停当之后就去邀请夏目，说："先生，请动笔吧。"就好像抓着夏目的手一般让他写诗作画。因为再晚些时候，其他的年轻人就将陆陆续续到来，大家谈笑风生时要夏目写字会打扰到他，所以，滝田总是趁着其他人还没来时提早到。每次他从玄关上来时，他那副像金太郎一样胖胖的身躯，总是抱着纸和毛毡，或是洗笔筒之类一大堆东西。他进屋之后的两三个小时，就是一刻不停地让夏目写写画画。

　　滝田这个人，挺不客气的。几乎不太在意自己会不会给别人添麻烦。每次他来我家，逮住了夏目之后，根本不理会之后是否还有其他访客，他只管按自己的计划行事。因此大家都非常不满，说：滝田这家伙太失礼了！毫不客气地独霸着先生。可他为这件事做好了一切准备，因此别人说什么他才不管，只管按自己的方式实行到底。

　　至于让夏目写些什么，滝田每次都很明确，会跟夏目说，这次麻烦您这样写：请写"我是猫"，再请写"杜鹃千啭急如令，出恭入敬难从命"；这个是做屏风用的，不对，您要这样写；这幅画请题句诗文；等等。各种各样的量身定制，其实挺费时耗力的。可一向不好伺候的夏目，居然毫无怨言，依从照办。因此只能说，滝田太懂得如何让夏目写字的窍门了。有位年轻人看到这种情形，愤慨道："先生太老实！滝田太横蛮！"而滝田做得最漂亮的地方，是他会将这个周四让夏目写的字画，以极快的速度装裱好，在下周四就带过来，让夏目在字画盒上记入题名之后再一一入盒存放起来。这样的做法，写字的人看了，自然心情不会太坏，甚至会想：我这么糟糕的东西，居然还有个家伙会这么迅速地装裱起来，真是花冤枉钱呀！不过，看人家这样重视，可见似乎也不算太糟。再说，反正周四这一天都是见面会，人家又连纸都准备好带过来，无非满足我的爱好，让我练练笔而已。如此一想，他自然来者不拒，就当成练笔一般又写又画了。夏目对书画一直是有追求的，因此对于这种大型练习，总能沉下心来、干劲十足地希望写点令人满意的好东西。

虽然他抱着练笔的心情，但写出来的这些东西都是要送人的，因此若有写得不满意的，自然不愿意让人拿走。但只要他不说，即使写坏了也会被全部带走。这是他绝对不愿意的，因此只要有写坏了的或是自己不满意的，通常在别人还没看到之前，就全被他撕毁了。还有就是，作为业余爱好，他作画的时候，总归带着些玩儿的心态，但画着画着，慢慢就有了想法，会开始觉得这也不行、那也不行，然后胡乱改动，改来改去最后就不满意了，之后就是刺啦刺啦一顿撕。因此请他作画的人经常会提心吊胆，在他才大致画出一半、甚至还没成型时，就在一边赶紧大声赞美："呀！太有趣了！您画得真好！就这样子很好！很棒！"心里直盼着他赶紧画完千万别又撕毁了。可夏目如果不一直画到自己满意为止，是绝不会送人的。所以，有不少画结果都遭遇被撕毁的命运。

滝田不管什么都抱回家，夏目就说他也太不加选择了。因此他将逃过了滝田之手的那些字画，都归拢到一起，在年底 28 号还是 29 号的时候，拿到院子里，让我弟弟和花匠点火烧了。烧那些字画的时候，我在旁边看着，很想抢出来一幅，可夏目也站在一边监视，怎么也没机会下手。他去世的时候，正接近年末，他写坏了的字画，正好还有一大束放在书斋里，因此逃过了被烧毁的命运。那些凡事考虑周详的人且不管，但因为谁也没想到他会突然去世，所以大家都认为随时可以让他给写一幅，结果他身边许多人都没有他的字画——他若活着的话，这些自然不是什么值得过分珍重的东西，所以，作为纪念，我后来将他这些字画分给了他身边熟悉的各位。

当时滝田一个人独占着夏目让他又写又画，因此总是受到大家的谴责。但现在回想起来，不管当时滝田是出于怎样的动机，如果没有滝田这样热心的人士，就不可能留下这么多夏目的字画。就这点而言，无论怎样感谢滝田都不算过分。特别是那些对滝田表示过不平不服的各位，他们现在所拿到的一两件夏目的字画纪念品，那些大都是在滝田带来的纸张上写的字或作的画，当然也包括那些写坏了或画毁了的遗墨在内。所以他们也算是享受到滝田带来的余荫。夏目在生前，每次听到有谁因此不满，会说："也没见到你们自己带一片纸过来。"不过，抛开这些不谈，会觉得滝田从某种意义上而言，就像恩人一样。在滝田之前，还有位森次太郎，这位先生虽然没有滝田那样不客气，但在很早之前就让夏目给他写了字。

总之这一年夏目或写或画了大量字画。大正九年举办漱石遗墨展览会时，由滝田提供的展品中，光是挂轴就有 50 件左右，此外还有屏风、色纸短笺等都做成了折页，进行展出。似乎滝田还有许多，总之数目颇大。两三年前因为滝田去世，这份收藏被送到日本桥俱乐部去招标后，就七零八落全散了。不过，在这些数量庞大的作品当中，除了一幅《归去来辞》的书法全卷，是长 4 间[1] 的大长卷之外，余下的多为半裁纸的字画。画也不是他早前所作的那些细致的南画，而全都是些即兴画：或是给简单的墨绘题写几句诗文，或是极为素雅的淡彩。他那些费时费力的画作，大约是觉得送给人家难免惋惜，都是自己去装裱起来，然后留在自己手边。

滝田让夏目写了那么多字画，当然也花了不少本钱。因为他每次总会带些东西过来。所以，经常是滝田才一进门，夏目就会凑近他瞅一眼，笑着问："今天又带什么来了？"不过，滝田可是相当的擅动脑筋。例如，他带着砚和墨来的时候，因为墨是要为他自己写字的，所以会买最好的上等墨；而砚用完就留下，所以只买不太好的便宜货。夏目一眼便看穿了，心想这家伙的打算精得很呢。就问滝田："砚是哪儿买的？"听说是芝区的晚翠轩后，便给晚翠轩打电话，在电话这头冲对方道："滝田买来的砚太差了，你们送个好点的砚来，差价我来补。"就这样，从前一年的 11 月左右开始，一直到他去世那年的 11 月，滝田一直耐性十足地在周四这天赶过来让他写字作画。

夏目的亲戚中，有个叫田中的，在牛込开当铺，想要夏目帮忙写字，送了两张纸过来。没几天夏目就写好了一张送回去了。可对方收到之后，连句"谢谢"也没有。夏目就说："田中这家伙真是不懂事，求人家给他写字，写好送过去，连句招呼也没有。"夏目这话传到矢来的哥哥耳朵里，哥哥又转告给了田中。可田中是个生意人，心里的打算是：我送去了两张纸，但只收到一幅字，等什么时候再收到第二幅字时，再去招呼声"谢谢"不迟。才收到一幅字，就去表示感谢不合算。夏目听到这话之后，便说："想让人写一幅字时，就应该送过来两张纸，这是礼仪。一

张纸我自然是可以收下的。对这种不懂事还贪心的家伙，还真没辙。"

别人拜托他写，不管多少他都会写，可是从未给我写过。因此我也去跟他说："请给我写幅什么吧。"他不解："怎么了？"我答："什么时候建了新房子，我想挂在自己房间里。麻烦你写一幅吧。"他便笑了，问："你那个新房子打算什么时候建呀？"又说："你这家伙，不是随时都可以得到的吗？"说归说，他还是写了。我也没看，就这么卷起来放进柜子里。

可就在他倒下的前几天，他突然对我说："我上次给你的那幅字呢，你拿给我，那个写得不好，我想重写一次。"可是我若给了他，肯定就会被他当场撕毁。"不行！"我拒绝道，"给了你肯定会被你撕掉。""没关系，"他说，"我跟你保证，马上重新写好就给你。"没办法，我只好拿出来交给他，他拿去之后马上重写过再给了我。我依旧就这么卷起来放进了原来的柜子里。他去世之后，我才想起这幅字，拿出来展开一看，原本以为只有一幅呢，居然是两幅。他写了整版自己的诗给我。

大概可以说是所谓预感，虽然中村是公并未托他写字，他也突然给中村送去了一幅。中村因此跟夫人说："夏目这家伙是怎么回事？能写的时候他不写，没问他要时，他却心血来潮，特意送幅字来说：这幅写好送你的。到底是什么意思啊！"中村拿到那幅字时，正好当时有人看到后非常想要，中村想：夏目的字，我还不是随时随地都可以有嘛。于是他没多想就马上转赠出去了。说起来，不管是我还是中村，将这种种事情联系起来，总会感觉有些怪异。

从两年前开始，神户祥福寺禅宗僧堂的一位叫作鬼村的云水僧，经常给夏目写信。想必是他的单纯和认真令夏目印象很好，每次收到来信，夏目都会回信。两人持续通信了一段时间后，鬼村的朋友、一位叫作富泽的云水僧也开始来信了。于是夏目会同时收到来自同一僧堂里两位云水僧的来信。两人中，鬼村年纪较轻，大概是接受征兵检查的年龄。鬼村是漱石热烈的崇拜者，他躲在寺院后的竹林里，埋头读《我是猫》读得入迷，又模仿猫的口气写姐姐的坏话，然后寄给夏目看，极其可爱。因此，对于油腻小说和繁琐读物已经感到厌烦的夏目，看到了这些心情显然极为愉悦。而鬼村虽然清贫，却总送来名产，于是夏目也送去自己的新书以及鬼村想读的哲学书。

这年 11 月，两人又来了信，说到东京观光是他们多年来的宿愿，只是身为云水僧人，当然不可能有钱，所以在信里问："能否借贵府寄宿几天呢？"夏目将信拿给我看，问我："怎么样，同意他们来住宿吗？"我回答说："人家好不容易来一趟，也不是特别多事的人，我尽力而为吧。"若是万一有什么不方便，家附近也有个临济宗的大寺院，总归会有办法。两位云水僧的住宿问题，就这样定了下来。接下来我将孩子们做书房的那所小房子腾出来，打算给他们两位住。

两位年轻的云水僧来了，穿着云水的僧衣，踏着磨秃了的木屐。脑袋是光溜溜的一个圆。家里的孩子们看到了，"嗤嗤"窃笑着，可两人丝毫不以为意。和那些经常出入夏目的书斋、期待将来成为小说家的年轻人相比，与其说他们不一样，不如说他们是完全相反的、充满了钝感力的年轻僧人。他们呆呆出神的样子，或者突然出现在人前的样子，总之是完全无拘无束，没有丝毫焦虑感。夏目对此喜欢得不得了，虽然他自己不能陪着他们一起出去，但每天都会和他们讨论当天的游览景点，又告诉他们该如何去、怎么坐电车。等他们回来的时候，询问起一天的行程和见闻时，屋子里总是欢笑阵阵。就这样，每天早上他们打听好路线出门，傍晚时分便飘然归来。问他们午饭吃了什么，回答说，进了荞麦屋要了大份的荞麦面。年轻人食量大，问他们吃了几份，回答说两个人各吃了八份。说东京的东西分量少，完全不够吃。可是一次要八份也怪不好意思，只好一份一份地要，每次都一眨眼就吃光了。夏目听了哈哈大笑。

因为打算带两位去看戏，所以我们曾领着他们去了一次歌舞伎座，还有一次是去看电影，领他们去了帝国剧场。在西餐厅吃饭的时候，其中一位僧人不小心将半块牛排掉到了桌子下，想也没想就低头拾起来，理所当然地吃掉了。而且他们不管在哪儿用餐，都要双手合十礼拜，对任何食物都毫无抱怨，不管是什么都心情愉快地大口大口吃得津津有味。两个人不做作不客套，极为单纯却又礼仪周正、心怀感恩，令夏目内心无比感动。

去帝国剧场时，乘坐的电车非常拥挤，我们站在车厢中央，而其中一位僧人则站在车门边，同站在车门边的还有一位妇人。那妇人手里抱着一个布娃娃，看到僧人后，不知为何，她将布娃娃递给僧人说：能帮我抱一下吗？僧人便接过布娃娃抱在怀里。不一会儿，她到站要下车了，跟僧人道谢之后，又将布娃娃抱了回去。僧人对此满头雾水，完全不懂什么意思，回家之后说起这事，感慨道："原来东京的女性都是那样子的呀！"夏目对僧人这种呆头呆脑又是说不出的喜欢。很早之前，他就特别憧憬这种单纯的生活，年轻时甚至还去过圆觉寺坐禅。而现在不必去禅堂，仅仅在家中和他们相处，看着眼前的一切，他都会欢喜得不得了。因此他对禅堂的实际生活自然极感兴趣。两位僧人天真无邪地跟夏目说：腊八"大接心"之后，会招待甜酒，但是只允许喝一碗，所以必须买个大碗才行。又说泡澡的时候，五个人围成一个圈，大家互相搓背。其中一位僧人说自己的日常衣物全都自己动手洗，另一位则反驳道："可是你的兜裆布脏兮兮的都积攒了一大堆也没见你洗。"还有很好笑的就是，其中一位僧人据说只会做最简单的加法，对数字完全没有概念，可却负责寺院的会计。这些话都令夏目高兴，令他感觉十分难能可贵。

这种质朴的生活，令夏目想到自己身边大家所展现的另一种生活。虽然在这个社会里，大家都是非常优秀的人才，可言行之间总表现出种种烦琐复杂，夏目一年到头听得最多的，就是他们各自的近况和新闻。很少有令人感觉愉悦的话题，更别说令人感到尊贵。而且他们还都比较神经质，大概因为大脑发达，因此麻烦事也特别多。夏目想必将这两种生活做过比较，两位云水僧回神户之后，夏目给他们写信说：你们比起经常聚集在我身边的年轻人来，要可贵得多，非常难得。聚集在我身边的人，他们想到的总是"如果我再了不起一点，我就要怎样怎样"。从夏目信中所流露出来的这些感触中，可以体会到他对此体会颇深。

我们给两位云水僧准备了去日光的旅费，日光旅行结束后，两人便回去了，回去之后仍经常来信。临行之前，夏目赠给他们每人一幅画。他给其中一位的墨绘上题了诗文，给另一位画的也是一样的墨竹，题了一句自己的诗。夏目收到他们的来信后也频繁回信，看得出相当喜欢他们。他去世之后，我去他的书斋时，看到在他书桌边的文件柜里，只有这两位禅僧的信件是全部整理在一起单独放好的。

两位云水僧回去不到一个月，夏目就卧病不起。夏目病危的时候，正是禅宗最重要的腊八大接心时期，接心坐禅期间，无法看报纸，因此两人对夏目病危之事一无所知。到八号那天腊八开浴，晚上照例会有甜酒招待，那位年轻的云水僧，兴高采烈地去了神户街头，想买一个大碗。在街上无意中看到报纸，才知道夏目病危，不由得大吃一惊。原本期待甜酒的那份快乐瞬间消失得无影无踪。他抱着手中的大碗，任由大颗大颗的泪珠滚落，一个人漫无目的地走在神户街头。夏目在第二天九号就去世了。两人很快发来了吊唁电报。一位写"始随芳草去，又逐落花回"，另一位则写"野花烧不尽，春风吹又生"。[1] 这都是夏目生前喜欢的句子，令人倍加感慨万分。

1　原文写"野花"，不知是笔误，还是禅僧特意将"野火"改为"野花"？此处按原文直译。
　　——译者注

这是 11 月 20 日之前的事了。山田三良的夫人来了，说 21 日她的妹妹和辰野隆结婚，婚宴在筑地的精养轩，欲邀我们出席，说是辰野家特意拜托了她，非常期待我们出席。但一直以来，夏目除了无法回避的人情之外，其他都概不出面。况且是婚宴，自然倍感麻烦，于是拒绝了。可那夫人流着泪恳求道："话虽如此，可我好不容易来一趟，又这样地恳请，请不要说得这样无情，请务必一定出席才好。"说得夏目不得不犹豫起来，唤我过去，问："怎么办呢？"我也设身处地站在夫人的立场考虑，跟夏目建议说："她话都说到这份上了，难得一次，就去吧？"但是，转念一想，我又忍不住叮问夏目道："是不是无论如何你都不愿意去呢？"夏目的回答一如既往地模棱两可："没有，那倒还不至于。只是总归感觉麻烦而已。"于是，后来就决定说，到时候若是去不了，也到时候再说，先答应下来为好。因此，夫人便高高兴兴地回去了。

可是，虽说答应下来了，但等夫人回去后再仔细一想，才发现我没有礼服。我这样说好像是在骗人，有点不像话。实际上，我的礼服还是多年前妹妹结婚时定做的，加上自己现在胖了许多，过去的礼服穿不下了。怎么办好呢？夏目听了，对我说：那就再去做一套好了。我不知道三天的时间是否来得及，心想若是来不及，就只能失礼不去了。总之我赶紧去了三越还是白木屋定做。只是到了之后，发现从寄存鞋子的号码，到接待我的店员的编号，全都是"42"这类令人讨厌的数字，相当不吉利，让人不由得眉头紧锁起来。

转眼到了 21 号婚宴当天，一直担心赶不及的家徽礼服终于按时送到了。试穿后才留意到，从内衣到腰带，从里到外全部都是新的，顿时感觉不自在起来，可已经到出发的时间了。只得赶紧去书斋叫夏目，却见夏目正呆坐着，脸色很是不妙，他说觉得胃痛。我想到勉强领着他出去恐怕不好，到时候说不定又卧床不起，因此便问："既然胃痛，就不去了吧？"可夏目回答说："也不是不能出门，还是去吧。"说完他十分费劲地换上礼服，做好了出门的准备。

到了精养轩才知道，餐厅里婚宴的座席，是男女分开的。出门的时候他说胃痛，我心里就一直暗自担心，而偏偏这时候餐桌上端来了花生。这可是对胃不好的东西，自己若坐在他身边，一定会阻止他，而现在他身边没有了叮嘱他的人，想必正趁机吃得起劲。我之所以会这么担心，是因为夏目特别喜欢吃花生。即使出门散步，若是不巧看到，都会买一袋裹着砂糖的花生回家，放在桌子一侧，一个人吃得欢，有时候他想让孩子们吃点好吃的东西，也是跟孩子们一起吃花生。我总想为了他的胃，这类东西尽量不要吃，所以只要见到，就一定没收。而参加婚宴这天，我远远地隔着座席看他时，就见他似乎正朝嘴里送。不由心下担心，只希望他过后不要有什么不适才好。

我心里挂念着这事，回家的路上，问他："你吃花生了？"

他答："吃了。"

我就责备他："自己都说了胃痛，真是个讨厌的人啊！"

"说什么呢，胃早就好了。"他若无其事地答道。看上去跟出门时的状态完全不同，似乎心情很不错。当天晚上，一切平安无事，他睡得也踏实。

可是到了第二天，他的肚子不舒服，便秘，要求给他灌肠。当然这是他的老毛病。给他灌肠之后，隔了一会儿问他："大便出来了吗？"他含含糊糊回答了一句"嗯"，之后走进了书斋再无动静。他每天上午照例要写完一回《明暗》的连载，所以我还以为他一定是在埋头写作。直到近中午时分，去给他饭前送药的女佣跑来对我说："先生趴在书桌上，好像很难受的样子。"我才大吃一惊，赶紧跑过去一看，只见他趴在稿纸上，除了"第189回"几个字，什么也没写，看起来相当不舒服。我问他："你进了书斋后就一直这样吗？身体不舒服的话，躺下来吧？"他回答了声"嗯"，然后忽然说道：

"人算什么啊，死也不是什么大不了的事。我现在这么痛苦地活着，倒不如告别这个世界的好。"

真不吉利。我心里想。于是不理睬他的话，马上将被褥铺好让他躺下。他就这么和衣躺了下来。自此以后，便再也没有帮他更换睡衣的机会了……

到了晚上，他说想吃点什么，我将吐司面包切成薄薄的三块拿过去给他。他一看，很不满地冲我耍赖，说："你太狡猾了！这么薄，真是讨厌啊。"我对他说："不行，你这样任性，说不定胃又要不好了。"他答："你说什么？我不会死的，没关系。"可我认为还是必须小心谨慎，所以一直留心防备着。果然，他吃完面包没多久，就开始呕吐了。病情看来不容乐观。

这种情况必须叫医生了，可不知道应该叫谁。山田认识一位学医的，就住在家附近，因此我决定先请这位医生来看看。夏目的呕吐物里夹杂着红色的物质，我认为是他又吐血了，可那位医生不知道他以前的病症，说估计是他的咽喉出问题造成的。这话令我无法安心，心里正想着该怎么办好，就听见夏目说："去叫真锅来。"他说真锅跟他说过，他身体不好时，就来给他看病。

真锅来过好几次，但病情康复得并不顺利。而且真锅除了在大学授课，还有在传染病研究所的工作，两边都很忙，因此真锅领来一位叫安倍的、在牛込开业行医的医生，将他介绍给了我们。山田的太太也非常吃惊地前来探病。而且山田来探病时，还带来了以前在肠胃医院工作过的杉本博士。可一下子这么多医生也不是办法，所以最后我们请真锅做了夏目的主治医生。

从 22 日到 27 日这段时间，他的胃倒是没有过针扎般的刺痛感或其他特别严重的症状，但总归有一种说不出来的不舒服。这段时间不管是白天还是晚上，他几乎就没睡过安稳觉。最初，我担心有意外情况，一直在旁边看护着，以防万一，还叫来我弟弟和侄子晚上轮流值班。可时间一长，我也备感疲惫，而且他的病症总令人心里不安，因此我决定还是请个护士。可是，来的是位年轻护士，一边抚摩着病人的后背，一边自己迷迷糊糊地打起了瞌睡。而且，夏目的习惯是一生病就不开口说话，只微微地翘翘下巴示意他想要什么，不熟悉他的人，这种情况下什么忙也帮不了。要看着他的下巴，才知道他这是想要水、那是想要纸。加上又一直盖着毛毯，除了我之外，没有人能一一理解他的意图，结果，虽说是请了护士，可我还是片刻无法休息。后来，我轻轻抚摩着他的后背时，他总算安静地睡觉了。我心想还算不错，打算赶紧利用这点时间自己也休息会儿。可是我抚摩他后背的手刚一停下来，他的眼睛就睁开了。我担心地问他：

"不舒服吗？"

"不，没有不舒服。"

"感觉痛吗？"

"没有，也不觉得痛。"

说完，他又迷迷糊糊地睡过去了。看他的情形，确实有些不太对劲，真锅过来看他时，也歪着头沉思了半天。

就在这样一种状态中，他倒是不断地想吃东西。自发病以来，他几乎没有吃过像样的食物，想吃是当然的事，但尽管如此，也不可能依着他的要求来。因此，在跟医生商量过后，我将他的药、冰激凌、还有果汁等，都分开来，每隔 20 分钟一次，让他一点点地进食，这样一来，虽然只有一小勺进口，也多少能够解解馋。

可是到了 27 日，他想吃东西的欲望更加强烈了。开始从每 20 分钟一次，变成 15 分钟一次、10 分钟一次，一直想吃。因此进食时间相隔越来越短。为他准备好的一天的食物，比预定时间提早让他吃完后，他仍然继续想吃。这可不行。到了 10 点，我说快睡觉吧，他不听，还找出种种歪理，说："既然不能吃东西，吃药总可以吧。"虽说明天会再为他准备好食物，但现在我若在他身边，他继续跟我闹也很麻烦，所以我离开了病房，暂时回避一下。隔了一会儿回来，看他似乎安静了下来，睡意沉沉的样子，心想看米今晚不会有什么问题了。于是让护士去睡觉，让女佣们也早些去休息，而我则一个人留在他身边值夜班。坐在书斋里拿起桌子上的一本杂志翻看起来。一切似乎都不错，夏目睡得很香，家里其他人也都睡了，非常安静。

可是，到了深夜 12 点左右，一直睡得很沉的夏目忽然霍地坐了起来。我大吃一惊，忍不住问："怎么了？"就见夏目揪着头，呻吟着催促我：

"我的头，我的头！好奇怪啊！快给我的头浇水，快给我的头浇水！"

看来事态非同小可。他不断喊着"我的头"，让我想起他有时候老毛病发作时，脑袋就变得不正常。不会是突然头部充血吧。我赶紧让他先躺下来，可他刚一躺下，只"嗯"地应了一声，便眼见着开始双眼翻白。我顿时慌张起来，不得了！赶紧喊护士、喊女佣、喊就睡在隔壁房间里的女儿们。可大家都刚刚入睡，没有一个人能马上醒来，我急得不得了，可是没人帮忙什么也干不了啊！不管怎样得先请医生要紧。我放下病人，跑出去先叫醒了护士，又叫醒那晚住宿在我家的花匠，让花匠去喊医生，再叫醒女佣让她们赶紧烧水。接下来又重新跑回病人身边，只见他依旧双眼翻白，我想到了水。水！我将身边药罐里的水含在嘴里，嘴对嘴地一点点喂进他的嘴里。

"你快醒醒！快醒醒！"

我拼命地喊他。令人欣慰的是，他终于迷迷糊糊地睁开了眼睛。这让我顿时有了信心，拿起花盆装了水，开始朝他的脑袋啪啪地拍水。

这时候我开始给各位医生打电话，又拿来热水用热毛巾给他捂着暖身子。试着给他把了把脉，脉搏只有平常的一半都不到。无论如何都不能再有丝毫犹豫了，可是医生一直没来。不能老这样等着，我知道就在家前面有一家叫中山的开业医，当即自己跑过去敲开医生的门，可医生不在，只好问见习学生有没有樟脑液的注射器。回答说有，我想可以让护士帮忙注射，抓过注射器就奔回了家。中山医生这个时候正好也赶来了，刚准备开始注射时，看着注射器的夏目忽然开口说道：

"我不需要这类东西。"

都到了这种地步，他还在说这些让人为难的话。好在这个时候医生开口了：

"可这个没有害处的，还是先注射的好。"

"是吗？那么好吧……"

夏目伸出手臂时的样子，显得极为冷静。这个时候，真锅医生来了，安部医生也来了。我不断地过去确认他接受注射的情形，心里一直不停地想：怎么样了呢？怎么样了呢？无论如何都无法排遣内心的不安。这一晚，大家都没合眼。

到了第二天清早，借着早晨的阳光一看，只见病人的胃部，像个葫芦一样胀鼓鼓地鼓出一大块来。我明白接下来就会出现大量的内出血，病情越来越险恶了。夏目一直说真锅是自己的健康咨询伙伴，在这方面要尊称他一声前辈，此外还请来宫本博士和南博士。各位在场的医生都对他的内出血毫无异议，可是淤积在体内的血怎么排出来，却是个大问题。

大家都这么慌张焦急，可病人自己倒是一脸心平气和，还想坐起身子，很难对付。而且，明明不允许还偏偏要不停地说话。

"你刚才朝我脸上泼水了呀！"

"不是你自己说要给你浇水吗！"

"这样呀，很舒服呢。"

他跟我说起这些后，又道：

"真锅不是要去学校吗？怎么没去？"

还有："你昨晚好像一晚没睡呀，去睡睡吧。"

诸如此类，尽说些多余的关照话。然后又要我将在报纸连载的《明暗》剪下来，贴到剪报簿上去。他这样要求我是有原因的。一直以来，都是他自己从报纸上剪下小说连载，再亲手贴到剪报簿上。因为有段时间我给他剪贴，可是浆糊涂得黏糊糊的，结果贴出皱褶来。他对这种潦草行为极不满意，后来就一直他自己剪贴了。这次他生病期间，我也只是每天将小说连载从报纸上剪下来，夹到他的剪报簿里而已。他对此似乎很在意，所以特意委托我。

而他到底还是牵挂着他的小说《明暗》。他已经事先写好了可以连载20回的原稿邮寄出去了。而现在一个星期都躺着没有动笔，因此对我说：

"去叫一下坂崎，跟他说我现在生病躺着，但小说还可以继续连载 20 天，这期间我会坐起来继续写的。提醒他留意一下。虽然医生会阻止我，但即便现在，我若想写就马上能写。"我可无法忍受他现在就动笔，因此跟他说："行了，已经事先积攒了那么多，应该没问题的。等你好了后，再慢慢写吧。""但你得将我的话转告给坂崎啊。"他嘱咐道。坂崎就是美术批评家坂崎坦，那时候开始加入朝日社，而且就住在家附近，因此常常因为这类口头转告要去麻烦他。一直到他 27 号内出血之前，我们都没有对外说起他生病的事，主要想到大家都来探病的话，反倒是种负担，所以没有跟任何人提及。但他现在的病状不容乐观，再说也不可能继续沉默下去了，于是给大家发了公告。朝日新闻社的人来探病了，森田和小宫也来了，我将大致情况跟大家说明之后，28 号开始，夏目门下的各位开始轮换夜班，医生也从一个人变成三个人，轮换着在他身边看护。

之前请的护士过于年轻，让人无可奈何，因此请来了过去就认识的经验丰富的护士。这位护士一来，就跟我说："总觉得不对劲啊，跟以前在修善寺的时候比，大不一样呢。"他到了晚上体温就一直处于 36 摄氏度以下，照例无法入睡，用安眠药灌肠也没有效果，而且，他的呼吸也和平时正常的呼吸感觉不同。可是他每次一睁开眼，看到有医生在，很奇怪地就总是想说话，没话也要找话跟医生说，让人特别为难，不得不站起来走开。他自己似乎一点也不知道病情有多严重。

还有就是他的耳朵特别灵敏，周围的人说话必须倍加小心。虽然电话已经移到隔壁房间去了，家里所有的人说话都非常小声，可是有天晚上，正好是铃木三重吉负责夜班的时候，说想喝酒，还说最好是樱正宗的还是什么的，这话就全被他听进去了，"喂，喂！"他特意将我喊到他身边说，"大家都在，不要喝酒呀！""并没有呀！"我敷衍道，算是当场蒙混过去了。可他凡事都是这副腔调，而且尤其对真锅特别在意，无意中看到真锅的身影闪过，就要说："真锅不是要去学校吗？为什么在这里？"好几次他都是这样多管闲事。

这位真锅医生，在大学里跟学生们讲：现在夏目漱石病重，我必须到他身边去，因此学校只能暂停学校的课。学生们听了，回答他说：为了夏目先生，我们的课暂停多久都没关系，只希望夏目先生赶快好起来。而我亲眼所见，真锅医生确实是竭尽全力了，为此他自己都消瘦了不少。因为太过用心，所以病人稍微好点，他就满脸喜悦；病人状态差点，他的脸色也变得可怕起来。而我看到他那张神经质的脸，反倒感觉有些害怕。

就这样到了 12 月。

12 月 1 号晚上，夏目将我叫过去，要我在他枕头边焚香。我拿出香炉，焚好一支梅香后，夏目双手合掌于胸前，闭上双眼，专心致志地念诵着什么。有那么一会儿时间，他一直在感受着香的气味。我也不知道为什么，心情灰暗地看着这一切。病人那张消瘦得令人可怜的脸上，流露出一种真正的宁静。很长很长的时间里，他就这样一动也不动。

上次修善寺大病的时候，他的身体状况那么差，都不肯使用便盆，还颇令我伤脑筋，而这次，他从一开始就使用便盆解手了。12 月 2 号那天，正好真锅也在，他坐在便盆上憋足了劲发出"嗯——"的一声，将在旁边的真锅吓坏了，正要阻止他时，他已经又一次双眼翻白，陷入了昏沉的状态。他那样憋劲，导致了他第二次大量内出血。大家手忙脚乱，赶紧给他注射。然而他这一次憋劲，几乎是致命性的行为。接下来 12 月 2 号又给他注射了一次盐水。为了让他的胃能粘连起来尽快愈合，还注射了凝胶。因此，不让他进食，可以使胃愈合得早一点，但这样一来，他就无法补充营养。因为想要补充营养，就会对胃不好。还有就是一给他灌肠，就都是血便。

而且，每次给他注射盐水时，他定会眼睛一眨不眨地盯着注射针，护士若是挡住了他，他会说："喂，你，让开点！"他要一直盯着那根扎进自己肉体的针，又或者一直安静地盯着那个像章鱼一样、怪物般的器械，看着里面的液体一点点减少。

注射完盐水，又注射了大量凝胶。他看到了，又问医生："为什么要注射这么多？"没办法，医生只好回答他说："为了令血管结实一点。"他就说：这种像糨糊一样的东西，好几管注射进去，大概血管里到处都黏住了吧。总之，因为谢绝探病，除了医生之外，不管是谁都不让见面，所以他根本不知道自己的病情已经险恶到临近死亡边缘。正是谢绝探病的这段时间里，中村是公来了，说务必要让他见见夏目，可是现在让他们见面的话，很难担保夏目不会兴奋，因此虽然答应了中村，但拜托他只能悄悄看上一眼。当时中村所见到的夏目，一双腿已经瘦得令人心生恐怖，看着让人特别难受。

那时候，夏目还时不时就问："今晚谁在这儿住下来？"我告诉他是野上，他还说"我想见见"。

就这样，时间一天一天过去，记得应该是 6 号那天，我偶然进了病房，仔细看夏目的脸，发现他急剧地衰弱了下去，该怎么形容呢，总之可以说是一副死亡将至的面容，就是那种感觉。让我不得不意识到已经毫无回天之力，除了放弃之外，再无他法了。我将这话跟真锅说了，拜托真锅说：如果实在是回天乏力，让他这样挨饿而死，也太可怜了，请给他吃点什么吧。真锅当时的表情也变得十分古怪，后来似乎是改变了想法，接下来喂给他的冰激凌和果汁等，比以前一点点地增多起来。可即使是喂给他这一类的食物，包括喂他像水一样稀薄的葛粉汤，医生们都要聚拢在一起事先试食，然后再一起讨论决定之后才能给他吃，相当费事。而夏目则对我说：

"不管真锅给什么，全都不好吃啊。"

我无言以对，只能回答他说：

"你现在若是康复了，慢慢地就觉得好吃了。"

就在我认为他已经完全不行了，心里逐渐有放弃之意时，也不知道孩子们是从哪儿听来的，说只要给濒死之人拍照，就能救活，要我无论如何一定要给他拍照片。我并不认为用这种方法能治好他的病，但心里想："确实，对于将死之人，拍下来也是很好的纪念。"正好朝日新闻社摄影组的人在，于是便拜托了他们。当时有人回答说："现在这样子不用拍，还是等他病好了再拍为好。"可我仍然拜托他们现在就拍。于是摄影组的人从隔壁房间将镜头瞄准他拍了一张。不用说，当然不能打闪光灯，也不能拿着机器走到他面前去，只能趁他本人不知道的时候悄悄拍。我原本以为照片拍出来会很暗，后来一看拍得非常好。这是他去世当天或是前一天的事。

人们前来探病的次数越来越频繁了，而他的病情也越来越令人无法乐观。当时人在鸪沼的和辻哲郎也前来探病，并说起他岳父患了癌，连他都感觉很绝望，甚至已经放弃了的时候，一次很偶然的机会，由人介绍开始接受某种气功治疗。结果，迄今为止不能吃的东西，都能吃了，恢复得非常好。和辻说他自己当初听说这事时，并不相信，认为怎么可能有这种事，因此对于这种治疗方式最初是反对的，但亲眼看到奇迹发生后，再也没理由怀疑。当然，他并不认为癌症就此治好了，但从这一时的好转状态来看，和辻认为没有比这个气功治疗更好的方法了。因此跟我推荐说："现代医学不可能是万能的，虽然气功治疗听起来像是骗人的，但可以试一试，看看效果如何。"并说这是他自己亲眼所见的事，是因为有信心才推荐给我的。

可是，我听了这话后，倒是在心里寻思着：病人在临终之前，状况会有一时的好转。这种情况下，身边的人刚刚才宽下心来，病人却过不了多久就骤然离去了，也就是所谓的"回光返照"。和辻的岳父大人，恐怕就是这种"奇迹"吧。这种情况下，其实是不应该使用此种手段的，精神病之类的病不清楚，但像夏目这样的病，我怎么也无法认同气功会有效果。如果是在隔壁房间里做做祷告之类的，有效无效都还无关紧要；但气功的话，必须碰触病人的身体才能施展动作。再说像现在这种状况，已经有医生在场，还找人来进行气功治疗，也不合情理。况且，从夏目平常的喜好来推测，这类事他无疑是厌恶的。我想到没必要因此而违背他本人的意志，所以，尽管我心里明白和辻是一心为了夏目好，也理解他如此难得的一番深情厚谊，但这件事，就连我这个迷信家都无法信服，所以，怎么也无法开口说出"请将气功师带来"这种话。可是夏目正处于生死关头，因此，也有人在听完和辻哲郎的话之后说，既然如此，就试试何妨。总之，事情变得麻烦起来。

于是，后来我开口说："难得大家的好意，但这次的事情，我要按自己的意愿办。"最终拒绝了请气功师的事。我之所以这样，是因为在夏目卧病之前，我和他有过一次对话。有一次，不记得是什么事由了，我跟夏目说："家里有许多你的门下弟子，又全都是些特别麻烦的人。不用说，你健康的时候，什么事也不会有；但万一有点什么，我若是在书斋里跟你的门下弟子们对立起来，可就相当麻烦。因为这种事很难保证不会发生，所以你最好事先立个规矩，到时候即使你不在，大家也明白该怎么做。"夏目听了，便说："这毫无问题呀，万一我有什么，一切都按你说的去做不就好了？"不过，当时那种情况，话太多反而麻烦，所以我并没有拿出夏目的话做挡箭牌。

和辻不久就收到了家里发来的电报，是他岳父的病危通知，顿时脸色有异，赶紧回去了。后来和辻给我写信，说那个时候真是对不起。

除了和辻这件事，还发生了从不同地方来的护士反目一事。而这个时候天气突然变冷，夏目身体这样衰弱，若是再患上肺炎的话，病情会更加恶化。因此，大家又赶紧给窗户挂上厚布保暖，忙成一团。只是这些都已经无济于事了。虽然没有引起什么并发症，但到了8号晚上时，连真锅也说："这样下去，恐怕是完全不行了。我们只能彻底放弃了。"不过 8 号这天晚上，倒是没有出现任何状况，就这样一直到了 9 号早晨。

9 号早上孩子们照例要去上学，我问医生："怎么办呢，要不要请假？"医生回答说："既然是星期六，就不用请假了。"于是孩子们都出门去了学校。但到了正午，我们决定还是分头去将孩子们接回家。其间，和长女在同一所女子大学的附属女子学校读书的二女儿，虽然去了学校，可一直心神不定，无法安安稳稳地坐在教室里，所以提早回家。因此二女儿和在家附近上小学的四女儿先去见了夏目。看到夏目因病而大变的面容，孩子们悲从中来，四女儿爱子无法克制地哭出了声。我不由得呵斥道："不要在这儿哭！"这句话似乎被夏目听到了，他睁开眼道：

"哭吧，可以哭。"

而这个时候去接大女儿的人力车在半路上翻了车，大女儿从车子里爬出来，幸好没有受伤，并且马上在附近找到了柜房，换了辆人力车赶回了家。男孩们也回来了。既然早就已经对夏目的病情彻底绝望，所以我也不想给他继续注射，以免延长他的痛苦。因此跟医生提出请求：希望能让他安乐地死去。真锅听了，说："既然这样的话，那么……"接下来，注射停止了。孩子们也都到齐了，正午时分都聚集起来去跟他见面。穿着学校制服的大儿子纯一，"吧嗒"一声坐倒在他的枕边。这令他突然睁开了眼睛，他看着孩子的脸，微微笑了笑。

就在这个时候，中村是公来了，说："让我见见他！"想想都到这个时候了，于是将中村领到了夏目身边。

"夏目，我是中村啊！"

而这个时候他似乎连睁眼看看的力气也没有了，闭着眼问道：

"中村是谁？"

中村又说："我中村是公啊！"

"啊，好，好。"

夏目回答了这一句，便再没有说话。

接着宫本博士也来了。说："不能够现在就绝望，就这样放置不管。以前他大病时也是靠注射救活的，作为医生，只要还有一口气就要不断努力抢救，直到实在不行的时候才能最后放弃。"因此，大家又重新振作起来给他注射盐水，就这样一直持续到傍晚 6 点之前。

到了傍晚的时候，他看起来非常痛苦，在我暂时走开的时候，他露出胸脯说"给我这儿喷水"，护士朝他的胸脯喷了水雾，他好像说了句"死了就难办了"，又一次眼睛翻白，就这样失去了意识。听到护士的喊声，我赶紧奔了过去，等候在餐厅以及集合在另一幢小房子里的其他人，也都赶过来了。这时，夏目已经完全是濒死状态了。我拿出水笔[1]，挨个递给前来惜别的各位。可是一看大家的脸，以及孩子们的脸，都一个个马上要哭出来的样子。可我不能在这儿哭，我要保持彻底清醒的头脑。我像块石头一样注视着远处，谁也不看。津田青枫用水笔沾湿了夏目的嘴唇之后，哭倒在他的枕头边。将津田劝开之后，接下来，用一块白布盖上了他的眼睛，好让他安心闭眼，并隔着布轻轻地抚摩他。这样直到天刚黑没多久时，他停止了呼吸。那是大正五年 12 月 9 日下午快 6 点的时候。

在他咽气前一小时，高滨虚子来了。喊他：

"夏目。"

"嗨——"他回答。

高滨虚子顿时感觉到一丝希望，继续说：

---

1 用新毛笔沾上水，润湿辞世者嘴唇的一种死亡告别仪式，包含着期待死者能安然到达他界的祈愿。这一仪式源于佛教。据说释迦牟尼临终之前口渴，要求弟子拿水给他。于是善良的鬼神送来八种净水，助释迦牟尼安然涅槃。——译者注

"我是高滨啊……"

"谢谢。"

夏目仅仅回答了这一句。离他临死只差那么一点点时间。虽然他不断地陷入昏睡状态，但脑袋却相当清醒。

他临终的时候来了许多人，但忙乱之际无法一一记住每个人的名字。记得有狩野、大家、中村、菅等各位朋友，还有朝日新闻社的各位，以及他各位门下弟子。在大家的守护中，夏目结束了他正好 50 年的人生。在他终于停止了呼吸，其他人都退下之后，我对真锅说：

"各方面承蒙您的尽心尽力，现在事情已经变成这样子，想必您也感觉遗憾。不管怎样，寿命到了，这也是没办法的事。而我自己，对于各位医生如此竭尽全力，实在是感谢不尽。只是，在此还有一事相求。也不是什么别的事，只是想，为表我们的感激之情，能不能将夏目的尸体交给你们，请大学进行解剖呢？"

真锅听完我的话之后，一副大感意外的表情，但到底无法隐藏心里的高兴之情，反过来问我："如果真这样的话，对我们是求之不得的荣幸，不仅可以用于各种学术参考，而且我如此竭尽全力地救治先生，但却还是这样的结局，其实也非常想究明这其中的原因。您真的允许我们对尸体进行解剖吗？"

我想起以前雏子夭折时与夏目的对话，心想这也算是他本人的遗愿吧。因此在心里已经暗自做了决定。而正好那时候松根东洋城也在，于是我问：

"喂，松根，刚刚你听到的关于解剖的事，怎么样？你觉得残酷吗？我从夏目平常的想法推测，认为他本人对于能成为研究对象，应该会感到高兴吧。"

"谁也不会认为残酷吧。只要夫人您认可的话，当然就行了。我们不会有异议。"

松根这样回答，也算是松根作为夏目门下弟子的代表进行表态了。解剖的事，就这样当场定了下来。

记得在他去世的那天夜里，森田提议套取一个死者面型，于是我们劳烦了大家的相识——新海竹太郎套取了夏目的面部原型。那时候已经是深夜了。

// 六十二 解剖

第二天夏目的遗体就送去解剖。遗体运送车穿过前来吊唁的人群，前往医科大学。见证人有三位：代表我的是我弟弟中根伦，代表矢来的哥哥的是他的长子小一郎，然后还有夏目门下弟子们的总代表小宫。夏目的主治医生真锅也在场，一起的还有杉本博士。

运送车很快又将遗体送回来了。真锅对这次解剖充满感激。在他的建议下，夏目的脑和胃捐献给了大学。

关于这次解剖的情况，在一个星期之后，负责执刀的长与博士发表了一次演讲。当时他曾来劝说我们也去听演讲，但我到底没有去。当时的演讲笔录《日本消化器病学会杂志》，以另册的形式印刷出版。现在将演讲内容拜借过来登载于此。关于夏目生病的经过等，长与博士使用专业用语进行了极为详细的说明，极具参考价值。

夏目漱石解剖检验报告（标本供览）

长与又郎 博士 述

因受漱石（夏目金之助）先生家人的特别委托，本月 10 日于大学病理教室，我对夏目先生遗体进行了解剖。此次解剖，一个目的是研究夏目先生的脑；另一个目的，就是最令先生烦恼的同时也是导致先生死亡的，即先生消化系统的调查。因此，解剖仅限于脑部与腹部两处，不涉及胸部和其他部分。

夏目先生的脑，今天也带过来了。先生的脑与普通人脑的平均重量相比，要略为重些。根据田口博士的大量调研取证所得出的结论，日本男性的脑，大脑小脑平均重量共计1350克，而夏目的脑重量有1425克。比平均重量要稍重，如果说夏目的脑重量超过普通人的有何意义，当然这并非绝对，但大体上可以说，夏目的脑的能力，要优于普通人的。对于活着的时候其脑部能力就远远优于普通人脑的名人脑部进行解剖，在日本相关的例子还非常少，但国外类似例子则相当多，大约有七八十例名人的脑解剖案例。根据这些解剖结果发现，比普通人脑略轻的名人的脑大约有七八例左右，其余大多数名人的脑，都比普通人脑的平均重量略重，其中也有重量极为显著的。目前，脑重量越重，说明脑部能力越优秀，这在解剖学上已经成为一种共识。本来，并不能肯定地说一个人脑越重，脑部能力就越突出，因为这其中也不乏脑非常重但在生前却相当低能的人。查阅至今为止关于脑重量的记录，在柏林有脑重达到两千零几百克的，那是一个叫拉斯坦的傻子的大脑。在东京的话，就我留意到的，也有重达1700克的，是被收留在东京市养育院里的一位流浪汉，应该不算是什么不得了的人吧。像这种情况，是因为脑质中在起作用的部分并不重，是脑胶质的增加使脑部变重的。所以，脑重也有这样的例外。但一般而言，脑部能力优秀的天才们的脑，都比普通人的脑要重。

在解剖学上，除了重量之外，另一个判断脑部能力的重要标志，是脑环路。众所周知，大脑的表面拥有极为复杂的环路。这些环路越复杂，脑部能力就越突出。比如，根据解剖学的论证，一个人大脑中控制手的中枢发达，那么他活着的时候手就很巧。因为运动神经的左与右是交叉的，那么调查右侧中枢极其发达的人就会发现，这类人生前会是个左撇子。此外还有音乐家的耳中枢发达，又或者画家的手中枢发达这一类现象。夏目先生的脑，其重量虽说并没有十分显著地超过平均值，但是脑环路极其发达，特别是左右的前额叶和颅顶部极为发达，尤其是右侧极为复杂。也即 Paul Flechsig[1] 所说的 "联合中枢"（Assosiatische Sphäre）极其发达。只有这一点在今天可以明确地肯定。但是，关于脑环路的详细研究还极为困难，接下来我想多少还需要些时日进行调查，不过这并非是我今天要说的重点。此外，就该学会的性质而言，也不打算就夏目的脑部能力问题在此做详细说明。只是诸位都看到了夏目的脑，因此就诸位所见做个大体说明。接下来我想说的，是消化系统的问题。

在说明解剖所见之前，必须要先说明一下病历。我想大致将临床症状结合解剖所见加以说明。病历一份是肠胃医院保存的病历，另一份是承蒙真锅君好意，特意借给我的病历。

先谈谈病症。夏目今年去世时正好 50 岁，明治三十七年、三十八年开始，他的胃已经相当不乐观，原因是胃酸过多症。明治四十三年 6 月，接受了杉本医生的诊察，随后住进肠胃医院。当时除胃酸过多症之外，还疑似患有胃溃疡，胃部不时有疼痛感、胀满感。特别是空腹时会疼痛加剧，其痛感会波及背部。7 月 28 日检验过一次胃液，根据检验结果，发现有残渣 60g、少量黏液、总酸度 66U、盐酸为 0.1679%，随后在肠胃医院接受了碱治疗后，又接受了硝酸银疗法、热溃疡疗法，开始逐步恢复，并于 7 月 30 日出院。之后前往伊豆的修善寺休养，其间于旅馆病发，8 月 9 日有轻微吐血，从 14 日吐血约 100 克开始，到 19 日为 180 克、24

---

1 1847-1929，德国神经解剖学家。——译者注

日出现约 500 克的大吐血。最后一次 500 克大吐血之后，陷入不省人事的昏迷状态。先生从修善寺回东京后，再次住院。住院期间的治疗处置与前面基本相同。住院时间一直到翌年二月为止。出院时胃部已基本无不良症状。也就是说，明治四十三年两次住院，最初无吐血现象，患有胃酸过多症以及疑似有胃溃疡，到第二次在修善寺病发时，已经患上了严重的胃溃疡，虽然到完全恢复需要一个漫长的过程，但当时是可以视其为完全康复并出院的。不过一件值得注意的事是：当时就已经证明了在尿里发现有糖，虽然非常少，但那时已经患上了轻度的糖尿病。

据真锅君所言，明治三十八年、明治三十九年左右，真锅君确诊夏目先生患上了糖尿病。那之后开始，胃不时出现症状，彼时负责为夏目先生治疗的，是不久前去世的须贺君。不过，当时没有发生出血或溃疡的症状，反而这期间糖尿病症状开始慢慢变得严重起来。特别是今年春季，神经衰弱的症状十分明显，连工作干劲也显著下降，据说还曾说过"怎么也写不出，犯愁"之类的话。与此同时，右上臂有强烈神经痛感，以及右上臂出现不完全麻痹。对此使用了各种药物，并且还使用了按摩疗法，但毫无效果。安部君和真锅君从糖尿病的治疗基准考虑，开始对夏目实施糖尿病的食物疗法，减少碳水化合物，且肉类开始相对增多。这一疗法从今年五月开始，且通过持续食物疗法，上述病症得到极大改善，七月左右，前述的上臂神经痛症状完全消失，不完全麻痹现象也完全去除，神经衰弱症状也得以减轻，身心感觉极为愉悦。以前排尿时糖量极高，但今年春季开始排出的糖量为 1% ～ 1.5%。一斤面包吃下四分之一后，也不再出现尿糖。糖尿病得到极大改善。以上是大致的既往病历。

接下来介绍一下此次症状的发端。此次症状完全源于胃部。发端是因为在 11 月 16 日晚食用了酒糟腌的斑鸫。当天晚上开始，胃部出现胀满感及疼痛感，胃部状况不容乐观。21 日列席某人婚宴，当时又食用了西餐，这天晚上开始胃部状况逐渐变差，到第二天 22 日愈加严重，当晚有少许呕吐，此时的呕吐仅限于食物，没有丝毫血液。当晚有剧烈胃痛，23 日医生开处少量碱片与颠茄片，23 日下午 1 点和 4 点，分别有两次呕吐。第一次呕吐时丝毫没有血液混杂，第二次呕吐时开始混杂有微量血丝。其后胃痛逐步强烈，因伴随呕吐，故卧床且几近绝食状态。期间在食用的流质食物中加入微量碱片一起服用。之后从 24 日开始到 27 日为止，痛感消失，身心轻快。28 日白天心情极佳，并食用少量流质食物。但当晚 11 点半时，突然从卧床坐起，"啊——"的一声大叫之后倒下陷入昏迷，此时脉搏几近全无，以冷水拍面之后终于恢复意识，但脉搏极微，张力低下且搏数过频，体温低至 35.8 摄氏度左右。此时虽未出现吐血或便血现象，但确诊为十二指肠附近的溃疡性出血，也即内出血。注射了凝胶，且注射了数日食盐水。之后在 29 日注射食盐水进行滋养灌肠，30 日也进行同样的注射。这之后状况逐步改善，脉搏数调整恢复，体温上升，身体得到极大恢复。12 月 1 日开始摄取少量流质食物。1 号与 2 号分别有三次排便。排便时有血便，证明之前的内出血诊断无误。但 12 月 2 日下午 3 点半左右排便时，自行尝试腹部运气，瞬间猝倒，不省人事，再次陷入昏迷。此后伴有极度恶寒与疼痛、脉搏微弱，为 130~134 下。再次诊断为内出血，并数次注射凝胶以及镇痛剂、樟脑注射液等。翌日注射食盐水、凝胶、镇痛剂等，此后 4 日、5 日、6 日这几天，状况逐步好转，体温与脉搏略有恢复。这几天能有所好转，依照真锅君的考虑，推测是因为注射了镇痛剂。但之后腹部开始出现极度膨胀，且完全无排便。为此采取他动方式助其排便。所排均为血便。此时右季肋下部沿肠道处有痉挛性疼痛感，患者曾诉说此痛感与胃溃疡疼痛感不同。如前所述，从第二次大出血后开始，接受了各种疗法，并再次好转。好转状态一直持续到 6 号左右开始摄取极少量流质食物为止。但从 7 号开始，心跳开始变弱、脉搏变窄变细且速率加快。到 8 号脉搏状态更加不容乐观。期间多次注射樟脑注射液，但效果近乎于无。到 9 号早晨，樟脑注射液已经完全失效，病情变得极度险恶。脉搏数 120，体温 35 摄氏度，腹部极度鼓胀形如大鼓。当日下午 6 点在失血状态下最终死亡。

从以上临床经过来考虑，夏目先生患有两类重大疾病：一类是糖尿病，这是很早就患上的疾病，只是到最近才开始逐渐变得严重。另一类是胃部病症，极有可能是胃溃疡。但是，上月 28 号的大出血和本月 2 号的大出血，这两次大出血时，一次也不曾出现吐血现象。但以前在修善寺溃疡出血时，是有过吐血现象的。而这次出血仅限于血便。从这一前后关系来看，医生们认为很可能不是胃溃疡而是十二指肠溃疡。但导致死亡的直接原因，是两次大出血，这是毫无疑问的。

解剖后发现如下问题：剖开之后，发现腹部的紧张胀满感，并非是腹部充满了气体，而是肠道内被异物填满。胃肠所到之处填满黑色与红色物质，也即血液渗透极薄的胃壁或肠壁侵入肠胃，这也就首先证明了先前所说过的大量内出血。接下来以阑尾为中心的、从上行结肠到肝脏以及横膈膜之间这一片，有极为明显的粘连，由此可见，自第二次大出血之后，肠内物质极度胀满。并因粘连牵扯导致这一片有抽筋式痛感，也说明是因为这个原因，令腹膜处于刺激状态，因此感觉特别疼痛。这个粘连是从哪儿来的呢？是因为阑尾完全变形，一般而言，阑尾应该是朝向下内侧方向的，但片子里则正好像个钩状物一般，朝外侧上方弯曲过来，完全与腹壁粘连。从阑尾如此显著的弯曲形状来看，可以确定以前患过阑尾炎。也就是 Aschoff[1] 说过的。本病例与 Aschoff 所说的完全吻合。即从上行结肠到肝脏表面某些部分已变陈旧的粘连，是以前患阑尾炎时，从阑尾周边逐

1　一位德国医生和病理学家。——译者注

渐蔓延一直到达肝脏所在位置的遗痕，现在作为粘连残留了下来。那么为什么说夏目先生一定患过阑尾炎呢？在逐步调查过程中，依据夏目先生的生前好友中村是公先生所言，得知夏目先生在 20 岁时，患过严重的腹膜炎。肠胃医院的病床日记也大致记录过此事。也就是说此处残留着 30 年前的病历。由此处我们还可以知道另一件事，那就是在临床上，造成横隔膜下侧脓肿的主要原因之一，可以列举阑尾炎或是阑尾周炎。在这种情况下，可以明确地知道：陈旧的粘连顺着这一路径，也即从阑尾炎及周炎开始，从下至上扩散最终到达横隔膜下方。（演说之后宫本博士曾来信告知说，从夏目的《满韩处处》所记载的内容中，可以得知他曾患过阑尾炎。）

接下来从肠子下方渐次剖开检查，会发现肠内所到之处都充满了近似青绿色的黑色血液。但不管是大肠还是小肠的黏膜以及其他部位，都并无出血迹象，仅仅只是肠内充满了血液，且其中一部分被肠吸收。此外，肠系膜淋巴腺内也出现相同的血液被吸收现象。故怀疑是否十二指肠溃疡，为此特意剖开十二指肠检查，发现也无溃疡或出血现象。因此是源于胃部的大型特殊性溃疡，关于这一点可参见标本[1]，沿小弯的正中线，到距离幽门轮 5 厘米处，有一个突起物，是一处长度为 5 厘米、宽度为 1.2 乃至 1.5 厘米大的椭圆形且呈横向扩散的溃疡。在溃疡中间部分露出了许多血管。靠右侧也即胃后壁处的血管被白色血栓完全塞住，而左侧也即在前栓方由两三个极新的红色血栓堵塞的腔内部位可见血管。因为前面的白色血栓已经完全堵塞腔内，那是最早断裂的血管，极有可能是第一次大出血部位。而前壁露出的被破坏血管，推测应该是 12 月 2 日断裂的血管。此外胃部显示有程度极强的死后消化状况，胃体部极具

1　见日本东京大学医学部所藏的夏目漱石胃部标本。——译者注

软化，某些部分已完全被血液渗染、黏膜赤红。也即夏目先生一直到临终前都患有严重的胃酸过多症。因此胃溃疡底部的血管出现了两次大出血。那么，在很早之前修善寺大病时，所患胃溃疡的痕迹在何处呢？这个虽然无法进行断定性说明，但正好在幽门处有三个小小的瘢痕，这中间最靠近前壁的最为坚硬且痕壁厚实，此处已经形成结缔组织，在显微镜下可更加清晰地证明此处的瘢痕。因此可以想象，在明治四十三年所发生的大出血，应该是来自此处的溃疡。

除此之外的脏器，因为胃部大出血，所以肝脏、脾脏等都失去普通的暗红色，变成灰白的红色，而且稍许肥大，这是因为脾脏为补充贫血而产生了血球。简言之，这显示了脾出现了特有的续发性贫血现象。其他脏器不用说也有严重贫血。因为溃疡而引发的贫血并不少见。

接下来还有一处需要注意的，就是胰脏。夏目先生的胰脏比一般正常人的要硬要小，重量才 60 克，而普通日本人的胰脏重量为 70 克或是 75 克。这个胰脏是萎缩的，通过显微镜可以观察到伴随糖尿病屡次发生的变化。还有就是肾脏也因为糖尿病发生了特有变化。因为这个肾脏里没有"糖原"，可以考虑这是因为长时间绝食后病倒所导致的。除此以外，其他所观察到的，都属于糖尿病患者所特有的肾脏问题。

剖检结果如以上所述，与临床观察结果是一致的。而且就解剖结果所观察到的，也足以说明种种患病症状。

接下来有必要追加一个附加的话题。夏目先生是极具天赋之人，往往会表现出种种与众不同的特质。特别是近年来所出现的追踪妄想症，也就是总怀疑有谁在说自己的坏话，据了解，这个症状曾常常令他的家人感到非常困扰。对此，我也做过一些探索，所以在此略作介绍。正如各位所知，因为糖尿病可以诱发神经衰弱，这已经有过许多实验可以证明。此外，虽然较为少见，但糖尿病也能引发种种精神症状，关于这一点，很早以前就有法国学者提出并被记载下来。他就是著名的 Von Noorden，写过著作 *Die Zuckerkrankheit*，此书出版于 1912 年。书中写他经手过四千多名糖尿病患者，经验相当丰富，按 Von Noorden 所言，神经衰弱表现在精神作用上的一般性症状有很多，如失去工作的勇气、执着心变弱、思考能力减退，等等。除了这些一般性症状外，书中也写到还会引起其他特有的精神性症状，并列举了各种病例。其中就写到追踪妄想症也是因糖尿病发作引起的，并写到忧郁症也有此类现象，甚至导致自杀。但书中也写道：糖尿病发作时所引起的这种精神性症状，通过对糖尿病进行治疗，一般性的症状能得到改善，尤其是通过补充全身营养，可以根治。不过，夏目先生不属于这一范畴。当然这只是推论，并无学术上的根据。但可以肯定的是，夏目先生在接受糖尿病治疗之后，上臂神经痛以及不全麻痹这两种症状得到了消除与改善，这是值得欣慰的。

还有一个在今天这个场合必须思考的问题。那就是许多天才型的人，都会表现出种种精神症状，或是精神病症状。这在许多书里都有记载。特别是龙勃罗梭所写的 *Der Geniale Mensch* 一书，似乎一直在暗示天才不过是精神病患者的变体而已。书中以天才为例，列举大量不同类型的种种精神症状。像夏目先生那样脑部能力显著的人，可以想象在这方面也可能出现同类现象。当然说到底这只是一种"假设"，像夏目先生这样靠能力取胜的天才型人物，是否也有类似精神症状？又或者除此之外，糖尿病是否也与精神症状相关？虽然这一切并无法断定，但是可以断言的是：与普通人相比，夏目先生无疑拥有更多这方面的特质。

关于脑的研究并不会到今日为止，接下来仍会继续进行深入研究，并通过适当的方式继续报告。夏目先生始终因为其消化系统尤其为胃病而烦恼重重，并因其最终成为绝症而被夺去生命。在《我是猫》里，猫的主人也是一位胃非常虚弱的人。此外，《杂忆录》里也写到过修善寺大病时的胃溃疡症状。夏目先生在其闻名天下的《我是猫》出版之前，胃就已经不健康了，夏目先生的许多成功之作，自始至终是在为胃病而烦恼这一状态下诞生的。夏目先生与消化器统病症的因缘意外的深厚。在对一代文豪夏目先生的消化系统进行临床观察的同时，还因夏目先生家人的仁慈，得以获取解剖的观察结果，并刊登于消化器官病会杂志，这对于夏目先生的个人历史而言是有必要的，同时在医学方面也为我们提供了很大的参考价值。因此我相信这次解剖是有意义的。此外，对于我们来说，面对这位始终对科学抱有兴趣与同情的不朽文豪，我们也希望在表达平素以来最高敬意的同时，还对其远逝献上最深切的哀悼，并向各位报告观测结果以及陈示标本。这便是我现在站在此处的目的。

（大正五年十二月十六日讲演）

// 六十三　葬礼前后

接下来必须着手准备葬礼了，这时我心里已经有了自己的考虑。这是因为夏目的朋友们，比如中村是公等人，首先站出来为夏目的后事各种操心，对此我当然真心感激，因为他将夏目当成自己的家人一样，对我说他来出资筹办。如果是中村是公一个人的话倒还好，但这中间还夹杂着一群平时根本不太熟悉的人。而夏目门下弟子众多，大家的意见总是无法统一。就好比艄公多了撑翻船一样，一旦有什么事，众人七嘴八舌，会没完没了。我当然明白大家是为了我们家着想，但也很清楚：这些事，我若自己不拿主意，就只会一团糟。因此我想：除了夏目的朋友和门下弟子们之外，必须另外选定一个负责葬礼的主事人，由这个人干脆利索地指挥葬礼顺利进行。一开始，有人建议说："拜托朝日新闻社，一切都交给他们负责，怎么样？"但我想了想，这样反而更难办。因此这次我想换一个方向，由自家人来操持这场葬礼。就这样，最后我决定麻烦我的妹夫铃木祯次。

这样一来，一切可以依照我们共同的意愿去做，有什么事情也方便，应该可以顺顺利利地操办好葬礼了。这个决定发布之后，中村似乎有些不满。但我相信铃木，相信由他来负责一定能将事情办好，所以我很放心。

总之，说大家是"一言居士"[1]，这样有点失礼，但每个人都有自己的主张，每件事都要七嘴八舌讨论得热火朝天，若在平时也就算了，但在操办葬礼这样的紧要关头，实在是不合适。当然，大家的种种主张，都是源于对故人的一份至情敬意，可是那时候大家都年轻，许多事确实令人相当为难。

中村对费用特别担心，动不动就说要送钱过来。虽然丈夫去世了，但我不想因为葬礼费或是孩子们的养育费之类去麻烦别人。正是抱着这样的打算，在这种情况下，我对中村的真情厚谊万般感激，但如果因此接受他的钱，首先就违背了故人的意志，再说我自己的性情也不允许，因此断然拒绝。我这么说好像自己经颇为宽裕，实际上，那年我曾认真地盘点过财产，当时听从在这方面一直关照我们的犬家的忠告，卖掉了股票，加上其他的钱合起来还不到 3 万块。我将这些钱拿到银行去存了定期。这就是当时我们共有的全部财产了。然后在他去世前 20 天的时候，我又觉得这样存定期不是个办法，因此再次拜托犬家，又将这笔钱大部分都买了股票。这事我本想跟夏目说一声，但他那时候又是吐血又是卧床，自然不可能有机会聊这些。后来趁他稍许安稳些的时候，跟他说起时，他也只是说了句"嗯，是么"，便再无二话。

总之，情况就是这样子，我自己手里有不多的现金，加上他去世的时候，朝日新闻社那边说，夏目平时义务工作，还有一笔积累下来的报酬，说是香典钱或是功劳金，总之加起来有 8000 多块。将这笔钱和自己手里的加起来，好歹也近 4 万块，足够操办一场体面的葬礼了。接下来，我估算着再继续卖点他的书，买的股票再分点红，有了这些收入，细水长流节

---

1 指凡事都要提出自己的意见。——译者注

省一点，总能将孩子们抚养大吧。实际上，丈夫去世后，若是他的葬礼由他人操办，给他人添麻烦，我会感觉十分抱歉。所以才暗自打算着：这些事，还是交给自己最亲近的家人来打理，才不见外、不生分。

总之，像其他文士的遗孀那样，丈夫一去世，马上就连生活都成问题，甚至央求索要孩子学费之类的事，没有发生在我们身上，就已经比什么都好了。那个时候我正好 40 岁，长女 18 岁，长子 10 岁，最下面的小儿子是 9 岁。

大概是为雏子办葬礼的时候，夏目说："不喜欢净土真宗的寺院，特别是夏目家历代的菩提所本法寺，更是讨厌至极。"因为恰好谈到有关葬礼的话题，所以我就问他："你这样说话，那可怎么办呢？如果你去世了，该怎么办葬礼？"当时夏目回答说："嗯，若是禅宗的佛经，我倒是愿意听呢。"我再继续问他，如果是宗演主持佛事呢？[1] 夏目回答说挺好。准备葬礼的时候，我很快就想起以前跟夏目的这段对话，中村是公听了便说，他曾经通过夏目请宗演到"满铁"做过演讲，非常熟悉，说他这就赶紧去镰仓请宗演过来。于是这事便拜托给了中村。宗演毫不迟疑地接受了中村的邀请，表示非常愿意主持佛事。并说他希望能在葬礼的前一天，先以友人身份在夏目的灵前烧炷香。就这样，宗演为夏目的灵牌写下了戒名：

文献院古道漱石居士

接下来，是关于手次寺[2]的问题。宗演每次来东京时，都住宿在小石

1　指释宗演，日本临济宗僧。——译者注
2　源于寺请制度。江户时期，由于幕府大力镇压基督教，老百姓被规定必须作为檀徒（施主）归属某一寺院，家族与寺院缔结永远的葬祭关系，从而得到非天主教徒的证明。这个制度被称为"寺请制度"。——译者注

川茗荷谷的至道庵德云寺，至道庵是与白隐禅师颇有因缘的寺院，因为宗演代为说项，法事就定在了至道庵。

之前说过，夏目最喜欢的和服，是在他卧病之前，给他买的一匹大岛绸，当时打算做成可以叠穿的两件套：一件短褂，一件外褂。拿去让人做好送过来的时候，夏目刚刚去世。在这之前，还做过一件绉绸的长袍子。我想让他穿得暖和一点，给这件袍子加了个薄毛呢的里子，可夏目穿上后说感觉太重。想必是他那时候身体已经有些衰弱了。后来给那件袍子重新换了一个丝绸的里子。夏目再穿上之后感觉特别满意，说："非常好，穿上感觉舒服极了！"在他入殓那天，我想起了为他做的这些和服，于是首先给他穿上他最喜欢的那件长袍子，袍子上面再给他穿上刚刚做好的两件大岛绸褂子。除此之外，还有他每次喝药时，都要用到的怀表、老花镜，也都一起放进棺材摆在他身边。现在回想起来觉得很可惜，但在当时，觉得只有这样做才能表达对于逝者的体贴，因此便这样做了。他一辈子都只使用镍钢材质的怀表，既不上锁也不收起来，总是摆放在书桌上。出门的时候，则严严实实地包进钱包里，随身携带。

12 号上午 10 点，葬礼于青山斋场举行。出棺时间预定在早上 8 点。打开棺材盖进行最后的告别时，天色还非常暗。这天晚上，因为连续多天睡眠不足精神疲惫，为了防止第二天在葬礼上不会突然当众晕倒，我想到过应该事先好好休息一下，但想到这是在夏目灵前最后的守夜，无论如何都不能去休息，因此在深夜 2 点沐浴完毕后，和大家一起坐到书斋的灵前守夜。那天晚上极其寒冷，是那种穿透了和服般刺痛的冷，难以抵挡的寒意仿佛渗入了骨髓。

那时候一说起葬礼，就会想到马车。中村一直不断催促，要求快点出殡，结果到了青山后足足等了一个小时。出殡之后，中村嘴里说着"哎呀，这下总算安心了"，可返回葬礼现场又照例急躁起来，催促着说不要再接受花环之类的东西了。铃木回答说："那么，接下来再收到的花环就真的不受理了啊。"话音刚落，中村才留意到他们"满铁"公司的花环还没送到。而他自己刚刚才命令过不许再收花环，这下当场就有点尴尬。铃木后来笑着跟我说起这事，说中村的一只独眼目光炯炯，边走边大吼着："满铁的花呢！满铁的花在哪儿？！"

葬礼法事在宗演的主持中开场了。从正面可以看到菅虎雄写的一面"夏目金之助之枢"的帛幡。然而我因为多日来的疲惫，一个人静静地坐着，不由分说地眼睛就自然合上了，完全无法控制。之所以没有不停地擦拭眼睛，是因为上下眼睑牢牢粘起来了，实在无奈。

宗演如雷鸣般的一声大喝，把我吓了一跳。当时宗演吟诵了一篇他亲笔书写的秉炬香语，后来一直摆放在家中夏目的灵前，后来却不知什么时候被人偷走了。大家正摸不着头绪的时候，津田青枫告诉我：那份秉炬香语，现在已经成为丹波某寺院引以为傲的收藏品。这让我想起一件事：27号那天，来了个古怪的云游和尚，说夏目生前如何如何，因此请求允许他为夏目做佛事。因此七七日那天来夏目灵前念了经。估计就是这个假和尚干的好事。之所以我会这么想，是因为也是那个时候，有岛武郎的严父大人仙逝，也遇到一位来历不明的和尚，跟他们说了同样的话，说七七日那天要去他家念经。因为跟来我家的云游和尚很像，所以他们担心会不会是个假和尚。后来看了森田写的文章，说有岛武郎察觉不对，经调查发现果然是个假和尚。因此赶紧提早做了超度法事。估计那假和尚是以此为生的，混入办丧事的人家里，趁着他人正悲痛时下手。偷走秉炬香语的，想必也是这个假和尚。真是一点都大意不得。

后来我弟弟也常跟我说，他也负责过大大小小不少葬礼，但像夏目哥哥这样麻烦的葬礼，可以说是绝无仅有。他一辈子也就遇到这么一次。说起来，这次葬礼确实很费周折。

∥ 六十四　后来的事

火葬场在落合，而我们后来才留意到：这回和之前火化雏子时使用的是同一个火化炉。

13 号那天去捡骨灰。有中村、大冢，森田、小宫、赤木、林原、久米、松冈等各位一起。

14 号刊登在《朝日新闻》的《明暗》送来了。看到报纸，大都心里都充满留恋。到 11 月 21 日为止，他一直写到了第 188 回。第二天本应该接着写的，可只在稿纸右上角写了一个记录回数的数字"189"，从此便再也无法继续写下去了。而他提早写好的原稿，距今转眼就接近一个月了。

这天晚上，是头七的前夜，我请客招待为夏目的葬礼尽心尽力的各位门下弟子，算是聊表心意。作为奠仪的回礼，给每人准备了一枚染有夏目俳句的方绸巾。俳句选用了下面这个句子：

稲妻の宵々毎や薄き粥

黄昏每每有闪电　　卧病餐餐食薄粥

28 号那天是埋骨式。地点在杂司谷的旧墓地那边，以前雏子去世时买下的地方。劳烦菅虎雄写了墓标上的字。

两三天后，记得是 30 号晚上，夏目的脸模做好了。很晚的时候，由小宫负责送了过来。连夏目鼻头上的麻子都照原样做出来了。细细思量，这个做脸模的主意实在是太好了。唯一美中不足的，是头发令额头看起来要比实际窄一些。后来又过了很久，又发现下颚有一点点歪。如果挑毛病的话，这确实是个毛病。

大家都想要夏目的脸模，但因为不可能批量地成功制作，因此，除了家里有一面之外，另一面赠送给了朝日新闻社。因为接下来决定不再额外制作了，所以在完成了这两面青铜脸模之后，我希望能将套取的原始件销毁。但制作脸模的雕塑家说想留着做纪念，因此，应该只有石膏的原始件还保留着。最初提出建议制作脸模的是森田，但连他也没有分到，当时似乎为此有些不满。

大约也是这个时候，《新小说》办了一期名为"文豪夏目漱石"的临时增刊号。接下来松根东洋城的《涩柿》，以及芥川、久米、松冈的《新思潮》等也各自发行了追悼号。夏目本人的作品，这个时候开始销量也一直在增长。

大正六年 1 月 9 日，在夏目的书斋召开了第一次"九日会"。这个九日会，可谓夏目生前"周四会"的变体。因为每个星期四都聚一次难以实现，所以改为一月一次，并且定在夏目去世的 9 号这一天，大家聚在一起，吃顿饭聊聊天。后来每个月的 9 号都举办一次（房屋修缮或是有家人生病时，也会暂时取消），迄今为止已经办过 130 次了。

这里列出第一次"九日会"的出席人员名单，以供参考。

大家保治、菅虎雄、畔柳都太郎、真锅嘉一郎、滝田哲太郎、林原耕三、松浦嘉一、阿部次郎、小宫丰隆、岩波茂雄、芥川龙之介、松冈让、久米正雄、前田利镰、江口涣、须川弥作、神田十拳、森田草平、赤木桁平、内田百闻、津田青枫、安倍能成、野上丰一郎、和辻哲郎、东新、速水滉、石原健生，还有我。

第一次没来，第二次来参加的有：中村是公、狩野亨吉、户川秋骨、寺田寅彦、松根东洋城、铃木三重吉等。到现在为止，这些人当中有四位已经过世，然后搬去仙台或是京都的人也不少，所以，现在也不可能像过去那样能够全都聚到一起了。

夏目刚去世时大家就谈到关于出版全集的事宜，由他门下的几位中心人物负责编辑工作，逐步开始做准备。主要负责此事的是小宫和森田等人。《明暗》这本书，也在不久之后由岩波书店出版了。

夏目的遗骨，最开始埋葬在旧墓地的正中央，想要给他建个墓，但地方实在太窄小了。正在想该怎么办好时，凑巧10月前后整个墓场要扩建，因此我赶紧购买了现在的这块新墓地。他的墓要如何修，这事若是又交给大家讨论的话，估计又会议论纷纷，难有结果，恐怕会耽误他的一周年祭，好在我的妹夫铃木是位建筑师，所以一切设计相关事宜都委托给了铃木。铃木设计出来的夏目墓，既不是西洋式的，也不是日本式的，打个比方，是像坐在安乐椅上的形状的墓。这事是放手交给铃木全部负责的，修建好的墓，就是现在大家看到的样子。

开始动手修墓的时候，距离一周年祭时日无多，因此相当紧张。墓碑上并列刻着夏目的戒名和我的戒名，字是请菅虎雄写的。埋在下面的装有夏目骨灰的石制骨灰盒，也是劳烦菅虎雄写的字。

大正七年，在我的请求下，这个房子原来的主人，连房子带土地一起转让给了我。土地大约有340坪，房子很旧了，怎么看也不能继续长期居住，但想到这是夏目临终的地方，所以，从这一点上来讲，我希望这房子能属于自己。只是，除了书斋和客厅这两间作为他的纪念室，一直好好保存之外，其他的房间，几乎都是破旧得不堪使用。而且最主要的是十分窄小。开始孩子们都还小的时候,可以几个人住一间屋子,但随着孩子们慢慢长大,再继续挤在一间屋子里当然不行。所以我下定决心,将书斋那两间彻底隔离开来,从书籍到装饰品,一切都按夏目生前的样子保存,余下的房间拆除,另外搭建了一个我们居住的房间。

现在居住的这一幢,和原来的老屋是分开的,在宅地的一角。在我还活着的日子里,大概也就是这样子。而他的纪念室,从性质而言,我想不应该是属于我们一家的所有物,总想着应该有什么更加合适的保存途径。但似乎时机未到,所以也只能暂且维持不变。实际上我一直担心,这些纪念品保存在拥挤的住宅区中,万一有个火灾之类的可怎么办。不过到现在也没什么其他办法。现在最主要的是有点闹鼠患,加上刚刚过去的震灾,也或多或少受到了些损坏,但总而言之,都尽量原封不动地按他生前的样子保存着。就像刚刚说过的,因为他的纪念室是在自家居住的宅地里,所以无法面向大众开放,为此我心里常常感觉十分遗憾。

大正八年,他的全集和别册,共计 14 册全部完成出版。

大正九年秋,东京、京都、大阪等地举办了漱石遗墨展览会。他的书画原稿等,大约展出了 300 多件。

现在回头看看感觉时间过得飞快,到今年 12 月就是他去世 13 周年祭了。接下来再给他办几次忌日祭,我自己墓上那些朱红字也该擦掉了。总之,每一次给他办忌日祭,我都当成是自己最后一回为他操办。他去世的时候,最小的儿子才 9 岁,现在都已经长成 21 岁的青年了。最上面的女儿们也都有了孩子,我也变成了一个慈祥的姥姥。让我说说过去,我就絮絮叨叨说了这么多漫长的往事,换句话说,大体就是老人的车轱辘话吧。夏目在九泉之下,对我的多此一举恐怕也只好苦笑。可我这些车轱辘话,也算是讲述了一个不为世人所知的、日常生活中的夏目,从这一点来看,如果因此能给夏目的读者们带来些什么,就再好不过了。

总而言之，我尽我所知，尽我所忆，尽可能诚实、原原本本地说出了这些往事，我想我也知足了。

（昭和三年十月九日）

庆应三年（1867）　1 岁

　　生于 1 月 5 日，牛込马场下名主夏目小兵卫直克与妻子干枝的四儿子。现地址为东京市牛込区喜久井町一番地。当时父亲直克 54 岁。生后不久即被送往四谷的一家旧货店做养子。

明治元年（1868）　2 岁

明治二年（1869）　3 岁

　　11 月，成为新宿盐原昌之助的养子，改姓盐原。

明治三年（1870）　4 岁

明治四年（1871）　5 岁

　　养父昌之助成为浅草的户长，移居浅草区诹访町。因种痘而患天花。

明治五年（1872）　6 岁

明治六年（1873）　7 岁

明治七年（1874）　8 岁

　　因养父昌之助与寡妇日根野私通，与养母阿安之间产生不和，金之助被暂且领回喜久井町的父母家，之后被再次送回养父家。养父母离婚。秋，浅草寿町户田小学入学。

明治八年（1875） 9岁

就读于浅草寿町户田小学。

明治九年（1876） 10岁

夏季前后，大哥听说养父将来打算让金之助去工友，忧心不已。将金之助领回喜久井町的父母家，并转学到牛込市谷柳町市谷小学。

同年级学生有岛崎柳坞、山口弘一等人。

明治十年（1877） 11岁

12月，以优异成绩从下等小学科毕业。[1]

明治十一年（1878） 12岁

10月，锦华小学寻常科二级后期毕业。

明治十二年（1879） 13岁

就读于神田一桥府立第一中学。

明治十三年（1880） 14岁

就读于神田一桥府立第一中学。

明治十四年（1881） 15岁

1月，母亲（53岁）千枝去世。

中途从第一中学退学，进入三岛中州的二松学舍学习汉学。

明治十五年（1882） 16岁

明治十六年（1883） 17岁

骏河台成立学舍入学。

明治十七年（1884） 18岁

租借小石川极乐水旁寺院的二楼，与桥本左五郎一起开始自炊生活。

就读于成立学舍，为进入东京大学预科做准备。

1　下等小学，明治时代的学制，以四年为期。——译者注

7月，金之助名一处位于下谷区西町四番地的小居所被养父昌之助擅自出售，并因为没有立即腾出房屋而引发官司。

9月，大学预科入学。与中村是公、芳贺矢一、正木直彦、福原镣二郎等相识。

入学不久后患盲肠炎。

明治十八年（1885） 19 岁

与中村是公一起寄宿于猿乐町的末富屋。

明治十九年（1886） 20 岁

学校考试不及格。

就读预科的同时，与中村是公一起在江东义塾任私塾老师赚取学费（月收 5 元）

害沙眼。此后多次患眼疾。

大学预科改名为第一高等中学。

明治二十年（1887） 21 岁

3月，大哥大助（31岁）去世。

之后二哥荣之助去世。

与同宿的中村是公等七人一起前往江之岛远足。

明治二十一年（1888） 22 岁

1月，从盐原家复籍，改回"夏目"本姓。

7月，从第一高等中学校毕业，考入本科。

明治二十二年（1889） 23 岁

这一年开始与正冈子规交友。同年级同学有山田美妙，以及早一届的川上眉山、尾崎红叶、石桥思案等人。

7月，与三哥前往兴津游玩半月。

8月，房总旅行。归来后赋汉诗《木屑录》。

明治二十三年（1890） 24 岁

7 月，第一高等中学本科第一部毕业。

同月，帝国大学文科大学入学，主攻英文。

9 月，箱根旅游。赋汉诗十余首。

明治二十四年（1891） 25 岁

夏，与中村是公、山川信次郎一起登富士山。

夏，嫂子（三哥直矩之妻）去世。

9 月，探访在大宫公园万松楼疗养的子规。

12 月，将《方丈记》译成英文。

明治二十五年（1892） 26 岁

4 月分家。因征兵原因，户籍转入北海道后志国岩内郡吹上町十七番地。成为北海道平民。

6 月，撰写《老子的哲学》（文科大学东洋哲学论文）。

7 月，被选定为特待生。

7 月至 8 月，畅游冈山。遇大水灾。

之后前往伊予松山探访回乡中的子规。在子规处初遇高浜虚子。

此前后因筹集学费，在早稻田专门学校任教。

7 月，与藤代祯辅、立花铣三郎、松本文三郎、大岛义脩等诸友一起成为《哲学杂志》编辑。

10 月，听从好友米山保三郎（天然居士）建议，在《哲学杂志》刊登《关于文坛的平等主义代表沃尔特·惠特曼的诗》。

12 月，撰写《中学改良策》（文科大学教育学论文）。

与大冢保治相识。

明治二十六年（1893） 27 岁

1 月，在文学谈话会上，讲演《英国诗人的天地山川观念》。

3月、4月、5月、6月，《英国诗人的天地山川观念》在《哲学杂志》连载。

7月，东京帝国大学英文科毕业。继续进入大学院深造。

同月，与菊地谦二郎、米山保三郎一起同游日光地区数日。

大约是因菅虎雄邀请，前往镰仓圆觉寺塔头归源院与释宗演相识，于释宗演门下参禅。

（年收入 450 元）。

明治二十七年（1894） 28 岁

春，疑似肺病（特别是因为两位兄长均因肺病去世），专心疗养，并修习弓术。

8月，游松山，访瑞严寺，回东京后为疗养身体前往湘南游玩。

10月，寄宿于小石川传通院旁的法藏院。

明治二十八年（1895） 29 岁

4月，突然辞去高等师范学校职务，前往伊予松山中学任教（月薪80元）。

所教学生有真锅嘉一郎、松根东洋城等人。

经一二次迁居之后，搬入二番町上野老夫妇家。

夏，作为日清战役（甲午战争）从军记者的子规，因归途吐血，途径神户、须磨疗养后，回到家乡松山。与子规同住约两个月。

11月，在《保惠会双志》刊登《愚见数则》。

12月，利用休假时间回东京，与时任贵族院书记长官的中根重一之长女镜子相亲。

这一年专心创作俳句，句子作好即送子规，期待子规的批评建议，逐渐在俳坛拥有一席之地。

明治二十九年（1896） 30 岁

1 月，返校。

4 月，辞去松山中学职务。

同月，作为第五高等学校教授，前往熊本赴任。（月薪百元）。

松山返乡途中与高浜虚子相携同游宫岛。

与同学中的第一位同事菅虎雄同住，之后在市内光琳寺町拥有自己的小家庭。

6 月，于新居迎接新妻。

9 月，携新妻前往筑地太宰府地方旅游。

同月，旅游归来后搬家至市内合羽町二三七番地。

此后，同事长谷川贞一郎、山川信次郎前来夏目家寄宿。

10 月，在《龙南会杂志》（五高校友会志）刊登《人生》。

明治三十年（1897） 31 岁

1 月，《杜鹃》创刊。

2 月，在《江湖杂志》发表《项狄传》。

6 月，父亲直克 84 岁高龄去世。不久喜久井町旧邸转让他人。

7 月，夫妻相携回东京，住宿位于虎之门的贵族院书记长官官舍。

回京不久，夫人流产，前往镰仓疗养身体。为此多次往返于东京与镰仓。

逗留东京期间多次探访子规。

9 月，留下尚未康复的妻子，独自返回熊本。

同月，搬家至市外大江村（现大江町 401）。

10 月，夫人返回熊本。

12 月，年末与山川信次郎同往玉名郡小天村字汤之浦温泉的前田案山子别墅过年。据称后年所撰写《草枕》素材源于此地。

明治三十一年（1898） 32 岁

4 月，搬家至市内井川渊町八番地。

7 月，搬家至市内内坪井町七八番地。

11 月，在《杜鹃》发表《不言之言》。

当时身为五高学生的寺田寅彦常来探访。

明治三十二年（1899） 33 岁

1 月，与同事奥太一郎同游宇佐八幡、耶马溪、丰后日田等地。

在此之前开始练习谣曲。

4 月，在《杜鹃》发表《英国文人与新闻杂志》。

5 月，长女笔子出生。

8 月，在《杜鹃》发表《评小说》。

于二百十日前后，与山川信次郎同登阿苏山。

这一年与熊本的新俳句团体紫暝吟社建立联系。

除俳句之外，也创作汉诗。交由长尾雨山修改，时有发表。

明治三十三年（1900） 34 岁

3 月，搬家至市内北千反畑町。

6 月，接文部省命令，前往英国留学两年进行英语研究（留学金一年 1800 元）。

7 月，告别熊本返回东京。

9 月，搭乘普鲁士号由横滨出发前往英国。同行者有芳贺矢一、藤代祯辅等。

10 月，途经巴黎停留一星期。与浅井忠会面，月底抵达伦敦。

12 月，辗转一两次之后，搬迁到 6 Flodden Road, Camberwell New Road, S.E. 的布雷特夫人（Mrs.Brett）家。接受个人授课。

明治三十四年（1901） 35 岁

1 月，在伦敦期间，留守东京牛込矢来岳父中根重一家中的妻子生下二女儿恒子。

同月，维多利亚女王去世。当时与长尾半平常来常往。

5 月、6 月，在《杜鹃》发表《伦敦消息》。

4 月与布雷特（Brett）一家共同移居至 Tooting。7 月，搬至 81 The Chase，Clapham Common S.W. 的利尔女士（Miss Leale）家。与池田菊苗往来。

秋，与土井晚翠往来。

明治三十五年（1902） 36 岁

在伦敦与旧友中村是公重逢。

9 月，子规于上根岸家中去世。

此时开始出现强烈的神经衰弱症状，开始流传夏目发疯的传言。为转换心情开始学骑自行车。

10 月，游爱尔兰。

12 月，回国途中。

明治三十六年（1903） 37 岁

1 月，到达神户回国。

3 月，搬家至本乡区驹込千驮木町五七番地。

同月，获准免去第五高等学校职务。

4 月，第一高等学校教授就任（年薪 700 元）。

同月，作为小泉八云后任，成为东京帝国大学文科大学讲师（年薪 800 元）。

到 6 月止，讲授《文学形式论》（一周三小时），此外负责《织工马南》讲读课。

这段时间开始出现严重的神经衰弱症状，暂时与妻子分居约两个月。

7月，在《杜鹃》发表《自行车日记》。

9月，开始讲授《文学论》（一周三小时，讲授了两个学年），此外负责莎士比亚讲读课。

10月，三女儿荣子出生。

此时开始频繁作画，主要为明信片水彩画。

明治三十七年（1904） 38 岁

1月，在《帝国文学》发表《关于马克白的幽灵》。

2月，在《英文学会业志》发表翻译作品《塞尔玛之歌》。

秋，在明治大学开课。

11月、12月，在《杜鹃》发表与高浜虚子合作的长篇俳句体诗歌《尼》。

12月，接受高浜虚子建议，与阪本四方太、寒川鼠骨、河东碧梧桐、虚子等一起，在子规门下的文章会"山会"朗读作品，尝试创作。《我是猫》为其中之一。

明治三十八年（1905） 39 岁

1月，在《杜鹃》发表《我是猫》第一回。从此名声大振。

同月，在《帝国文学》发表《伦敦塔》。

同月，在《学灯》发表《卡莱尔博物馆》。

2月，在《杜鹃》发表《我是猫》第 2 回。

4月，在《杜鹃》发表《我是猫》第 3 回，以及《幻影之盾》。

5月，在《七人》发表《琴之空音》。

6月，在《杜鹃》发表《我是猫》第 4 回。

7月，在《杜鹃》发表《我是猫》第 5 回。

同月，《文学论》讲座结束。

9月，《18 世纪英国文学》（后改名为《文学评论》出版）开讲。

同月，在《中央公论》发表《一夜》。

同月，在《杜鹃》发表《我是猫》第 6 回。

10 月，出版《我是猫》上册（最初又服部书店出版，后改为大仓书店出版）。

11 月，在《中央公论》发表《薤露行》。

这一年开始，家中来访者日益增多，常举办文章会。聚会人员主要有：高滨虚子、阪本四方太、篠原温亭、寺田寅彦、野间真纲、野村伝四、森田草平、铃木三重吉、野上丰一郎、中川芳太郎、小宫丰隆、桥口贡、桥口五叶、松根东洋城、坂元雪鸟等人。

12 月，四女爱子出生。

明治三十九年（1906） 40 岁

1 月，在《帝国文学》发表《趣味的遗传》。

同月，在《杜鹃》发表《我是猫》第 7、8 回。

3 月，在《杜鹃》发表《我是猫》第 9 回。

4 月，在《杜鹃》发表《我是猫》第 10 回，以及《少爷》。

5 月，出版《漾虚集》（大仓书店）。

8 月，在《杜鹃》发表《我是猫》第 11 回。

9 月，在《新小说》发表《草枕》。

同月，岳父中根重一去世。

10 月，在《中央公论》发表《二百十日》。

11 月，出版《我是猫》中册（大仓书店）。

12 月，出版《鹑笼》（春阳堂）。

同月，搬家至本乡区西片町十番地七号（西片 1-12-8）。

明治四十年（1907） 41 岁

1 月，在《杜鹃》发表《分野》。

3月，前往京都、大阪等地观光约两星期。

4月，辞去所有教职。

同月，在池边三山、鸟居素川等极力邀请下，入职朝日新闻社。

同月，应东京美术学校文学会之邀做《文艺的哲学基础》为题目的演讲。

5月3日，在《朝日新闻》发表《入社之辞》。同月开始连载《文艺的哲学基础》。

5月，出版《文学论》（大仓书店）。

6月，长子纯一出生。

同月，出版《我是猫》下册（大仓书店）。

6月23日至10月29日，在《朝日新闻》连载《虞美人草》。

9月，搬家至牛込区早稻田南町七番地。

秋，在宝生新指导下学习谣曲。

这一年开始指定与来访者的见面日为每周四。

明治四十一年（1908） 42岁

1月1日到4月6日，在《朝日新闻》连载《矿工》。

1月，出版《虞美人草》（春阳堂）。

2月，在朝日新闻社举办的演讲会上做《创作家的态度》为题目的演讲。

4月，在《杜鹃》刊登《创作家的态度》。

6月13日开始在《大阪朝日新闻》刊登《文鸟》。

7月1日开始在《朝日新闻》连载《梦十夜》。

9月1日至12月29日，在《朝日新闻》连载《三四郎》。

9月，出版《草合》（春阳堂）。

同月，猫死去。

12 月，次男伸六出生。

明治四十二年（1909）　43 岁

1 月 14 日至 3 月 14 日，在《大阪朝日新闻》发表《永日小品》中的 24 篇（《东京朝日新闻》也刊登了其中的 16 篇）。

3 月，出版《文学评论》（春阳堂）。

5 月，出版《三四郎》（春阳堂）。

6 月 27 日至 10 月 14 日，在《朝日新闻》连载《后来的事》。

8 月，老毛病胃病发作。

9 月，应南满洲铁道株式会社总裁中村是公之邀，前往"满鲜"旅行。

10 月，返回东京。

10 月 21 日至 12 月 31 日，在《朝日新闻》连载《满韩处处》。

11 月 25 日开始，负责《朝日文艺栏》栏目。

明治四十三年（1910）　44 岁

3 月 1 日至 6 月 12 日，在《朝日新闻》连载《门》。

3 月，五女儿雏子出生。

6 月 18 日，因胃溃疡住进内幸町长与肠胃医院。

7 月 31 日，出院。

8 月 6 日，前往修善寺温泉菊屋本店疗养。

同月，疗养中于 24 日大吐血，生命垂危。据称这次大病带给其本人以及艺术上巨大转变。

10 月 11 日，身体逐渐好转，回东京后直接住进长与肠胃医院。

10 月 29 日（住院中），在《朝日新闻》发表《杂忆录》。

明治四十四年（1911）　45 岁

1 月，出版《门》（春阳堂）。

2 月，拒绝接受博士学位。

同月，《杂忆录》连载结束。

2月，出院。

6月，应长野教育会之邀，与夫人一起前往长野市演讲。归途中顺道前往高田、松本、诹访等地旅行。

7月，在《朝日新闻》发表《科倍尔先生》。

同月，出版《我是猫》缩刷本。是同类缩刷本的先行者。

同月25日至31日，在《朝日新闻》连载《信》。

8月，出版《剪报帖》（春阳堂）。

同月，应邀参加大阪朝日新闻社主持的讲演会，途经明石、堺、和歌山等地后到达大阪。

同月，讲演结束之后，在大阪再次胃溃疡发作，入住汤川医院。

9月，出院返回东京。

同月，接受痔疮手术。

10月，《朝日文艺栏》停办。

11月1日，提出辞呈，11月25日撤回辞呈。

11月，五女儿雏子夭折。

同月，演讲文由朝日新闻社收录至《朝日讲演集》。

明治四十五年／大正元年（1912）46岁

1月1日至4月29日，在《朝日新闻》连载《春分之后》。

2月，池边三山去世。

7月，明治天皇驾崩。改元。

8月，受中村是公之邀，前往盐原、日光、轻井泽、上林温泉、赤仓等地游玩半月。

9月，出版《春分之后》（春阳堂）。

同月，在神田佐藤医院接受痔疮手术。

这段时间又开始练习书法与绘画，尤其是文人画。

10 月 15 日至 10 月 28 日，在《朝日新闻》连载《文展与艺术》。

12 月 6 日开始在《朝日新闻》连载《行人》。

大正二年（1913） 47 岁

1 月之后，数月间均出现严重的神经衰弱症状。

2 月，出版讲演集《社会与自己》（实业之日本社）。

3 月底开始，因胃溃疡病卧。《行人》因此暂时搁笔。

9 月 16 日开始《行人》续篇继续在《朝日新闻》连载，到 11 月 15 日连载完结。

这一年将之前迁至北海道的户籍迁回东京，重新做回东京府平民。

大正三年（1914） 48 岁

1 月 7 日至 1 月 12 日，在《朝日新闻》连载《素人与黑人》。[1]

1 月，出版《行人》（大仓书店）。

4 月 20 日至 8 月 11 日，在《朝日新闻》连载《心》。

10 月，出版《心》（岩波书店）。

同月，因胃溃疡约卧病一月左右。

大正四年（1915） 49 岁

1 月 13 日至 2 月 23 日，在《朝日新闻》连载《玻璃门内》。

3 月底，前往京都。在西川一草亭、津田青枫等陪同下，游览京都各处，并因胃溃疡发作在此卧床。

同月，同父异母的姐姐高田房去世。

4 月，返回东京。

同月，出版《玻璃门内》。

---

1 即《外行与内行》。——译者注

6 月 3 日至 9 月 10 日，在《朝日新闻》连载《道草》。

10 月，出版《道草》（岩波书店）。

11 月，与中村是公畅游汤河原。

大正五年（1916） 50 岁

1 月 1 日至 1 月 21 日，在《朝日新闻》连载《点头录》。

1 月，疑似患上风湿，前往汤河原温泉疗养。

4 月，经真锅嘉一郎诊断患有糖尿病。

5 月 26 日起，在《朝日新闻》开始连载《明暗》。

由夏至秋，执笔小说创作的同时，频繁创作汉诗，再次开始练习书画。

11 月 22 日，因胃溃疡再次卧病不起。

同月 27 日，第一次大出血。

12 月 2 日，第二次大出血。

12 月 9 日下午 6 点 50 分，在家人、朋友、门下弟子们的守护中去世。

10 号，在大学病理学教室由长与又郎持刀进行遗体解剖。

12 日于青山殡仪馆举办葬礼。释宗演主持佛事，法名"文献院古道漱石居士"。于落合火葬场火化。

14 日，在《朝日新闻》连载的《明暗》，因生前所撰写的手稿已断，《明暗》成为一部永远无法完成的作品。

12 月 28 日，遗骨葬于杂司谷墓地。

// 编录者的话

　　迄今为止有关漱石先生的评传或研究已经为数不少了，恐怕与同时代的文学家相比，其数量之多，是几乎无出其右的。只是大都着眼于局部，或稍有速成之嫌。在向世人告知这位明治大正时代巨匠的人生这一点上，不能说没有遗憾。这是由资料整理不够齐全、研究范围极其有限所造成的。在国外，经常看到有文豪在过世后其夫人或子女撰写追忆型传记，在帮助人们更好地理解文豪这一点上扮演着极为重要的角色。这一类例子在国外屡见不鲜，但在日本，这一类有系统的做法，可以说少到近似于无。这是我们的不幸。

　　这本回忆，原本既非研究，也非评传，而且不用说，甚至都不是正确的传记。它只是遗孀的"回忆"，而且其中一部分还只不过是"见闻录"。它主要是先生在家庭中的生活记录，因此这里面必须使用众多的作品来作为佐证用的根本资料，也必须有悉知作者其人的研究资料，才能令在夫人眼中的、生活中的漱石其人，在温和真实的魅力之中，栩栩如生地被讲述。倘若要与先生庞大的全集相比，本书不仅性质不同，且格局也过小，但本书对于全集所起到的重要作用，却是谁也无法否认的。而且，在日本对于这类文献的系统化整理，本书说不定是唯一一本。例如，今年春天在某个权威学会上，就有一位医学学者，因为阅读本书而获得启示，进而论证过先生是位精神变态者。实际上，依据精神变态者这一见解，也的确能够解开先生作品当中的一些谜团。恐怕对以后的研究家或评论家而言，本书的贡献也会不小。概而言之，倘若全集是富丽堂皇的桃山风隔扇门，那么本书也可以看作隔扇门上的拉手，或者说是阅读全集时的放大镜也未尝不可。总之，全集里所欠缺的先生的传记，多少能通过本书予以补充，想来亦当是读者的喜悦。此外，在对于全集的理解上，本书若能起到一定的作用，不用说也是本人身为编录者的喜悦。在前一版脱稿之后满一年的今天，恰好在全集的普及版完成之后，本书也作为普及版面世，就其意义而言，我想应当是它们能获得更为广泛的阅读。

在以前的改造社版本时，我曾这样记录过本书完成的过程。

回想起来，我向夫人提出心愿，说想写这样一本能够留存下来的东西，已经是很早时候的事情了，前前后后有十年，或是更长的时间。之所以会有这个想法，是因为那时候我正好阅读了小泉节子老夫人的拉夫卡迪奥·赫恩，即小泉八云先生的回忆录。一个间接原因是被这本回忆录所打动。而且那时候漱石先生刚刚去世不久，当时我们这些人之间时常涌现出种种追慕的情绪，加上每每听到夫人断断续续的回忆，总会内心感慨至深。因此那时候，第一次有这样的想法：夫人的那些回忆，如果就这样听过便忘掉的话，是多么可惜！应该趁着夫人健在的时候，多多向她请教往事，并像小泉夫人的回忆录那样，记录下来并做系统的整理。找时机跟夫人说出这个想法之后，夫人似乎也颇为心动。但无奈当时的时机不对，况且所有的记忆还鲜活地靠得太近，很难客观地眺望，反倒会给夫人造成痛苦，因此很自然地会因为不知从何说起而无法付诸实践。当时也只能等待时机，此事便这么一直搁置着。但这期间我也总是在担心，担心夫人万一有点什么意外，那么岂不是将永远失去先生的家庭生活这一面？不过，好在机缘巧合，一切都朝着顺利的方向发展，彼时所言之翌年将至的 13 周年祭，如今也已经成了往事。正所谓不早也不晚，恰好在十年过后的现在，我向夫人提出请求说："现在想必该是聆听您追忆的最好时机吧。"夫人也大有此意，并能感受到其对往事的满怀兴致，这也令我有了信心，总算能够实现多年夙愿，提笔记录下此书。当时正好是去年盛夏的时候。

彼时夫人在日光中禅寺湖畔的客舍内避暑，因此我前往其所居住的客舍，听其讲述并做了笔录。那次讲述的是从本书的开篇到结婚前的一段，记录整理之后刊登在《改造》杂志。之后我每月聆听夫人的讲述并整理成文字，陆续刊登于《改造》杂志上，这样一直持续了 13 个月。不过，本书最后部分关于先生过世后的记述（第 62 章《解剖》以后的部分），这次尚属头一回发表。

说到此书的写作顺序，首先，我根据不同年代，将被认为属于先生生活记录的书简日记、俳句汉诗、随笔，等等，都事先阅读、记忆。做好了这些准备之后，脑子里就有了一个大致的轮廓，也就能去请教夫人了。这样做，一个理由是可以令讲述的内容尽可能沿着年代顺序这一轨道朝前延伸；另一个理由，也是为了便于启发和提示那些业已模糊的事实和宛若忘却了一般的部分回忆。而当真正开始聆听讲述的时候，不用说一些完全没有准备甚至无法推测的往事，也会被想起并讲述出来。每次聆听时，我都会当场在笔记本上记录下要点，并在脑子里反复推敲两三天之后，再一气呵成地写出来。不过最开始时，怎么也无法掌握要领，只好煞费苦心地无视这种困惑，但如此一来反而因自己想要挣脱而更加窘迫。后来，这些笨拙的、不流畅的部分终于消失了。夫人说话的语调，我想应该也得到了极大限度的传达。

就这样，我将所写的原稿拿给夫人过目，并将得到认可的部分每月投寄给《改造》杂志。在原稿变成文字在杂志刊登之后，夫人再读时，又会回想起更多的细节片段。此外，变成文字之后，自然也会被更多的人阅读，因此又收到一些批评或指正，如此一来，便有了不少纠正或新添加的部分。这还只是在杂志刊登的时候，便已经增添了相当多的内容。到今年五月，与夫人一起巡访松山、熊本旧居等地足迹时，在相关内容上也有相当多的追加之处。

本书的叙述，从性质上而言，不用说是大体上以结婚生活为基调的"家庭中的漱石"和"妻子眼中的漱石"，从年代而言，属于明治二十八年末（先生 29 岁、夫人 19 岁）以后的事情。这之前的事情，都属于所谓"听闻"，这方面大都交给在本书中时常出现的矢来的哥哥，也即先生之令兄夏目直矩负责。因此，除了这一部分，余下的，主要是来自夫人自身的直接资料，也可以说是结婚生活 20 年的如实记录，或直接或间接，事无巨细，只要是与先生有关的，一切都依照记忆坦白地叙述出来。为此，当时发表在杂志上时，因为有一些读者完全不曾预料到的事实被赤裸裸地记述并刊登了出来，还曾遭受过指责："讲的人也真敢讲，写的人也真敢写，哪怕稍做处理也好啊。"但这也正是本书的价值所在。只是除了关系到以先生为首的夏目一家的事情之外，多少会给现在还活着的一些人添麻烦，因此，出于礼貌上的顾虑也并非没有。但事到如今，这也是没有办法的事。

改造社出版发行的前一版里，有 60 多个版面的照片。这些照片从先生的父母兄弟开始，到墓地遗族结束，想必引起过读者们的浓厚兴趣吧。但这次因为是精简版本，所以不得不极为遗憾地忍痛割爱，删掉了大部分照片。不过，原本在这本书之后，还有一本完全由照片构成的《漱石写真》也是由我经手编订的，但为何另外编订一本写真集，则又是另一个理由了。

使用"取而代之"这个说法，可能有些用词不当，但这次本书的附录，增加了先生的年谱一览表——"漱石年谱"。先生的年谱至今为止有两三份，但缺陷非常多，所以这次重新制作了一份。煞费苦心，又总是想做到万般周全。可是，因为大体上都是过去的事，先生自己对年代也有误记之处，先生本身模糊的记忆，再加上与先生深交的各位友人在记述时也出现过年代上的错误，因此困难也就不止一重，有些地方完全不明就里，有些地方则暧昧不清，甚至有时候不得不根据前后关系进行推测判断，好不容易才算是统一了脉络，但也难肯定地说会比原来的更为周全。但不用说，每一处都是根据出典尽力做到正确的。要说有何奢望，其实我也曾考虑过以先生的年谱作为纵轴，再以当时文坛的划时代事件，以及当时的社会大事件为横轴，制作一个以先生为中心的明治大正的文学活动年表。但以我现今的病愈之身，体力难担，又加上时间不足，所以虽有所想却最终不得实施，对此深感遗憾。

最后，值此普及版出版之际，在向改造社的深情厚谊表达深切感谢的同时，也在此对大力协助年谱制作的松生幸雄校正以及石原健生二君致以最深的谢意。

昭和四年十月上浣
松冈让 记

// 译者的话

　　苏格拉底说："结婚是绝对必要的，遇到贤妻，你能获得幸福；遇到恶妻，你能成为哲学家。"苏格拉底说的正是自己——因为举世闻名的哲学家苏格拉底，拥有一位举世闻名的恶妻。大文豪夏目漱石之妻夏目镜子，也是日本的著名"恶妻"之一，因此日本人说起夏目漱石，总会引用苏格拉底这段话。

　　镜子比漱石小 10 岁。在她 19 岁那年，经人介绍跟 29 岁的漱石相亲。才头一次见面，镜子就冲着漱石咧嘴大笑，露出一口极难看的牙齿——不仅不整齐，还是典型的"四环素牙"——黄黄的，显得有点脏。漱石瞧了瞧那一嘴丑牙，顿时对镜子心生满意：一嘴丑牙也不懂得藏着点，这女孩诚实，一点也不装，太好了！于是很快便定下了这门亲事。

　　镜子初见漱石时，夏目漱石还不是大文豪夏目漱石，而只是默默无闻的中学英文教师夏目金之助。金之助出生于衰败的名主之家，父亲晚年得子，并不高兴这个小儿子的到来，因此金之助生下来没多久，就被送去别人家里做养子。虽然后来因为种种原因金之助又回到了亲生父亲身边，但始终被视为家庭中的"外人"，在尴尬的夹缝当中长大。

　　与金之助坎坷的成长经历相反，镜子从小生活在养尊处优的家庭环境中：镜子的父亲中根重一，是贵族院的书记官长，家里雇着勤杂工若干、女佣若干，还有私人车夫。一家人住着两幢楼：一幢西洋馆，一幢日本馆，而且都安装有电灯，以及在明治时代还很少见的电话。从家境来看，镜子的娘家要远远胜过夏目家。但镜子才见过金之助一面，便感觉这是一位诚实可信、能够托付终身的男人。为此自己坐船从东京前往遥远的九州，去与当时在福冈教书的金之助草草完婚，开始两人的新生活。

这本由镜子夫人口述、长女婿松冈让笔录的夏目漱石回忆录，是这位著名的文豪之妻，在晚年时对逝去的丈夫漱石的点滴回忆。从两人第一次见面相亲到夏目漱石因病去世，按时间顺序共分为 64 个章节，记录了漱石先生与镜子夫人婚后 20 年的家庭生活。

英文教师夏目金之助，成为大文豪夏目漱石，是在与镜子夫人结婚之后的事情。所以翻译完这本书之后，我曾经在微信朋友圈调侃说："欲为文豪，先娶恶妻。"因为"恶妻"镜子，是夏目漱石的创作源泉之一。

此外，作为本书译者，想对为本书翻译提供帮助指导的各位表示感谢，才是写这篇文章的主要目的。

首先要感谢庆应义塾大学的大久保忠宗先生。至今我只与大久保老师互通过邮件，还没有见过面。大久保先生是庆应义塾大学的历史老师，中文也非常好，所以他常看我发表在网络上的中文文章，有一次大久保先生发邮件告诉我，他将我的一篇标题为《我的日本邻居稻村》的文章翻译成日文，作为选修课教材分发给他班级的学生们，向学子们讲述人与人之间的自然交流有多重要。

这样的邮件交流，令我对尚未谋面的大久保先生印象深刻。因此，在翻译本书时，很自然地想到要向大久保先生求教。因为这本写于近百年前的书里，不仅有许多俳句、和歌，还有大量江户方言，以及现在几乎不再使用的"死语"，没有一位日文功底扎实且精通日本文学的日本老师，恐怕很难正确地翻译成中文。为此，我试探着给大久保先生写了一封邮件，告诉他我正在做的翻译工作，有些俳句不是很懂，问是否能获得他的帮助。写邮件时我想：如果大久保先生有时间指导我，我就买一本同样的日文原版书寄给他，这样便于他回答我的问题。但结果，大久保先生很快回信了，说："已经买好了一本同样的书，你随时可以提问。"

日本人与人交往，一是讲究不给人添麻烦，二是要求要有"思いやり"，也即为别人着想的体贴之心。大久保先生的做法，就是体贴之心吧。而接下来我每次提出问题，都会及时收到大久保先生不厌其烦的详细解答。为了便于我理解书中多次出现的那些短短的俳句，大久保先生会从夏目漱石当时的交友情况、写下俳句时的前后经历等，极为详尽地写上几页纸。每次收到大久保先生的回复时，心里总是满满的感动。这本中文翻译若能受到读者们的喜欢，大久保先生是我最为感谢的人之一。

此外还要感谢我的两位好友：北京大学文学博士、历史学者杨早老师以及被誉为"中国通"的日本著名媒体人野岛刚老师。在翻译过程中，我也得到了这二位好友最真挚的帮助。

我要感谢 mii 同学。这本在百年前使用口述体记录下来的书，整本书都是长长的日文女性敬语，而且还通常在没有主语的前提下，对第三者进行口语式描述。即使是以日文为母语的日本人，如果没有一定的日本文学修养、没有阅读过夏目漱石的作品，恐怕都会很难分清楚书中的一些话应该是谁说的、出自何处，mii 同学在这方面帮了我的大忙。我遇到任何有疑问的、模棱两可的日文句子，都要向 mii 同学请教。这位热爱文学、阅读过大部分夏目漱石作品的高中女生，是我最好的日文老师。

谢谢 mii 同学。顺便说，mii 同学是我的女儿，我在十多年前生下了她，但现在每天晚上我们都面对面地坐在客厅里的白色餐桌前，各自忙自己的功课。mii 同学已经成长得就像我的室友一样。

最后，感谢负责这本书的编辑们，以及阅读这本书的每一位读者，希望您会喜欢这本书。

谢谢。

唐辛子

2018 年 7 月 3 日　于日本大阪

图书在版编目（CIP）数据

我的先生夏目漱石 /（日）夏目镜子口述 ;（日）松
冈让整理 ; 唐辛子译. -- 北京 : 社会科学文献出版社,
2019.1（2019.3重印）
（樱花书馆）
ISBN 978-7-5201-3504-7

Ⅰ.①我… Ⅱ.①夏… ②松… ③唐… Ⅲ.①夏目漱
石(1867-1916)–生平事迹 Ⅳ.①K833.135.6

中国版本图书馆CIP数据核字（2018）第214949号

· 樱花书馆 ·

我的先生夏目漱石

口 述 者 /〔日〕夏目镜子
整 理 者 /〔日〕松冈让
译　　 者 / 唐辛子

出 版 人 / 谢寿光
项目统筹 / 杨　轩　　　　　责任编辑 / 杨　轩　刘玉静

出　　 版 / 社会科学文献出版社·北京社科智库电子音像出版社（010）59367069
　　　　　　地址：北京市北三环中路甲29号院华龙大厦　邮编：100029
　　　　　　网址：www.ssap.com.cn
发　　 行 / 市场营销中心（010）59367081　59367083
印　　 装 / 北京盛通印刷股份有限公司

规　　 格 / 开　本：889mm×1194mm 1/32
　　　　　　印　张：11.875　字　数：295千字
版　　 次 / 2019年1月第1版　2019年3月第2次印刷
书　　 号 / ISBN 978-7-5201-3504-7
著作权合同
登 记 号 / 图字01-2018-0540号
定　　 价 / 69.00元

本书如有印装质量问题，请与读者服务中心（010-59367028）联系